中國家庭能源消費行為與效率研究

財經錢線

李佳珈 著

摘要

當今社會，環境污染和能源貧困問題是人類在可持續發展道路上面臨的兩大難題。與二者密切相關的能源消費行為受到世界各國的廣泛關注。學術界在該領域的研究大多聚焦宏觀能源消費、行業能效和技術設備等方面，然而現有文獻在微觀家庭能源消費領域的研究卻十分有限，導致中國家庭能源消費行為缺乏科學引導。本書從家庭能源消費這一重要的經濟學領域出發，重點探討了家庭能源消費的使用效率、潛在行為類型和能源貧困三個方面，填補了國內在該領域的研究空白。

基於中國家庭追蹤調查（CFPS）數據，本書首先估算中國家庭能源使用效率，並驗證了能源階梯理論；然後，本書通過內生分組方式深入挖掘家庭能源消費行為的異質性，獲取家庭能源消費的潛在行為類型；最後，針對中國家庭的能源貧困問題，我們從多維度、多層面視角估算家庭的能源貧困值並分別研究能源貧困對家庭生產效率和健康的影響。

本書共設置八章，研究的主體思路是從家庭層面的能源消費現狀和能源階梯理論出發，提出研究問題；然後以微觀數據為支撐，運用經濟學的相關技術手段解決研究問題；最後總結研究結果並提出相關的政策建議。各章的主要內容如下：

第一章系統地介紹了中國宏觀層面和微觀層面的能源消費背景和特徵，隨後歸納了與中國能源和環境相關的政策和規劃，在此背景下引出相關研究話題。

第二章介紹了本書的研究概況，明確提出了三個研究命題，歸納了研究的意義。隨後，這一章理清了本書的研究思路與內在邏輯框架，並總結了本書在理論模型和實證方法方面的創新。

第三章以能源效率為出發點闡述效率領域研究的發展趨勢和國內外宏

观层面的研究，并且介绍效率的相关研究方法；接下来，聚焦微观家庭层面的能源消费，包括家庭能源效率和家庭能源阶梯理论的相关文献；然后，重点归纳家庭能源消费行为方面的研究，包括能源消费的影响因素及其异质性分析；最后，本章梳理了家庭能源贫困的相关研究及其影响。

第四章着手本书的第一个研究命题，实证研究中国家庭的能源使用效率。本书通过构建前沿需求函数，分解出家庭能源消费行为中的无效因子，即能源超额消费量；通过估算这部分超额消费量获得每个家庭的能源使用效率。进一步地，我们运用共同前沿函数（Meta-frontier）的技术手段，统一了城、镇、乡家庭能效的估算准则，并得出中国家庭能源使用效率的整体分布。这一章的研究有助于我们充分评估家庭能源消费行为的优劣，并且从全新视角探讨家庭能源使用效率与能源阶梯理论的关系。

第五章集中研究异质性在家庭能源消费行为中的潜在影响。在这一章中，我们通过挖掘潜在行为类型，深入地理解家庭能源消费行为模式的差异化成因。本章采用有限混合模型（Finite Mixture Models）得出潜在最优组别。该方法是通过判定家庭行为条件分布的相似度，获取样本归为每组的后验概率而重新拟合模型。研究结果表明，中国家庭能源消费行为共存在三个组别，其中第二组家庭的能源消费水准不受收入的影响，第一组家庭的能源消费水准最低。该研究加深了对微观家庭异质性的认识，进一步剖析了家庭能源消费行为的理性程度。

第六章在家庭能源消费差异化的基础上，重点关注中国家庭的能源贫困问题。本书从能源贫困的基本概念入手，分析现有文献在能源贫困衡量中的局限性。对此，我们构建了多维能源贫困指数，进而揭示了能源贫困在家庭行为中的深远影响。本书从能源可得性和经济因素方面，多维度、多层面度量了家庭能源贫困，在此基础上获悉不同维度的能源贫困在全国的分布情况，并且从生产效率角度探索能源贫困与家庭经济的关系。以上重要信息有助于优化各项扶贫资源的配置，从而达到有效减缓中国能源贫困现象的目的。

第七章深入探讨能源贫困对健康的影响。本书基于多维度能源贫困视角，实证研究能源贫困对健康的负面影响，并通过一系列稳健性检验证实以上结论。本章聚焦能源贫困的影响，为政府的精准能源扶贫提供了科学依据，并且对世界上其他发展中国家的相关研究有一定借鉴意义。

第八章總結並評述了全書的主要研究結論。為了提升中國家庭能源使用效率以及優化家庭能源消費的行為模式，本章在如何找到能源貧困對象並採取有針對性的扶貧援助措施方面提出了相應的政策建議。此外，結尾處明確指出了後續研究的方向。

　　本書在理論模型和實證方法兩個方面為該領域研究做出了貢獻。具體的創新性體現在以下幾個方面：

　　（1）理論模型的創新。首先，本書從微觀家庭視角，深入探討中國家庭能源消費的行為與效率，並得出了豐富的研究結論。這一研究視角本身具備顯著的理論創新價值。因為絕大部分能源經濟學領域的中國問題研究聚焦國家、區域和行業層面，目前對以微觀家庭為行為主體的能源消費探討非常有限。具體而言，在能源使用效率的研究中，本書首先通過構建家庭能源需求函數獲取每個家庭的最低能源需求量。其次，本書將能源階梯理論充分融入家庭層面的實證研究中，並且該理論貫穿了本書的三個研究命題。我們依次探討了能源階梯理論與家庭能源使用效率、能源階梯理論與收入因素以及能源階梯理論與能源貧困的關係，進一步從實證角度完善了該理論。最後，本書將研究重點聚焦能源貧困群體，首次從多維度、多層面的視角度量家庭能源貧困值，在此基礎上核算中國的多維能源貧困指數，並分別探討能源貧困對家庭生產效率和健康的影響。多維能源貧困的估算開啟了中國家庭能源貧困研究的理論探索。

　　（2）實證方法的創新。本書從全新視角探討中國家庭能源消費行為的異質性。針對現有文獻對分組的主觀性，本書通過數據和模型，對樣本進行了靈活分組。基於分組結果，我們進一步揭示家庭特徵變量（例如健康、教育）以及主觀社會態度對能源消費行為的潛在影響。具體而言，通過驗證能源消費行為的潛在影響因素，我們獲得消費行為的潛在組別，從更深層次剖析了中國家庭能源消費行為的模式和特徵。在能源效率的估算中，本書充分考慮家庭在生活習慣、能源設備和經濟水準等方面的差異，首先分別構造城、鎮、鄉家庭的能源需求前沿函數。隨後，我們採用共同前沿函數，通過線性編程和自助法實現全樣本的能源使用效率估算。另外，本研究通過家庭的投入產出函數，從效率角度創新性地解釋能源貧困與家庭產出的關係。在能源貧困指數的計算中，本書借用多維貧困指數（Multidimensional Poverty Index）的思路，但是國際通用的維度中並未考慮

收入因素，我們則根據多維能源貧困的定義設立了經濟因素維度，這在一定程度上擴展了多維貧困指數的應用範圍。

本書的主要研究結論如下：中國 2012 年的家庭平均能源使用效率為 63%，其中城市家庭的能源使用效率低於鄉、鎮家庭，並且其能源使用效率的跨度最大。我們發現城市家庭中存在能源使用效率非常低的群體，而能效相對高的家庭（能源使用效率為 100%，占全樣本的 0.1%）也來自城市。以上結果表明，城市家庭雖然有條件率先獲取高效能源設備，但是城市家庭在能源消費行為中存在較多的浪費現象。傳統能源階梯理論認為能源效率與家庭財富存在緊密的聯繫，本書的研究從設備效率和消費效率兩個角度進一步完善了能源階梯理論。

在微觀家庭能源消費的異質性研究中，中國家庭共存在三組能源消費行為，並且各組家庭的能源消費行為受到不同因素的影響，例如教育水準的提高將抑制第二組家庭的能源消費；一些主觀態度，例如環保意識、社會不公的感受將會引起第三組家庭的能源消費變化。此外，每組家庭的主要特徵如下：第一組家庭總體上社會經濟地位偏低；第二組家庭具備能耗較高的特徵；第三組家庭占比為 76%，為中國最普遍的能源消費類型。

對能源貧困的研究結果顯示，中國家庭能源貧困程度控制在一個較低的水準，但是能源貧困發生率在全國範圍內高達 45%。其中，中國家庭能源貧困具有地區差異性：農村家庭的能源貧困指數顯著高於城鎮家庭，東部發達地區在資源獲取維度與經濟因素維度均優於西部偏遠地區的家庭。通過對多維能源貧困的測算，本書證實了能源貧困對家庭生產效率和健康的負面影響。

關鍵詞：家庭能源消費行為；能源階梯理論；能源使用效率；潛在行為類型；多維能源貧困測量；健康影響

目錄

1 中國能源消費現狀 / 1
  1.1 宏觀能源消費現狀 / 1
  1.2 微觀能源消費現狀 / 7
  1.3 相關能源政策 / 12

2 研究概要 / 19
  2.1 理論機制 / 19
  2.2 學術背景 / 20
  2.3 研究意義 / 21
    2.3.1 理論意義 / 21
    2.3.2 現實意義 / 22
    2.3.3 政策指導意義 / 23
  2.4 研究思路和研究框架 / 23
    2.4.1 研究思路 / 23
    2.4.2 研究框架 / 24
  2.5 研究創新 / 25
    2.5.1 理論模型的創新 / 25
    2.5.2 實證方法的創新 / 26

3 文獻綜述 / 27
  3.1 能源效率的研究背景 / 27
    3.1.1 能源效率研究的起源 / 28
    3.1.2 宏觀視角的能源效率研究 / 29
    3.1.3 能源強度與能源效率 / 31

		3.1.4 前沿函數的效率估算方法 / 32
		3.1.5 全樣本的能源效率估算方法 / 34
	3.2 **家庭能源效率研究** / 35
		3.2.1 微觀視角的能源效率研究 / 35
		3.2.2 家庭能源階梯理論 / 36
		3.2.3 總結與評述 / 37
	3.3 **家庭能源消費行為研究** / 37
		3.3.1 家庭能源消費的影響因素 / 37
		3.3.2 家庭能源消費行為的分組研究 / 40
		3.3.3 有限混合模型的分組研究方法 / 44
		3.3.4 能源文化 / 45
		3.3.5 總結與評述 / 48
	3.4 **家庭能源貧困研究** / 49
		3.4.1 能源貧困的定義 / 49
		3.4.2 能源貧困的衡量 / 50
		3.4.3 能源貧困的影響 / 54
		3.4.4 應對能源貧困 / 57
		3.4.5 總結與評述 / 59

4 **家庭能源使用效率研究** / 60
	4.1 **本章概述** / 60
	4.2 **理論框架** / 62
		4.2.1 能源階梯理論 / 62
		4.2.2 家庭能源使用效率的估算 / 65
	4.3 **數據處理與變量選取** / 67
		4.3.1 截面數據分析與變量選取 / 68
		4.3.2 面板數據分析與變量選取 / 74
	4.4 **計量模型與實證方法** / 76
		4.4.1 前沿需求函數 / 76
		4.4.2 共同需求函數 / 77

    4.4.3 自助法 / 79

  4.5 實證結果 / 79

    4.5.1 隨機前沿函數結果 / 80

    4.5.2 共同前沿函數結果 / 86

    4.5.3 家庭能源階梯理論探討 / 92

  4.6 相關延伸研究 / 94

  4.7 本章小結 / 97

5 家庭能源消費行為的異質性研究 / 98

  5.1 研究背景 / 98

  5.2 能源消費的影響因素 / 101

  5.3 計量模型 / 103

    5.3.1 基礎模型 / 103

    5.3.2 分位數模型 / 103

    5.3.3 有限混合模型 / 104

  5.4 數據處理與描述統計 / 106

  5.5 實證結果 / 109

    5.5.1 基礎迴歸結果 / 109

    5.5.2 分位數迴歸結果 / 113

    5.5.3 有限混合模型迴歸結果 / 116

    5.5.4 家庭能源消費行為的異質性分析 / 123

  5.6 本章小結 / 128

6 能源貧困對中國家庭產出的影響：基於多維度能源貧困視角 / 130

  6.1 研究背景 / 130

  6.2 衡量方法與理論模型 / 132

    6.2.1 能源貧困的衡量 / 132

    6.2.2 家庭投入產出函數 / 133

    6.2.3 隨機生產前沿函數 / 134

    6.3 計量模型 / 135

    6.4 家庭能源貧困的多維度估算 / 136

        6.4.1 數據整理 / 136

        6.4.2 多維能源貧困指標 / 137

        6.4.3 多維能源貧困的全國分佈 / 140

    6.5 實證結果 / 141

    6.6 結論與啟示 / 147

7 能源貧困對健康的影響 / 149

    7.1 研究背景 / 149

    7.2 文獻回顧 / 151

        7.2.1 能源貧困的概念 / 151

        7.2.2 能源貧困對健康的影響研究 / 152

    7.3 數據分析和能源貧困分佈 / 152

        7.3.1 CFPS 數據的描述統計 / 152

        7.3.2 能源貧困的分佈 / 153

        7.3.3 能源貧困的衡量 / 156

        7.3.4 主要變量介紹 / 157

    7.4 迴歸結果 / 161

        7.4.1 基礎迴歸 / 161

        7.4.2 內生性問題 / 164

    7.5 本章總結 / 167

8 結論、政策建議與展望 / 168

    8.1 主要結論 / 168

    8.2 政策建議 / 169

    8.3 研究展望 / 172

參考文獻 / 175

附錄 / 200

1　中國能源消費現狀

1.1　宏觀能源消費現狀

能源在中國工業化進程中發揮著日益重要的作用。中國經濟從 20 世紀 80 年代至今快速發展，特別是在 1994—2014 年這 21 年間，GDP 保持在平均約 8% 的增長速度。然而，工業化過程中不可避免地採用高能耗、高污染的生產和建設方式，是引起霧霾天氣和水源污染等環境問題的主要原因，進而對居民的健康造成了嚴重危害。這一重大問題引起社會各界對「新世紀中國經濟發展何去何從」的思索。黨的十九大提出，必須堅持以節約優先、保護優先、自然恢復為主的方針，形成節約資源和保護環境的空間格局、產業結構、生產方式、生活方式。推進綠色發展、資源全面節約和循環利用，實施國家節水行動，降低能耗、物耗，實現生產系統和生活系統循環連結。著力解決突出環境問題，堅持全民共治、源頭防治，持續實施大氣污染防治行動，打贏藍天保衛戰。政府在「十三五」規劃（2016—2020 年）中提出積極應對全球氣候變化，堅持減緩與適應並重，主動控制碳排放，落實減排承諾，增強適應氣候變化能力，深度參與全球氣候治理，為應對全球氣候變化做出貢獻。

在上述宏觀政策的背景下，政府及社會各界對環境保護提出了多項治理策略，近年來中國能源消費總量的增速有逐漸放緩趨勢（見圖 1-1）。《BP 世界能源統計年鑒》指出，2015 年和 2016 年是中國自 1997 年以來能源消費增速最為緩慢的兩年（BP, 2017）。國家統計局能源消費總量數據顯示，中國能源消費從 2013 年 3.7% 的增速逐漸放緩至 2016 年 1.3% 的增速。

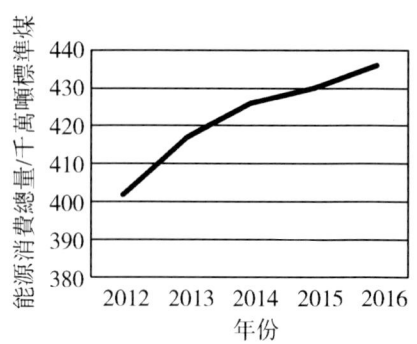

圖1-1　2012—2016年能源消費總量變化趨勢

數據來源：國家統計局（http://www.stats.gov.cn/）

儘管如此，中國已連續第十六年成為全球範圍內增速最快的能源消費市場。中國能源消費以煤炭為主，2016年中國煤炭消費總量占據所有能源消費的62%；天然氣和新興能源消費水準明顯低於煤炭消費水準，兩者加總僅占中國能源消費總量的20%（見圖1-2）。以化石能源為主的能源消費結構嚴重制約了中國的可持續發展進程。

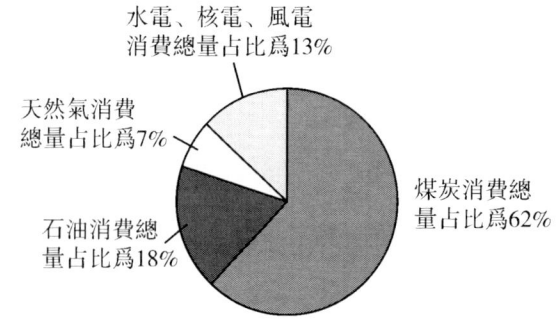

圖1-2　2016年中國能源消費結構

數據來源：國家統計局（http://www.stats.gov.cn/）

中國長期以煤炭為主的能源消費結構，不可避免地帶來能源利用效率低下和環境污染嚴重等問題。聯合國政府間氣候變化專門委員會（IPCC）自1990年起發布了四次關於全球氣候變化的評估報告，認為氣候變暖是當今世界最為突出的環境問題，而能源消耗排放的大量溫室氣體則是引起全球變暖的重要原因（Huang et al., 2008），全球變暖甚至會產生嚴重的霧霾（Xu et al., 2013）。目前，中國煤炭消費量的80%是原煤直接燃燒，由此產生的污染較為嚴重。世界上一半的煤炭在中國消耗，煤炭燃燒產生的二氧化硫、氮氧化物、菸塵排放

分別占中國相應排放量的86%、56%、74%（林伯強 等，2015）。

據圖1-1和圖1-2可以得出，雖然中國能源消費增速放緩，資源性、高耗能、高排放產業發展逐漸衰減，能源消費日趨合理，但是隨著工業化、城鎮化進程加快和消費結構持續升級，中國能源需求剛性增長，資源環境問題仍是制約中國經濟社會發展的瓶頸之一，節能減排依然形勢嚴峻、任務艱鉅。

基於目前所面臨的嚴峻形勢，國務院印發了《關於「十三五」節能減排綜合工作方案的通知》。該通知充分肯定了在「十二五」期間各單位在節能減排中的突出表現。「十二五」時期，全國單位國內生產總值能耗降低18.4%，化學需氧量、二氧化硫、氨氮、氮氧化物等主要污染物排放總量分別減少12.9%、18%、13%和18.6%，超額完成節能減排預定目標，為經濟結構調整、環境改善、應對全球氣候變化做出了重要貢獻。同時，該通知也指出，要在「十三五」期間，採取更有效的政策措施，切實將節能減排工作推向深入。預計到2020年，國內生產總值能耗比2015年下降15%，能源消費總量控制在50億噸標準煤以內。全國化學需氧量、氨氮、二氧化硫、氮氧化物排放總量分別控制在2,001萬噸、207萬噸、1,580萬噸、1,574萬噸以內，比2015年分別下降10%、10%、15%和15%。全國揮發性有機物排放總量比2015年下降10%以上（國務院，2016）。

新型清潔能源建設便是其中重要的一環。《國務院關於促進光伏產業健康發展的若干意見》指出，發展光伏產業對調整能源結構、推進能源生產和消費革命、促進生態文明建設具有重要意義，各部門應充分認識促進光伏產業健康發展的重要性，並要求要做到積極開拓光伏應用市場；加快產業結構調整和技術進步；完善並網管理和服務（國務院，2016）。國家能源局在2016年9月印發《關於建設太陽能熱發電示範項目的通知》，啟動首批20個太陽能熱發電示範項目建設，建立電價退坡機制，即在2018年12月31日前全部建成投產的首批示範項目執行每千瓦時1.15元（含稅）標杆上網電價；並建立建設內容調整機制，在不影響行業公平情況下穩步推進太陽能熱發電產業發展。同時，要建立項目退出機制，及時淘汰不能按計劃完成太陽能熱發電建設的項目，以期保證太陽能熱發電產業建設高質量完成［國家發展和改革委員會（簡稱國家發改委），2018］。

在上述應對政策的背景下，中國能源結構正在向更清潔、更低碳的燃料轉型。圖1-3顯示，2016年中國煤炭產量實現負增長。這一改變主要反應了能源結構方面的兩個調整：一個是來自政府和社會的壓力促使能源結構向更清潔

和更低碳的方向轉變，另一個是天然氣和可再生能源的資源可獲得性與競爭力日益增強。

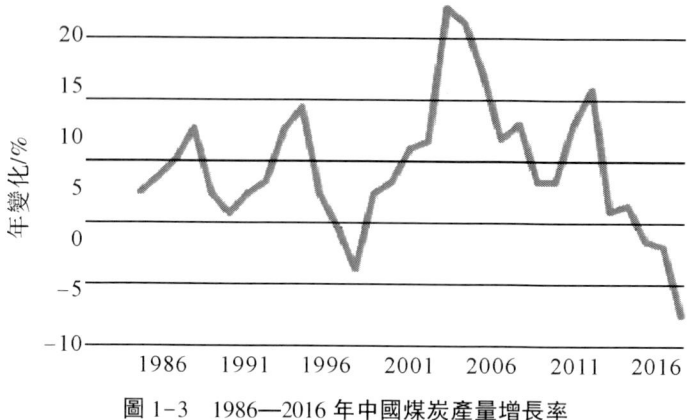

圖1-3　1986—2016年中國煤炭產量增長率

圖片來源：2017年版《BP世界能源統計年鑒》（BP，2017）

可再生能源在生產方面有顯著發展。《BP世界能源統計年鑒》指出亞太地區取代歐洲和歐亞地區，成為最大的可再生能源產區（BP，2017）。2015年，中國可再生能源發電累計並網裝機容量達到$50×104$兆瓦，占全部發電裝機容量的33.3%；可再生能源年發電量達到$13.93×108$兆瓦時，占全部發電量的24.8%（國家可再生能源中心，2016）；同年，中國在水電、風電以及太陽能領域的裝機量均排名世界第一。2016年，中國貢獻了全球可再生能源增長的40%，超越美國成為全球最大的可再生能源生產國（見圖1-4）。與此同時，中國成為世界水電（2.8%，120太瓦時）和核能（1.3%，41太瓦時）增長的主要來源（BP，2017）。在再生能源中，太陽能裝機增速最顯著，相比2006年，中國實現了近540倍的增長。另外，中國風電和水電領域的發展也不容小覷。2006—2015年，中國風電裝機實現了近50倍的增長，水電裝機增加191吉瓦，增長146%。

從消費角度，中國政府在《中國的能源狀況與政策》白皮書中提到，到2020年，可再生能源消費量在能源消費總量中的比重要達到15%，重點發展水電、風電、太陽能和現代生物質能四個領域。圖1-5表明，2012—2016年，中國煤炭消費總量占比從69%下降至62%。圖1-6對比了此5年間清潔能源在中國的消費占比。其中，水電、核電、風電消費總量從10%增加到13%。以上數據表明，中國能源結構轉型初顯成效。

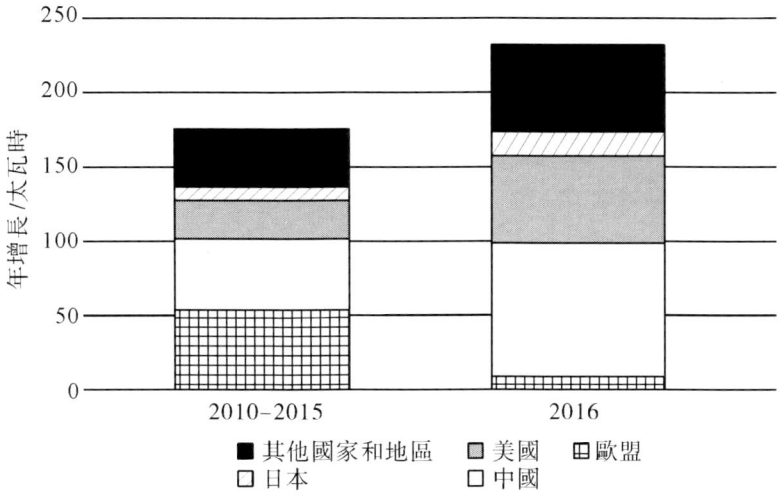

图1-4　各国可再生能源增长比例

图片来源：2017年版《BP世界能源统计年鉴》（BP, 2017）

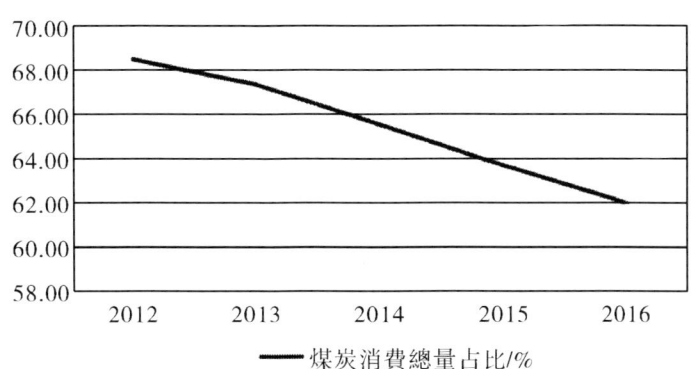

图1-5　2012—2016年中国煤炭消费占比

数据来源：国家统计局（http://www.stats.gov.cn/）

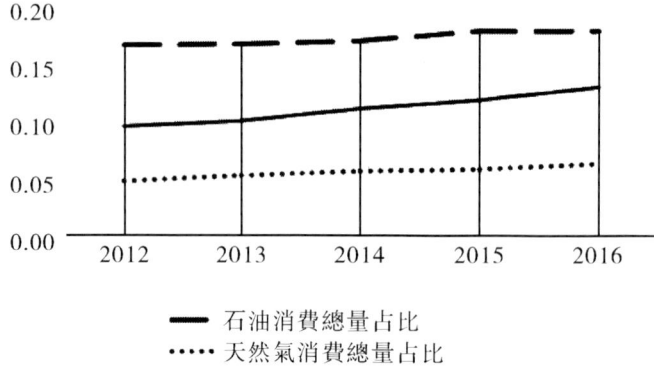

图 1-6 2012—2016 年中国石油、天然气和再生能源消费占比

数据来源：国家统计局（http://www.stats.gov.cn/）

除了以上因能源消费结构不合理造成的一系列环境污染问题以外，中国因能源消费城乡差异、地域差异导致的相关问题也亟待解决。张金良等（2007）发现传统生物质能在燃烧过程中会释放大量一氧化碳、二氧化氮等致癌物质，因此以生物质能源消费为主的地区环境污染更加严重。

2016 年中国主要城市 AQI[①] 值的分布呈区域的差异化分布：以京津冀为首的黄河中下游和新疆西部是该年度全国大气污染最严重、最集中的区域。显然导致这两个区域污染严重的主要原因有所不同，前者污染严重是由经济发展所需能源消耗巨大导致的，而后者则是由于沙尘暴等恶劣自然因素导致的。

基于上述现状描述，中国宏观能源消费现状可以概括为以下三个特征：首先，中国能源消费仍然以煤炭为主，能源消费结构亟待优化；其次，由于经济发展等因素造成能源需求量巨大，从而导致区域性环境污染严重；最后，近期国家积极出台了相关能源政策，这些政策向清洁、可再生、安全能源倾斜，在一定程度上优化了宏观能源消费结构。在充分了解中国宏观层面的能源消费背景之后，本书将从微观层面展示中国家庭能源消费行为的基本特征。

---

① AQI：它是由 SO_2、NO_2、PM10、PM2.5、O_3 和 CP 6 种常规大气污染物拟合的以定量描述空气质量的无量纲指数，其值越大，说明空气污染越严重。

1.2 微觀能源消費現狀

隨著中國改革開放的不斷深入，人民生活水準日益提高，中國經濟發展從追求速度的粗放型逐漸向追求質量和效益的集約型轉變，經濟發展結構不斷優化，經濟發展逐漸依靠內需拉動。由此可見，消費在中國經濟發展過程中的地位日益顯現，家庭能源消費問題同樣備受關注。首先，人們對居住環境的敏感度提高。居民在環境污染和環保政策的雙重壓力下，勢必在能源消費行為方面有所變化；中國城鎮常住人口預計在 2020 年上升到 60%，這將是居民能源消費方式和結構的巨大變革。其次，目前居民用能占比上升至所有部門能源總消耗量的 20%。家庭能耗已超過農業，成為繼工業之後的第二大能源消耗主體。鄯曉雯等（2012）和 Zhou 等（2013）研究指出，21 世紀以來，中國居民收入水準提高，人均能耗水準已翻了一番。Grimm 等（2008）、Yusuf 等（2008）、樊杰等（2011）均認為，隨著居民收入的不斷提高和城市人口的持續擴大，中國家庭能源消費將持續增長。最後，中國居民生活耗能在近十年來不斷攀升（見圖 1-7）。2005 年的全民生活用能為 27,573 萬噸標準煤；截至 2014 年，該項數據已增長至 47,212 萬噸標準煤，增幅超過 71%。《2015 年中國家庭能源消費研究報告》指出，中國家庭的人均能源消費量不到發達國家的 50%[1]。綜上所述，微觀家庭能源消費行為具有一些亟待研究的特徵，且針對家庭能源消費行為的研究具有重要的現實意義。

中國家庭能源消費的差異主要存在於城鄉家庭之間。據統計，2010 年城鎮居民的平均耗能為 315 千克標準煤，為農村居民消費量的 1.5 倍。2010 年農村居民利用生物質能（例如沼氣、秸稈等）占比仍高達 61%，甚至在偏遠地區，一些家庭僅依靠木柴生火。這些高污染、低能效燃料的廣泛使用令人擔憂。姚建平（2013）指出在中國大部分農村地區，居民仍舊以生物質能源作為日常炊事及生產能源，此能源消費致使樹木過度砍伐，不斷地減弱地域涵養水源、吸收溫室氣體、防風固土的能力，並最終導致自然災害防護力不斷降低。反觀城市居民，能源消費需求隨著收入增加而增長，儘管節能家電和太陽能等新興能源正在大規模推廣，但是居民能源浪費的現象也頻頻發生。在設備

---

[1] 該信息來源於網易新聞的轉載，詳細信息請見以下網址：http://news.163.com/16/0515/03/BN2V07DR00014AED.html。

進步和能源可再生的條件下，城市居民的能源消費可能出現「反彈效應」，即隨著能源設備效率的提高，引發新的家庭能源需求，從而導致部分家庭用能量顯著上升。

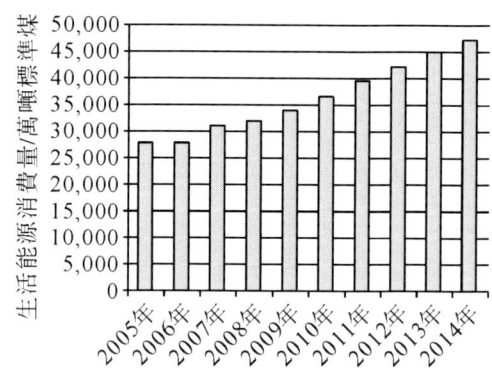

圖1-7　中國生活能源消費量的變化情況

數據來源：國家統計局（http://www.stats.gov.cn/）

雖然中國存在以上城鄉差異，中國整體居民用能正在逐步向高級燃料轉變。圖1-8顯示的是中國生活煤炭消費量在近年來呈現下降的趨勢：2014年的消費量為9,253萬噸，相比2005年生活用煤減少了7.8%；相反，液化石油氣的消費則逐年上升。但是在絕對值上，生活煤炭的全國耗費量遠大於液化石油氣。

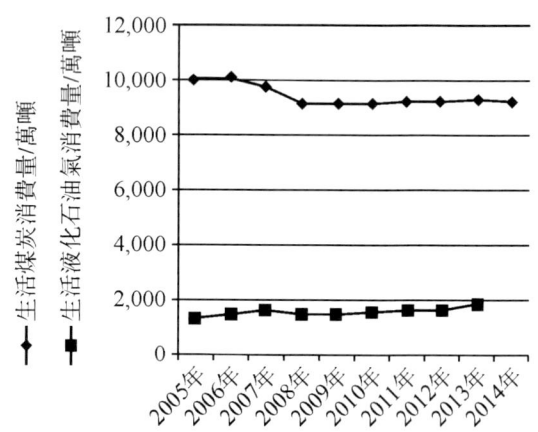

圖1-8　中國生活煤炭與液化石油氣的消費量變化趨勢及比較

數據來源：國家統計局（http://www.stats.gov.cn/）

其次，中國疆域遼闊，各區域資源稟賦與自然條件的不同造成了區域發展的差異性與不平衡性，區域發展不平衡問題在中國經濟社會發展過程中日益突出（李慶濤，2015）。從微觀家庭層面展示中國家庭能源消費存在的地域性差異，主要體現在能源消費總量上的「北高南低差異」。其形成的主要原因在於高緯度高海拔地區溫度相對較低，從而用於家庭取暖的能源消費量有所增加，這體現地區溫差越大對家庭能源消費的需求也越高。因此，決定中國家庭能源消費南北差異的主要因素是地區溫度差異和其他地理特徵。另外，相比1985年，2014年的家庭人均能耗量在全國各地都有顯著提升。

丁永霞（2017）研究指出，煤炭消費比重較高的地區主要集中在一些產煤大省；而在人口高度密集、經濟發展水準高的北上廣等地區，農村家庭能源消費中炊事燃氣的消費比重較高。從取暖方式來看，北方城鎮地區普遍以集中供暖方式取暖，農村則以直接燃燒煤炭、生物質能等方式取暖；南方大部分省份沒有集中取暖的條件，個別省份用電力進行取暖。從各類家電的普及程度來看，東部省份的普及程度明顯高於西部省份。

根據以上分析，中國家庭能源使用低效和能源貧困仍廣泛存在，這也是當今社會兩大亟待解決的問題。其中，能源低效增加了有害氣體的排放，進一步導致了環境污染。據調查，全球範圍內家庭能源消費占能耗總量的25%，而家庭CO_2排放占到全球總排放的17%（IE Agency et al.，2016）。因此，實現全球能源減排必須把家庭能源減排放在首位。目前，中國家庭能源消費占到全社會能耗總量的10.6%（Zhao et al.，2012），其碳排放量占到全國碳排放總量的10.3%（Fan et al.，2015）。以上文獻表明，家庭是中國碳排放最主要的貢獻者之一。中國有上億個家庭，每個家庭每年因能源損耗所造成的資源浪費和環境污染不容忽視。李豔梅 等（2016）提出，家庭能源消費將成為中國能源消費和碳排放的重要增長點，中國今後的能源發展戰略和節能減排重點也將更加向家庭能源消費領域傾斜。能源貧困現象則體現在能源消費的城鄉差異和區域差異方面，研究表明其極大地阻礙了社會公平與能源可持續發展。綜上，隨著中國城鎮化不斷推進，以及居民能源消費中出現的區域差異、能源結構等問題，如何將家庭能源消費引導至合理、高效、健康的發展道路上來，是中國現階段發展的重點和難點。

在瞭解了中國家庭能源消費的總體特徵之後，我們將進一步考察家庭能源消費的主要構成。根據《中國能源統計年鑑》的數據，1980—2014年中國城鎮家庭能源消費結構從以煤炭為主逐漸變為以電力為主，表明煤炭作為非清潔能源在家庭能源消費結構中的地位在逐漸下降。圖1-9顯示的是1980—2014

年中國城鎮家庭商品能源消費的動態變化情況。其中,電力的消費量不斷上升,而煤炭的消費量逐漸減小,在2011年城鎮家庭煤炭消費占比首次低於電力消費占比。另外,液化石油氣和天然氣在城鎮家庭中的使用率也逐年上升。

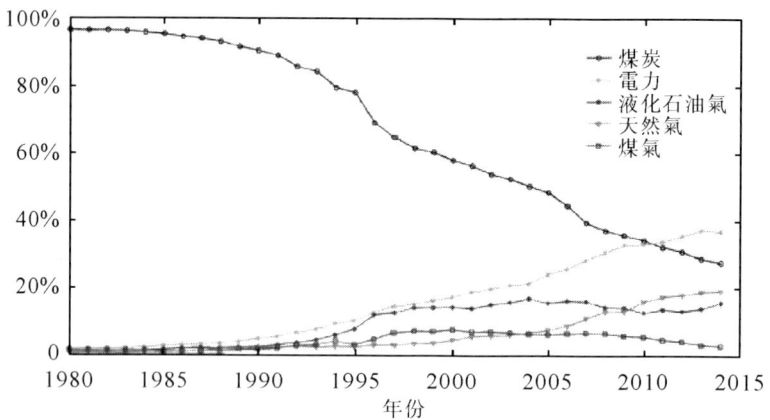

圖1-9 1980—2014年城鎮家庭商品能源消費結構
圖片來源:丁永霞(2017)

圖1-10顯示的是1985—2014年中國農村家庭能源消費結構的變動。2014年,農村家庭煤炭消耗占比仍超過40%,這表明農村家庭的炊事取暖主要依賴於煤炭。由於燃煤竈的熱效率低,導致煤炭消耗量巨大(Niu S. W. et al., 2010)。同時,農村家庭能源的電力消費量逐年增大,由1985年的1.76%上升到2014年的28%,這證實了現代商品能源已經逐步進入農村。隨著農戶收入的提高,電力的可進入性不斷增強,人們對能源的選擇和需求逐漸轉向清潔、高效的能源類型。

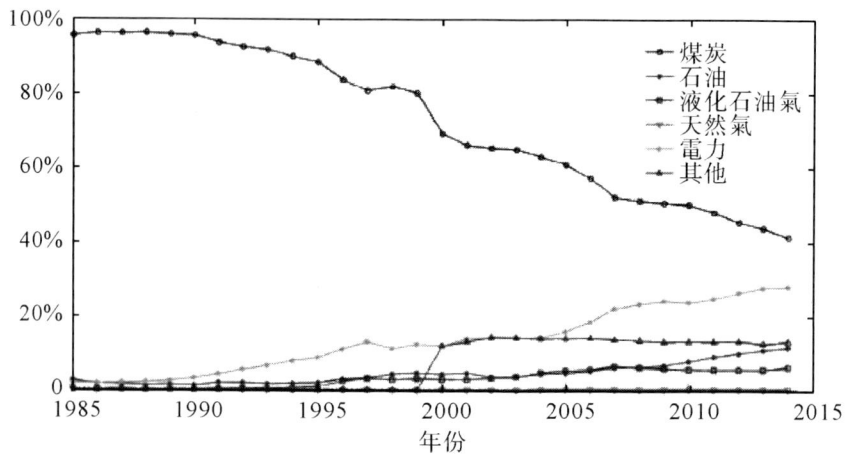

圖1-10 1980—2014年農村家庭商品能源消費結構
圖片來源:丁永霞(2017)

基於圖1-9和圖1-10，農村家庭在能源結構的演變上明顯滯後於城市家庭。目前，城鎮家庭的能源消費已經形成能源多樣化的均衡發展模式，其占消費比重最高的電力和天然氣都屬於清潔燃料；農村生活用能結構則是以煤炭為主，電力、燃油為輔的單一用能模式。其他非清潔能源在2014年仍占據超過40%的比例，導致農村家庭常年燃燒效率低、能源貧困現象更普遍。

中國人民大學發起的「全國能源消費調查」（CRECS）進一步指出城鄉能源消費的差異。在能源利用方面，城鎮集中供暖、管道氣和油品使用較多，農村則更多地使用煤炭、柴油和生物質能等傳統能源。除此之外，中國城鄉居民在電器保有量、保有類別和使用行為上存在顯著不同，且節能方向和潛力差異較大。城鎮居民電器保有量更高，電力消費更多地用於享樂型消費；農村家庭電力使用在能源消費中僅為10.7%，電器品種較為單一，主要用於滿足基本生活需求。

CRECS中提到，中國居民2012年人均能源消費量為612千克標準煤，其中電力占比為15%，薪柴占比為12%；最主要的能源需求是取暖（占比為54%），其次是炊事、熱水使用以及家電耗能。在能源消費結構上，中國家庭的炊事能耗仍然高於其他發達國家。據瞭解，以上差異的主要原因在於中國農村人口基數大，農村家庭的炊事耗能占比大，從而導致中國家庭的炊事耗能較高。

圖1-11採用中國家庭追蹤調查（CFPS）數據，展現了中國家庭在2012年與2014年的能源消費情況。家庭能源消費支出主要由水電費、暖氣費、交通費以及燃料費組成。家庭的平均能源總支出從2012年的3,504元上升到

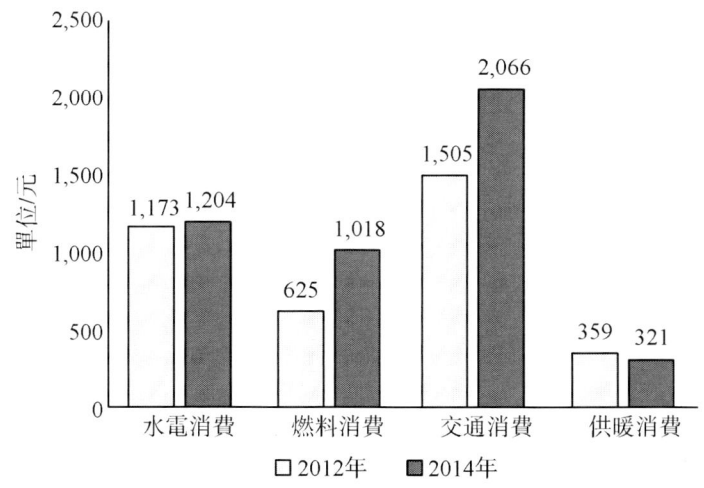

圖1-11　2012年和2014年中國家庭能源消費的組成部分

數據來源：中國家庭追蹤調查（單位：元）

4,608元，其中最大支出為交通支出①。水電費用位居第二，約占家庭能源總消費的30%。

基於上述相關描述統計，中國微觀家庭的能源消費行為可以概括為以下四個特徵：①低級燃料廣泛使用，特別是農村家庭能源效率普遍偏低；②家庭能源消費區域差異顯著，城、鄉能源消費行為差異顯著；③城鎮化和環境污染背景下引起的家庭能源消費行為正處於變革的關鍵時期；④中國存在顯著的家庭能源貧困現象。由此表明，在經濟環境約束的當下，家庭能源效率、潛在行為類型和能源貧困是三個重要研究方向。這也構成了本書對中國能源消費行為研究的出發點。

1.3 相關能源政策

表1-1基於中國能源消費情況和國際方面的能源合作協定，列舉了多個能源建設的總體規劃方針。宏觀方面，中國在應對全球變化、促進節能減排方面，有著大國擔當。1998年中國簽署了《京都議定書》，中國政府承諾到2020年中國單位國內生產總值二氧化碳排放比2005年下降40%~45%（中國政府，1997）。2016年加入《巴黎協定》，中國政府承諾在2030年爭取使二氧化碳達到峰值，單位國內生產總值二氧化碳排放比2005年下降60%~65%，非化石能源一次性消費比重達到20%左右，森林蓄積量比2005年增加45億立方米左右（巴黎協定，2016）。

國家能源局頒布的《能源發展「十三五」規劃》中對中國「十三五」期間能源消費總量、能源利用效率、能源消費結構、能源供給服務水準以及節能減排等方面做了詳細規劃，該文件作為總體綱領性文件，在能源整體戰略佈局中起到了標誌性作用（國家發改委，2016）。基於此，國家各部委對石油、電力、煤炭等能源重點行業做出了更為詳細的規劃。國家發改委在《石油天然氣發展「十三五」規劃》中對增強中國石油天然氣自主供給能力提出了新要求，並在儲量目標、石油供應、基礎設施能力三個方面做出了具體佈局（國家發改委，2016）。國家能源局則在《中長期油氣管網規劃》中提出要擴大中國石油天然氣管網建設，並提高中國應急調運能力（國家發改委，2017）。

---

① 在一些情況下，家庭交通消費並不作為家庭能源的直接消費類別。因為家庭能源消費更多關注的是居民在居家過程中的取暖、照明和炊事等用能行為。本書在此部分僅展示家庭交通支出的大致情況，文章中並未對其做進一步研究。

表 1-1　　　　　　　　　　中國能源相關政策

文件名	簽署或發布方	出抬年份	目標年份	實施範圍	政策簡述
巴黎協定	中國政府	2016年	2030年	所有締約國	中國承諾在 2030 年爭取使二氧化碳達到峰值，單位國內生產總值二氧化碳排放比 2005 年下降 60%~65%，非化石能源一次性消費比重達到 20% 左右，森林蓄積量比 2005 年增加 45 億立方米左右
京都議定書	中國政府	1998年	2020年	所有締約國	到 2020 年中國單位國內生產總值二氧化碳排放比 2005 年下降 40%~45%
《能源發展「十三五」規劃》	國家能源局	2016年	2020年	全國	能消費總量：能源消費總量控制在 50 億噸標準煤以內，煤炭消費總量控制在 41 億噸以內 能源安全保障：能源自給率保持在 80% 以上 能源供應能力：保持能源供應穩步增長 能源消費結構：非化石能源消費比重提高到 15% 以上，天然氣消費比重力爭達到 10%，煤炭消費比重降到 58% 以下 能源系統效率：單位國內生產總值能耗比 2015 年下降 15% 能源環保低碳：單位國內生產總值二氧化碳排放比 2015 年下降 18% 能源普遍服務：能源公共服務水準顯著提高，實現基本用能服務便利化，城鄉居民人均生活用電水準差距顯著縮小
《石油天然氣發展「十三五」規劃》	國家發改委	2016年	2020年	全國	儲量目標：年均新增探明石油地質儲量 10 億噸左右 石油供應：國內石油產量 2 億噸以上，保障國內 2020 年 5.9 億噸的石油消費水準
《中長期油氣管網規劃》	國家能源局	2017年	2020年	全國	管網規模：全國油氣管網路規模達到 16.9 萬千米的目標 儲量目標：天然氣應急調峰氣量達到消費量的 8%
《全國農村沼氣發展「十三五」規劃》	國家發改委、農業部	2017年	2020年	全國	規模化水準提高：新建規模化生物天然氣工程 172 個、規模化大型沼氣工程 3,150 個 促進「三沼」利用：新增池容 2,277 萬立方米，新增沼氣生產能力 49 億立方米；新增沼肥 2,651 萬噸 提高效益：農村沼氣年新增秸稈處理能力 864 萬噸、畜禽糞便處理能力 7,183 萬噸

表1-1(續)

文件名	簽署或發布方	出抬年份	目標年份	實施範圍	政策簡述
《電力發展「十三五」規劃（2016—2020年）》	國家發改委、國家能源局	2016年	2020年	全國	電力建設：到2020年，非化石能源發電裝機達到7.7億千瓦左右 資源調配：建設特高壓輸電和常規輸電技術的「西電東送」輸電通道 綜合調節能力：落實全額保障性收購制度，將棄風、棄光率控制在合理水準 節能減排：力爭淘汰火電落後產能2,000萬千瓦以上。火電廠廢水排放達標率實現100% 保障民生用電：電能替代新增用電量約4,500億千瓦時
《地熱能開發利用「十三五」規劃》	國家發改委、國家能源局、國土資源部	2016年	2020年	全國	資源開發：地熱供暖（制冷）面累積計達到16億平方米，地熱能年利用量7,000萬噸標準煤 技術升級：形成較為完善的地熱開發利用管理體系和政策體系
《煤炭工業發展「十三五」規劃》	國家發改委、國家能源局	2016年	2020年	全國	集約：到2020年，煤炭產量39億噸，煤炭生產結構優化 安全：重特大事故得到有效遏制，煤礦事故死亡人數下降15%以上，百萬噸死亡率下降15%以上 綠色：生態文明礦區建設取得積極進展，最大程度減輕煤炭生產開發對環境的影響 高效：實現煤礦採煤機械化程度達到85%，掘進機械化程度達到65%
《節水型社會建設「十三五」規劃》	國家發改委、水利部、住房城鄉建設部	2017年	2020年	全國	控總量：全國用水總量控制在6,700億立方米以內 提效率：萬元國內生產總值用水量、萬元工業增加值用水量較2015年分別降低23%和20% 健體制：水資源管理制度進一步完善，節水約束與考核機制逐步優化，水權水價水市場改革取得重要進展 強能力：水資源監控能力顯著提高，城鎮和工業用水、農業灌溉用水計量率分別達到85%、70%以上 增意識：提高公眾對中國水情的認知，加強公眾參與水資源節約保護的能力

表1-1(續)

文件名	簽署或發布方	出抬年份	目標年份	實施範圍	政策簡述
《可再生能源發展「十三五」規劃》	國家發改委	2016年	2020年	全國	可再生能源總量指標：全部可再生能源年利用量7.3億噸標準煤 可再生能源發電指標：全部可再生能源發電裝機6.8億千瓦，發電量1.9萬億千瓦時 可再生能源供熱和燃料利用指標：各類可再生能源供熱和民用燃料總計約替代化石能源1.5億噸標準煤 可再生能源經濟性指標：風電項目電價可與當地燃煤發電同平臺競爭，光伏項目電價可與電網銷售電價相當 可再生能源並網運行和消納指標：基本解決水電棄水問題，限電地區的風電、太陽能發電年度利用小時數全面達到全額保障性收購的要求 可再生能源指標考核約束機制指標：各發電企業的非水電可再生能源發電量與燃煤發電量的比重應顯著提高
《海洋經濟發展「十三五」規劃》	國家發改委、國家海洋局	2017年	2020年	全國	加強5兆瓦、6兆瓦及以上大功率海上風電設備研製，突破離岸變電站、海底電纜輸電關鍵技術
《關於全國推廣家電下鄉工作的通知》	財政部、商務部、工業和信息化部	2008年	暫無	全國	順應農民消費升級的新趨勢，運用財政、貿易政策，引導和組織工商聯手，開發、生產適合農村消費特點、性能可靠、質量保證、物美價廉的家電產品，並提供滿足農民需求的流通和售後服務；對農民購買納入補貼範圍的家電產品給予一定比例（13%）的財政補貼，以激活農民購買能力，擴大農村消費，促進內需和外需協調發展
《居民生活用電試行階梯電價指導意見》	國家發改委	2011年	暫無	全國	第一階梯為基數電量，此階梯內電量較少，電價也較低；第二階梯電量較高，電價也較高一些；第三階梯電量更多，電價更高
《高效節能產品推廣財政補助資金管理暫行辦法》	財政部、國家發改委	2009年	暫無	全國	中央財政安排專項資金，支持高效節能產品的推廣使用，擴大高效節能產品市場份額，提高用能產品的能源效率水準

表1-1(續)

文件名	簽署或發布方	出拾年份	目標年份	實施範圍	政策簡述
《節能技術改造財政獎勵資金管理辦法》	財政部、國家發改委	2011年	暫無	全國	中央財政將安排專項資金，採取「以獎代補」方式，對企業實施節能技術改造給予適當支持和獎勵。東部地區節能技術改造項目根據項目完工後實現的年節能量按240元/噸標準煤給予一次性獎勵，中西部地區按300元/噸標準煤給予一次性獎勵
《河北省張家口市可再生能源示範區發展規劃》	國家發改委	2015年	2030年	河北省張家口市	示範區內可再生能源消費量占終端能源消費總量比2030年達到50%
《江蘇省「十三五」能源發展規劃》	江蘇省人民政府	2017年	2020年	江蘇省	堅持海陸並舉、以海為主，打造千萬千瓦風電基地。到2020年，累計並網1,000萬千瓦
《廣東省能源發展「十三五」規劃》	廣東省發展和改革委員會	2017年	2020年	廣東省	安全高效發展核電：到2020年核電裝機規模約達1,600萬千瓦 加快發展海上風電：到2020年年底，開工建設海上風電裝機容量約1,200萬千瓦以上積極開發利用其他可再生能源：到2020年陸上風電和太陽能光伏發電裝機規模均達到600萬千瓦左右
《湖北省光伏扶貧規劃》	湖北省能源局	2018年	2019年	湖北省	用3年時間在深度貧困縣和全省符合條件的約3,000個貧困村或貧困戶所在村建設光伏扶貧項目
《關於明確光伏扶貧電站電價補貼政策的通知》	河北省物價局	2018年	2018年	河北省	2018年年底前並網發電的光伏扶貧電站上網電價，補貼標準為每千瓦時0.2元
《安徽省秸稈綜合利用提升工程實施辦法》	安徽省人民政府	2018年	2018年	安徽省	力爭2018年全省農作物秸稈綜合利用率達到88%

國家發改委和農業部在《全國農村沼氣發展「十三五」規劃》中則對中國農村沼氣建設提出了新要求，要求加強農村沼氣建設，推進農村消費中的沼氣比重，並合理利用好「三沼」，以提高中國綠色協調發展能力。國家發改委則在《電力發展「十三五」規劃（2016—2020年）》中強調了發展電力在未來中國能源結構轉型期的不可替代的作用，並要求在加強電力基礎設施建設的同時，

提高供電服務水準，減輕居民用電負擔，同時還針對中國能源「西多東少」的總體格局要求進一步加強電力資源的跨區域調配，以保證中國居民用電需求（國家發改委，2016）。國家發改委在《煤炭工業發展「十三五」規劃》中對煤炭產業提出了集約、安全、高效、綠色的總體要求，要求實現煤炭產業的產業結構轉型升級，摒棄落後、低效、高污染的生產方式，為綠色可持續的能源建設做出貢獻。為了更好地推進能源建設向清潔化、節約化、高效化發展，國家發改委、水利部、住房和城鄉建設部印發的《節水型社會建設「十三五」規劃》中對建設節水型社會提出了要求。值得注意的是，在提高水資源利用效率和減少水資源污染的同時，還應加強人民的精神文明建設，提高人民群眾的主人翁意識，讓更多的人投身於節水型社會的建設中去（國家發改委、農業部，2017）。

除傳統能源行業外，國家發改委還公布了《可再生能源發展「十三五」規劃》，強調為了實現中國能源結構的戰略性升級調整，要在「十三五」期間大力發展可再生能源。國家發改委、國土資源部對地熱能開發做出了新的規劃，《地熱能開發利用「十三五」規劃》指出，要認識到地熱能作為一種新型清潔能源在能源建設中的重要補充作用，積極突破乾熱岩資源潛力評價與鑽探靶區優選、乾熱岩開發鑽井工程關鍵技術以及乾熱岩儲層高效取熱等關鍵技術突破乾熱岩開發與利用的技術瓶頸，充分利用中國資源優勢，彌補中國能源建設短板（國家發改委、國土資源部，2016）。國家發改委和國家海洋局在《海洋經濟發展「十三五」規劃》中要求突破風力發電相關技術，完善風力發電相關產業，逐步提高風電在中國電力供應中的比重，以彌補中國清潔能源發展中的缺口（國家發改委、國家海洋局，2017）。

為了更好地促進中國可再生能源發展，形成促進和帶動作用，國家發改委印發了《河北省張家口市可再生能源示範區發展規劃》，張家口市將作為中國一個先行示範區，其可再生能源應用將涵蓋公共交通、工業生產、居民用能等各個方面（國家發改委，2015）。各省市部門也紛紛做出回應，制定了立足本省實際情況的相應規劃和政策，出抬了如《江蘇省「十三五」能源發展規劃》《廣東省「十三五」能源結構調整實施方案》《湖北省光伏扶貧規劃》等相關文件。

在微觀層面，中國陸續實施了家電下鄉、階梯式電價等政策，其中，財政部、商務部、工業和信息化部公布了《關於全國推廣家電下鄉工作的通知》，通知指出將運用財政、貿易政策，引導和組織工商聯手，開發、生產適合農村消費特點、性能可靠、質量保證、物美價廉的家電產品，並提供滿足農民需求

的流通和售後服務；對農民購買納入補貼範圍的家電產品給予一定比例（13%）的財政補貼（財政部、商務部、工業和信息化部，2008）。國家發改委在《居民生活用電試行階梯電價指導意見》中提出，把戶均用電量設置為若干個階梯分段或分檔次定價計算費用。對居民用電實行階梯式遞增電價可以提高能源效率。通過分段電量可以實現細分市場的差別定價，提高用電效率（國家發改委，2011）。為加快推廣先進節能技術，提高能源利用效率，財政部、國家發改委制定了《節能技術改造財政獎勵資金管理辦法》，該辦法對現有企業在現有生產工藝上進行的節能技術改造項目提供獎勵金補貼（財政部、國家發改委，2011）。財政部和國家發改委還制定了《高效節能產品推廣財政補助資金管理暫行辦法》，該辦法對生產和銷售高能效節能產品的企業給予財政補助（財政部、國家發改委，2009）（政策原件見附錄）。

我們不難看出，當前中國在能源建設方面，始終保持著積極的態度，能夠清楚地意識到在以前能源建設中所存在粗放、低效、高污染、發展不平衡等問題，並在未來規劃中針對相關問題做出了針對性的措施，如在煤炭等傳統高污染行業，有著破除原有不合理體制、大膽開拓創新的決心；在電力行業，加快了資源的跨區域調配進度；在石油行業，推動中國石油生產和儲備能力向發達國家水準靠攏。同時，中國還積極推動科技創新，以創新驅動發展，積極推動地熱能、電能、沼氣等清潔能源的發展。各省、區、市也能清晰認識到各地區能源建設的優勢和劣勢，堅持補短板、填漏洞，提高能源服務水準。總而言之，中國的能源發展正在朝著清潔化、高效化、國家化發展，中國正通過自身不斷地轉型升級、改革創新與國際化合作，推動中國能源實力進一步發展和提升。

2 研究概要

2.1 理論機制

本節圍繞家庭能源消費行為，探討整本書的相關理論機制。能源效率最早由 Hartman（1979）提出，受到學術界的持續關注。家庭能源使用效率的研究來源於經濟學理論對效率的定義，這裡的效率代表實際值與最優值之比。在能源效率的計算中，當實際能源消費量越接近估算的最優能源需求量時，家庭的能源效率越高，反之則越低。實際消費量與最優需求量的差距直觀體現為能源的超額消費部分。這裡的最優能源消費量是由家庭特徵和能源消費行為共同決定的最優值，也是家庭能源消費行為的標杆。在這個過程中，除了能源設備本身的效率，能源的消費方式也直接影響最終結果，因此本書將能源效率更確切地稱為能源使用效率。考慮到生活方式、社會習俗和文化的不同，本書分別按照城、鎮、鄉家庭估算各自的隨機前沿函數。與此同時，共同前沿函數證實存在一條下包絡線可以實現全樣本的效率估算；從理論經濟學視角，外溢理論也佐證了子樣本之間存在可比性。隨後，在能源消費行為的研究中，本書通過內生化分組的方式挖掘微觀個體行為的異質性。異質性研究一直是家庭消費行為研究中的重點和難點。微觀經濟學領域有必要挖掘相似樣本之間的差異，這種潛在異質性的探討有助於我們加深對經濟學理論的認識。最後，家庭能源貧困的研究有著深厚的理論淵源。現有文獻將不能獲取能源的個體或家庭劃分為能源貧困群體。在經濟學領域中，能源貧困僅僅與收入掛鉤，即將能源消費超過總收入 10% 的家庭認定為能源貧困。本書將物理性的獲取與經濟學的定義相結合，首次從多維度、多層面角度估算中國家庭的能源貧困，並嘗試就能源貧困對健康的影響機制進行探討。

家庭能源消費的使用效率、潛在行為類型和能源貧困之間存在著緊密的理

論聯繫。能源階梯理論（Hosier et al., 1987）是貫穿以上三個研究命題的理論基礎。該理論認為隨著家庭社會經濟地位的提升，人們擯棄低效、劣質或高污染的燃料，選擇購買技術含量更高的能源。在本書的研究中，首先，家庭能源階梯理論與能源效率緊密相連。該理論認為能源效率與家庭的財富和社會經濟地位相關，相對富裕的家庭由於能夠使用最新的技術，從而可以獲得更高的能源效率。而本書還從能源設備效率和消費方式效率兩方面擴展了能源階梯理論。其次，家庭能源階梯理論與收入直接相關。該理論描述了收入與能源選擇的關係，收入的上升往往伴隨著家庭能源階梯的攀升。我們觀測了收入對不同能源消費行為類型的潛在影響：當家庭處於能源階梯的底端時，能源消費對收入的影響更大，隨著收入水準的上升，當收入水準上升到一定程度後，收入的影響也在逐步下降。最後，家庭能源階梯理論與能源貧困也有密切關係。家庭攀升能源階梯的過程，也是其能源貧困不斷降低的過程。

　　本書的三個研究命題之間也存在著嚴謹的內在邏輯關係。首先，能源使用效率的定量研究能夠幫助我們獲悉中國家庭能源效率的分佈，能源使用效率的研究結果有助於政策制定者深入瞭解中國家庭能源消費行為的優劣以及引導家庭合理支配生活用能。進一步，我們試圖通過家庭的相關行為特徵剖析中國家庭能源消費行為的類型。對此，本書探討了潛在因素在不同能源消費行為模式中的影響，並且通過微觀家庭異質性的研究深入瞭解中國家庭能源消費行為的理性程度。其次，能源使用效率研究與潛在類型研究是能源貧困研究的理論基礎，效率研究中估算的最低能源需求量是能源貧困劃分的一種方式。潛在行為類型研究結果表明中國能源消費行為可以分為三組。其中第一組家庭具備更多的能源貧困特徵，第二組家庭為低能源使用效率的概率最大，第三組家庭為能源消費相對正常的家庭，也是占比最大的家庭。對此，我們分別從經濟視角和能源可獲得性兩方面進行能源貧困分析，進一步完善對中國家庭能源消費行為和效率的理解。基於以上分析，本書深入探討中國家庭的多維能源貧困問題，全面獲取中國家庭貧困的發生率、成因和程度等重要信息，以及每個維度的能源貧困在全國的分佈情況。最終定量分析能源貧困對家庭的影響，包括衡量其對家庭生產效率和家庭健康的影響。

2.2　學術背景

　　從國內近 20 年的學術發展趨勢來看，儘管家庭能源消費行為微觀層面的

研究比宏觀領域的相關研究起步要晚，但是從 2008 年開始，微觀能源消費領域的關注度持續上漲。造成該領域的研究在近十年中受到廣泛關注的主要原因有兩點：首先，微觀家庭調查在近年來才大規模開展，相關數據開始陸續公布。例如中國健康與營養調查數據（CHNS）、中國健康與養老追蹤調查數據（CHARLS）、中國家庭金融調查數據（CHFS）、中國家庭收入調查數據（CHIP）等。雖然能源的相關問題在以上調查問卷中相對有限，但是可以從中部分挖掘出家庭能源消費行為。考慮到中國家庭追蹤調查數據（CFPS）中涵蓋家庭用電量的重要信息，我們選擇該數據作為本書研究的原始數據。其次，相關理論模型、衡量方法和計量經濟學檢驗在近年來發展迅速。以傳統研究為基礎，前沿研究更加注重在理論分析的基礎上運用多樣化模型探討紛繁複雜的真實世界。

因此，從學術背景方面，與本書相關的研究正處於熱度高漲階段，且隨著數據、計量方法和理論模型的發展，本書的研究具備可行性的同時也面臨著很多挑戰。

2.3 研究意義

2.3.1 理論意義

本書系統地梳理了近年來微觀家庭能源消費領域的學術發展趨勢，並且採用了最新的微觀數據和技術手段，彌補了家庭能源消費行為領域的空白。相比宏觀能源領域的研究，現有文獻在微觀家庭能源消費行為方面的研究程度還不夠深入，研究對象還不夠全面，更多的研究停留在描述統計基礎上的簡單模型迴歸。針對以上不足，本書探索了面向家庭能源消費行為的三個研究命題。具體而言，結合實證研究和理論探討，我們提出了家庭能源使用效率與能源階梯理論的研究命題，在此基礎上區分出中國家庭能源消費行為的優劣；家庭能源消費行為的潛在類型研究是對經濟學長期以來的疑難問題——異質性的探討，該研究有助於我們深入瞭解中國家庭能源消費行為的理性程度；針對能源貧困的研究，我們挖掘了真正意義上的多維能源貧困，並且得出中國不同維度能源貧困的全國分佈情況。本書謹慎提出研究方向、嚴謹探索研究問題，在一定程度上推進了微觀能源消費領域的研究。

本書以中國家庭為研究對象，這為中國經濟問題特別是微觀消費經濟學領域的研究提供了重要的理論支撐。雖然能源效率的定義、多維貧困的衡量以及微觀家庭異質性的理論探討均起源於西方社會，這些西方經濟學理論為文本研

究提供了重要的參考價值和指導意義，但是我們必須結合中國國情和社會發展趨勢開展研究，而非僅僅將西方理論及其研究方法嫁接在中國家庭能源消費的研究中。例如，本書充分考慮中國家庭城、鎮、鄉的差異性，不是直接比較中國家庭能源使用效率的估算，而是通過一條所有需求前沿函數的下包絡線，運用共同前沿函數的方法實現了中國家庭能源使用效率的全樣本估算。又如，我們在多維能源貧困研究中將經濟因素納入考慮範圍，因為經濟貧困問題是中國家庭「奔小康」的突出問題。以上方面均結合中國家庭實情出發，有助於我們深入剖析中國家庭能源消費行為的潛在特徵，並為政策的高效制定提供重要的科學保障。

2.3.2　現實意義

本書的研究順應時代發展的需求。著眼於現階段各國政府、社會各界關注的環境污染和能源貧困問題，我們率先從微觀層面深入研究中國家庭的能源消費行為。具體而言，首先，能源使用效率的研究能夠幫助政府瞭解中國家庭能源使用效率的相關信息，並引導家庭合理消費能源，在此基礎上尋找到提升社會整體能源消費效率的方式；其次，中國現階段正處於能源結構轉型、城鎮化進程和經濟可持續發展的關鍵時期，針對能源消費行為潛在類型的研究有利於我們追蹤宏觀背景下的家庭能源消費行為的最新變化趨勢；最後，針對能源貧困的度量能夠加深我們對中國家庭能源貧困的全面認識，從不同視角獲悉中國家庭能源貧困的發生率、分佈情況和貧困程度。此外，在社會價值觀方面，本書的研究有助於提升社會的效率與公平，符合社會主義和諧社會的構建和中國核心價值觀的要求。

研究結果對國際上其他國家的家庭能源消費具有一定的借鑑意義。中國作為世界上最大的發展中國家，經濟發展受全世界矚目。以中國家庭能源消費行為研究為基礎，可以延伸至世界其他發展中國家以及即將走上快速發展的地區。本書所囊括的樣本包含位於北京、上海等一線城市的家庭，他們具備經濟富裕、設施齊全、資源充足等特徵。這些城市的家庭的能源消費行為與世界上其他發達城市的家庭能源消費有相通之處。除此之外，樣本中也包括偏遠鄉村的家庭，他們無法獲取高級燃料、居住條件相對惡劣且社會配套設施比較落後。中國偏遠地區的能源貧困和能源低效現象在欠發達國家和地區也十分常見。除了最富裕和最貧窮的群體，中國大多數家庭處於兩者之間，這些處於中間家庭的能源消費特徵也可以推廣至世界上其他群體。因此，本書在優化家庭能源消費結構及提高家庭能源效率方面的研究為全世界的可持續發展做了有益

的探索。

2.3.3 政策指導意義

學術研究的最終目的是指導社會實踐。能源使用效率的研究能夠幫助政府為不同家庭提供相應的能源消費引導，從而優化資源配置和提升整體社會福利。本書還提出對低能效的富裕家庭加大節能減排的宣傳教育力度和實施嚴格「階梯電價」的收費標準。潛在類型研究探討了不同能源消費行為的潛在因素，據此幫助政府獲悉中國家庭能源消費的類型以及優化家庭能源消費行為的模式。進一步地，我們通過估算家庭的多維能源貧困，發掘中國家庭能源獲取維度和經濟因素維度的貧困證據。相關研究結果在引導資源分配中具備重要的參考價值。另外，本書在能源效率和能源貧困方面的研究有助於為中國資源分配中的效率與公平難題提供一些科學的建議。

2.4 研究思路和研究框架

2.4.1 研究思路

本書的研究主體是家庭能源消費行為。現有文獻對中國家庭能源消費行為的研究主要集中在影響因素、能源消費結構和行為特徵等方面，研究對象以農村家庭居多。本書在現有文獻的基礎上進一步從經濟學角度研究全國家庭能源消費行為的使用效率、潛在類型和能源貧困三個方面。研究總體思路如下：

本書第一章首先提出研究命題的現實背景，包括宏觀層面和微觀層面的能源消費現狀以及相關能源政策。第二章從理論角度梳理研究內容之間的內在邏輯關係；隨後羅列研究意義；最後概括本書的研究思路，並提出研究創新點。

第三章文獻綜述部分以能源效率為出發點，闡述效率領域研究的發展趨勢，隨後梳理宏觀層面的國內外能源效率研究，並且介紹效率相關的估算方法；接下來，關注微觀家庭層面的能源消費，包括家庭能源效率和家庭能源階梯理論的相關文獻；然後，重點闡述家庭能源消費行為方面的研究，包括影響因素、異質性分析、分組研究的相關方法和能源文化的形成過程；最後，梳理家庭能源貧困及其影響的研究。這一章兼有經典文獻和前沿研究，從宏觀和微觀層面、理論和實證角度介紹該領域研究的現狀；並在此基礎上，總結現有文獻值得借鑑和需要完善的方面，進一步明確本書研究的意義所在。

第四章、第五章、第六章和第七章是本書的核心部分。家庭能源消費行為

研究的第一步是獲悉家庭能源消費行為的優劣。其中第四章的研究圍繞中國家庭能源使用效率的分佈和能源階梯理論的實證探討展開。學界對效率的估算長達30年。國外針對微觀能源效率的衡量大致分為兩類：其一，運用工程方面的計算方法；其二，採用能源強度作為能源效率的代理變量。然而國內能源效率的研究則大部分聚焦宏觀和行業層面，中國家庭能源效率的整體分佈尚未知曉。本書從經濟學視角出發，運用隨機前沿分析估算微觀家庭的能源使用效率，並通過構建前沿需求函數分解出家庭能源消費行為中的無效項。本書通過估算每個家庭的無效項，進一步獲得城、鎮、鄉家庭的能源使用效率情況，並通過運用共同前沿函數獲得了中國家庭能源效率的整體分佈情況。

第五章的研究重點在於挖掘家庭能源消費行為類型，一方面可以更全面地控制微觀家庭的異質性，從異質性角度探索能源消費行為的理性程度；另一方面可以從潛在影響因素角度認知家庭能源消費行為的全新模式，這是對研究主體更深層次的探討。在這一章中，我們運用有限混合模型的後驗概率決定家庭的所屬組別。研究結果表明，中國家庭能源消費行為存在三個組別。其中，第二組家庭的能源消費行為不再受到收入的影響，該組家庭總體上具備高能耗的特徵；平均來看，第一組家庭則因為社會經濟地位相對較低，能源消費也較低。

第六章和第七章重點探討中國的能源貧困問題。學術界目前對能源貧困的衡量尚未得出一致標準。國際上針對能源貧困的研究雖然已從對收入貧困的度量發展到最低能源需求量和多維能源貧困估算，然而已有文獻中的多維能源貧困估算僅僅局限於單一維度下的多項能源獲取情況。相比，國內研究尚未涉獵多維能源貧困領域。在此背景下，本書試圖從多維度、多層面視角衡量中國家庭能源貧困，並展示中國家庭在不同維度的能源貧困分佈現狀，估算多維度能源貧困對家庭生產效率的影響。在此基礎上，第七章進一步實證量化能源貧困對健康的負面影響。

本書以結論和政策建議收尾，並提出後續研究的展望。綜上所述，本書以家庭能源消費行為研究為主體，從能源消費經濟學領域出發，通過對家庭層面的能源使用效率、潛在行為類型和多維能源貧困三方面的研究，全面、科學、深刻地探討了中國家庭能源消費行為與效率。

2.4.2 研究框架

上文從研究背景和研究思路方面詳細介紹了本書的研究內容。本節通過圖2-1展示本書的邏輯分析框架，以此進一步闡明本書的整體框架和內在邏輯關係。

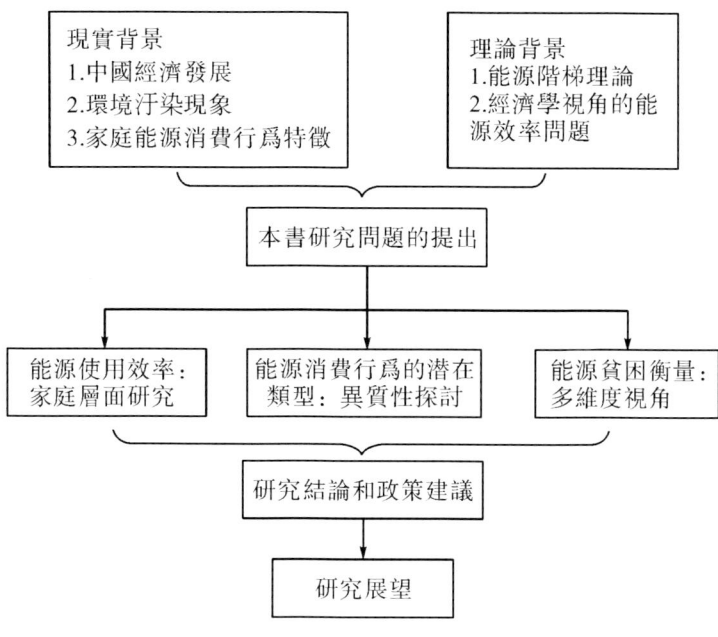

圖 2-1　本書的邏輯分析框架

2.5　研究創新

2.5.1　理論模型的創新

（1）本書從微觀家庭視角，深入探討中國家庭能源消費的行為與效率，並得出了較準確的研究結論。這一研究視角本身具備顯著的理論創新價值。因為目前絕大部分能源經濟學領域的中國問題研究聚焦國家、區域和行業層面，以微觀家庭為行為主體的能源消費探討非常有限。具體而言，在家庭能源使用效率的研究中，本書率先通過構建家庭能源需求函數獲取每個家庭的最低能源需求量。

（2）我們將能源階梯理論充分融入家庭層面的實證研究，並且該理論貫穿本書的三個研究命題。本書依次探討了能源階梯理論與家庭能源使用效率的關係，能源階梯理論與收入因素的關係，能源階梯理論與能源貧困的關係。

（3）本書關注能源貧困群體，首次從多維度、多層面的視角度量中國家庭的能源貧困，在此基礎上核算中國的多維能源貧困指數，並展示了家庭能源

貧困在不同維度的全國分佈情況。現有文獻有關能源貧困對健康的影響研究也鮮有實證支撐。因此，本書構建的多維度能源貧困指數開啟了中國家庭能源貧困研究及其影響的理論探索。

2.5.2 實證方法的創新

（1）本書從全新視角剖析中國家庭能源消費行為的異質性。現有文獻在樣本分組上存在較大的主觀性和隨意性，微觀能源經濟學領域對異質性的探討也非常有限。針對文獻空白，本書通過數據和模型，對樣本進行了靈活分組。基於分組結果，我們進一步挖掘家庭特徵變量（例如健康、教育）以及主觀社會態度對能源消費行為的潛在影響。具體而言，通過驗證能源消費行為的潛在影響因素，我們獲得消費行為的潛在組別，從更深層次剖析了中國家庭能源消費行為的模式和特徵。

（2）在能源效率的估算中，本書充分考慮家庭在生活習慣、能源設備和經濟水準等方面的差異，首先分別構造城、鎮、鄉家庭層面的能源需求前沿函數。隨後，我們採用共同前沿函數，通過線性編程和自助法實現全樣本的能源使用效率估算。

（3）在投入產出函數構建中，一方面，考慮到家庭收入受到家庭成員的技術、付出、能力的影響，其中付出部分包含工作時間和家庭資產；另一方面，將家庭類比企業，將家庭收入類比企業產出。其中，企業目標是最大化利潤，而家庭隨著收入的增加，其效用也隨之提升。本書在此基礎上引入家庭的多項特徵和社區經濟、社區整潔度等情況，通過構建以上家庭的投入產出函數，從效率角度創新性的解釋能源貧困與家庭產出的關係。

（4）在能源貧困指數的計算中，本書借用多維貧困指數（Multidimensional Poverty Index）的思路，但是國際通用的維度中並未考慮收入，我們則根據多維能源貧困的定義設立了經濟因素維度，這在一定程度上擴展了多維貧困指數的應用範圍。

3 文獻綜述

　　能源在經濟發展的進程中發揮著日益重要的作用。一方面，居民收入水準上升，伴隨著家庭能源消費的不斷增長；另一方面，能源浪費現象導致環境污染問題日益嚴重。因此，能源消費受到前所未有的關注。Halvorsen（1975）是能源消費領域初期研究的重要代表人之一，其文獻通過構建需求函數探討電能消費行為的決定因素，並發現價格對能源需求的長期影響。縱觀這些早期研究，無論是從經濟學還是統計學視角進行研究，均將能源消費行為研究的重點放在估測價格彈性和收入彈性之上。

　　本章就能源消費的國內外文獻進行詳盡整理與總結。第一，本章以能源效率作為本章的出發點，梳理了能源效率的研究起源，包括經典的能源需求相關研究，國內外宏觀視角的能源效率研究，以及研究方法和技術手段；第二，本章從家庭層面出發，聚焦微觀家庭能源效率，闡述了家庭能源階梯理論；第三，本章展開家庭能源消費行為方面的文獻綜述，這部分內容主要探討影響家庭能源消費的因素和家庭能源消費行為的分組研究，隨後引出樣本分類的研究方法，其目的是從家庭行為異質性角度深入瞭解家庭能源消費行為；第四，本章詳細解讀了能源文化形成的現有文獻，並探討影響能源文化形成的相關因素。綜上，文獻綜述部分有助於我們從現有文獻角度瞭解能源消費行為的研究。並在此基礎上，總結現有文獻值得借鑑和需要完善的方面，進一步明確本書研究的意義所在。

3.1　能源效率的研究背景

　　能源效率是能源消費行為研究中的重要部分，它幫助我們從深層次瞭解資源的利用情況，並為政策的制定提供更多可靠信息。能源效率的相關政策在國

際能源署（International Energy Agency）與能源信息部門（Energy Information Administration）中均備受關注，並且進一步引起人們對能源可持續問題和社會可持續發展的關注。從宏觀背景層面，政府和社會意在減少單位能源投入產生的污染排放量。能源效率的提升對經濟產出和環境保護都有不可忽視的作用。

現有能源效率的文獻梳理主要注重效率的度量方法，不同度量方法根據產出與投入不同得到能源效率的不同形式。本節從經濟學的研究範式以及能源效率的發展歷程進行文獻梳理，兼顧能源效率的研究方法和技術手段。

3.1.1 能源效率研究的起源

能源效率最早起源於能源需求函數，因此本節將梳理早期能源需求的相關文獻。電力需求的研究最早出現在20世紀的西方國家。Houthakker（1951）運用英國42鎮的數據，對19世紀30年代的用電情況及其月度變化進行統計與分析；Mount 等（1973）研究美國48個州的居民用電行為，提出影響美國電力需求的五大因素分別是人口、收入、價格彈性、替代能源和互補能源。他們的研究將工具變量納入對彈性的估算中，該方法在某些情況下彌補了最小二乘法的估算偏差。作為從微觀視角研究能源需求的早期代表，Baker 等（1989）主要基於英國家庭對天然氣和電能的需求，並且擴展理論模型觀測樣本間彈性的差異，他們提出了家庭特徵、收入、價格在微觀家庭研究中的重要性。

除了以上對電能需求的早期研究以外，Halvorsen（1972，1975）的研究成果作為研究能源需求的經典文獻，其最大貢獻是通過構建能源需求函數估算商品長期的需求價格彈性，但是該文並沒有直接提及能源效率。Hartman（1979）最早討論能源效率的重要性和與技術相關的效率問題，並且明確給出前沿能源需求模型（Frontier Energy Demand Model）的定義，但是該文所提出的前沿模型並未直接運用到之後的研究中。因此該文僅作為能源效率理論開啟的標誌，此時對能源效率的分析尚缺乏實證研究及數據支持。

隨後湧現了能源效率的定量研究，這些早期文獻著眼不同視角的效率估算。其中大多數運用在不同國家的不同行業，並大多運用生產函數建模。在研究方法方面，這個時期的代表作主要有以下3篇文章：Aigner 等（1977）通過定義一系列正態、半正態分佈的變量，用計量模型系統歸納隨機前沿函數方法；Jondrow 等（1982）將隨機項分解為兩部分，從而運用隨機前沿估計樣本的非效率性；Cornwell（1990）在模型中加入工具效率變量對美國航空行業的異質性進行非效率估算。

能源效率的研究對象在19世紀80年代開始擴展到世界各國，包括Battese

等（1988）研究澳大利亞農村奶製品的生產效率函數；Pitt 等（1981）估算印度尼西亞數據研究紡織業的平均效率為 60%～70%，該文發現公司成立時間、規模和所有權是決定效率的重要因素。除了隨機前沿函數在效率中得到運用以外，非參方法也開始湧現，例如數據包絡分析（Data Envelopment Analysis）[①]。

Patterson（1996）開始系統探索能源效率的概念和方法，該文認為能源效率可由一系列指數量化。本書主要包括 4 個研究角度，即熱力學理論、物理熱力學、經濟熱力學和經濟學，並通過公式和理論比較多個指標的優劣。例如，研究發現熱力學指數定義的能源效率在宏觀領域的研究中非常有限；物理熱力學僅局限於同一單位的能源效率之間的比較；經濟熱力學在宏觀政策分析上雖然存在一定優勢，但是當考慮一些技術因子時，該計算方式仍然有局限性。總體上，該文僅針對能源效率的概念、方法和計算公式，並沒有相應的實證研究。不過，這篇文章在較早研究中首次給出能源效率的不同研究視角，並系統地提出能源效率概念，即表示用更少的能源投入生產相同的產品或者服務。

3.1.2　宏觀視角的能源效率研究

繼古典文獻之後，能源效率的研究視角主要集中在國家和行業層面。能源經濟學家很快將商品生產過程與經濟學中的產出與投入模型相聯繫。據此，能源作為投入要素之一加入生產函數，並由投入-產出比值定義能源效率的高低。根據能效指標，大體上可將能源效率的研究歸為單要素能源效率和全要素能源效率。前者僅僅計算能源投入與最終產出的比值，後者則將多個投入要素考慮在內，更適合於微觀經濟學研究。另外，全要素能源效率的優勢主要是可以精確反應能源使用效率，因此我們發現大多文獻考慮多要素的投入。當然全要素方法估計出的效率值具有相對性而非絕對性（楊紅亮 等，2008）。

在此基礎上，研究行業的能源效率成為最主要的關注話題。國內外文獻從生產角度探討能源效率的論文包括（Battese et al., 1995；Boyd et al., 2000；Hu et al., 2006；史丹，2006；張偉 等，2011）。值得一提的是，Boyd 等（2000）率先實證研究能源效率。該文通過數據包絡分析方法（DEA）對玻璃行業的生產效率進行深入考察，得出的結論是生產率與能源效率的緊密關係，並且每單位能源投入量的變化將引起產量和其他經濟指標的變化。該論文標誌著前沿生產函數成功運用到行業數據中。研究者假設高能耗企業的能源效率更低，在實證檢驗中發現雖然高能耗與低能源效率不完全等同，但是兩者仍然有很強的相

---

① 有關效率估算的方法將在後面文獻中詳細介紹。

關性。隨後，Buck 等（2006）通過隨機前沿的測算，關注加拿大商業大廈的能源效率。Boyd（2007）運用隨機前沿生產函數獲得玉米精煉工業的能源效率。Zhou 等（2012）通過前沿生產函數估計 OECD 成員國的能源效率，發現參數估計相比非參數估計有更高的識別度。Hernandez-Sancho 等（2011）則採用非參方法測量西班牙污水廠的能源效率並挖掘其效率決定因素，發現污水廠的能源效率僅為 10%，並從經濟學角度和二氧化碳排放形式估算提升能源效率帶來的能源節省量。

與此同時，除了上面提及的生產角度的能源效率研究，還有從需求角度估算不同國家和行業的能源效率的，如 Filippini 等（2011，2012）從宏觀數據出發研究能源效率。這兩篇文章運用隨機前沿函數分別計算美國和歐洲地區的能源消費額度，通過能源的額外耗費量估算能源使用效率。Filippini 等（2013）研究發現中國 29 省 1996—2008 年的平均能源效率為 0.78。Filippini 等（2011）用參數隨機前沿模型追蹤經濟合作與發展組織（OECD）中 29 個國家近 30 年的能源效率。這篇文章以傳統計量方法及實證需求函數為基礎，從最小化家庭能源需求的角度介紹能源需求函數的概念，即給定現有資源（包括收入、價格、各國氣候、地域、工業結構和潛在能源需求），用前沿需求函數定義家庭合理範圍內的最小能源消費量，並且確保該值不大於實際能源消費值。Zhou 等（2008）採用 DEA 線性模型，將不同能源視為不同投入，測量 21 個 OECD 成員國的綜合能源效率。Honma 等（2007）研究日本全要素的能源效率，研究發現內陸地區和沿海地區的能源效率最高，並且能源效率與人均收入在日本呈 U 形關係。

近年來，隨著國民收入和能源消費的大幅度提升，中國成為能源效率研究的焦點。然而中國長期面臨高能耗和低產出的增長模式，有研究表明中國能源效率低於世界平均水準，而能耗量卻是日本的 7~9 倍，是世界平均水準的 3~4 倍（魏楚 等，2009）。能源的大量消耗和低效使用容易導致嚴重的環境污染和對能源的高度依賴，因此提高能源效率是保持中國經濟穩健發展的關鍵。

現有文獻中不乏宏觀領域的中國能源效率研究：Zhou 等（2012），Wang 等（2013），Zhang 等（2013），Zhang 等（2014），Yao 等（2015）。具體而言，Wei 等（2007）考察了中國鋼鐵行業 1994—2003 年的能源效率變化，並發現不同省份在該行業的發展有其自身規律。他們得出的結論是中國鋼鐵行業在這十年間平均提升了 60% 的能效，然而省份間的能效差異變大。如主要為國有鋼鐵廠所在省份的能源效率提升緩慢且技術有下降趨勢；相反，最大的私有鋼鐵廠所在的省份（河北和江蘇）的能源效率顯著提高。Chen 等（2008）研究了中國農

業的技術效率和技術差距。按照經濟發展水準將樣本分為四個區域，結果發現東北地區在共同前沿函數中的效率最高，然而該地區的效率平均值很低，這表明技術和知識在組內存在差異並對農業產出產生影響。Hu 等（2006）同樣採用 DEA 方法模擬水廠前沿線，從而探討該行業 1995—2002 年的全要素能源效率。該文將能源作為繼資本、勞動的第三大投入，分析中國 29 省的水能效率。研究結果表明，全要素的能源效率與人均純收入存在 U 形關係，並且中國中部地區的能源消費總額超過全國總能源消費的一半，然而中部地區的能源效率最低。他們發現能源效率的提升與經濟發展現狀緊密相關，並指出提高水能效率的政策建議——引進核心技術。

除了以上行業方面的能源效率研究以外，地域的相關研究也層出不窮。魏楚等（2009）沿用了 Hu 等（2006）的研究方法，分別從產出和成本兩個維度將 35 個國家的能源經濟效率進行國際比較。他們得出的結論是中國屬於能源效率相對低效的國家，其原因是因為中國的配置效率和規模效率較低。該文在跨國能源效率的研究中採用全要素生產率和 DEA 計算效率，並且提及運用微觀數據的相關研究將更加精確。Wei 等（2009）運用 DEA 分析 1997—2006 年中國各省份的能源效率，並進一步揭示能源效率與宏觀經濟的關係：發現效率與工業產值占 GDP 的份額顯著負相關。該文還發現東部發達地區的能源效率遠遠高於中西部，以上差異的主要原因是工業結構、政府干預、能源結構和技術支持的區域差異。Lin 等（2015）採用共同前沿函數的方法探索中國省份的能源效率，並且對能源效率的測量作了定量分析。該文將能源投入、資本和勞動力作為生產要素，然後通過推算得到影響能源的表達式，最終通過最優求解獲得共同前沿函數和能源使用效率。該文估算出中國省份的能源效率平均值約為 0.62，並發現東部省份的能源效率明顯高於中部和西部地區，不過中部和西部的能源效率在逐年提升，並且與東部地區的差距在逐漸縮小。另外，東部省份能源效率相對較高的重要原因是技術支持，然而東部地區在如何有效使用技術方面的能力逐年下降。這篇文章將各省的生產要素考慮入內，從而更加精確地估算了能源效率。

以上研究給政策制定提供了多方面的重要建議，然而從家庭能源消費的角度探討中國能源效率的研究幾乎沒有。

3.1.3 能源強度與能源效率

由於能源效率在行業研究中的複雜性，能源強度（Energy Intensity）的計算常見於能源效率評估中，即定義為能源投入與行業產出比。該方法需要以宏

觀產出作為分母以及準確的能源投入量作為分子。一般情況下，能源強度指數的降低意味著能源效率的提高（Liu et al., 1992; Ang et al., 2001; Boyd et al., 2004）。

一系列研究探討能源強度的估算及其與效率的關係（Freeman et al., 1997; Greening et al., 1997; Worrell et al., 1997）。林伯強和杜克銳（2014）挖掘影響中國能源強度變化的驅動因素。周五七（2016）基於對工業能源強度的研究得出的結論是能源效率的增長對能源強度的下降有最直接的影響。Geller 等（2006）採用同樣能源強度指標衡量能源效率，這篇文章分析了過去 30 年 OECD 成員國在能源效率方面的提高，得出能源效率對政策的指導作用，其中美國在 2002 年因為能源效率提高節省了 11% 的能源消耗量。

然而有不少研究提出能源強度指標並不能很好地估算能源效率。Boyd（2007）在能源效率研究中不再簡單描述能源產出比率，而是給能源效率制定某一基準，並將該基準理解為最優能源消費量。其中，基準的決定因素主要包括影響能源產出的物品或者服務。Filippini 等（2011）指出能源效率與能源強度有明顯的區別，兩者在一些情況下相似，然而當環境發生變化時有可能變得截然相反。例如義大利的能源強度在 1978—2006 年有降低趨勢，即從能源強度的角度理解為能源效率提高；然而通過潛在能源效率估算出義大利的能源效率在該時段持續下降。另外，根據能源強度的計算公式，義大利的能源效率一度領先其他國家，然而通過潛在能源效率計算其能源效率僅排第 9。Filippini 等（2012）從宏觀角度估算美國 48 州居民的能源需求函數，從他們的研究結果中得出潛在的能源效率，同樣也指出能源強度與能源效率有本質差別。該文明確地提出能源強度不能作為能源效率的代理變量，其原因是能源強度的多種測量方法可以用於估算能源效率，然而能源強度的變化趨勢很多情況下是受其他因素影響而與效率無關。Boyd（2008）也指出能源強度在衡量效率中的類似不足，並將能源強度指數拆分為三部分，包括系統影響、非效率項和隨機擾動項。不過，該研究其並非從能源產出比率的角度定義效率，而是尋找可觀測的成功案例作為能源高效的標杆。

3.1.4　前沿函數的效率估算方法

Battese 等（1995），Zhou 等（2008），Zhou 等（2012）的研究均通過構建前沿函數分析能源效率。其核心思路是計算樣本到前沿線的距離，距離越遠則表明該點離最優標杆越遠，這也表示能源效率越低。概括起來主要包括以下能源效率前沿函數的研究方法：一種是參數法，例如限制最小二乘迴歸

（Constrained OLS）和在20世紀80年代出現的隨機前沿函數（Stochastic Frontier Analysis）；另一種是非參方法的線性編程，其代表方法為數據包絡分析（Data Envelopment Analysis）。

Aigner等（1977）最早採用隨機前沿函數（SFA）方法估算生產函數的投入效率。在計量模型中，將誤差項分為干擾項和無效項兩部分。隨後，Jondrow等（1982）繼續將SFA中的誤差項分為兩部分，進一步解決如何分解誤差項的問題，主要採取通過整體誤差項決定估算的無效項。Battese等（2002）也運用SFA的方法構建共同前沿函數。Boyd（2007）表示，當存在多個投入和產出時，首選SFA分析距離函數。

有很多研究在能源生產領域中運用到數據包絡分析（DEA）方法，例如Byrnes等（1987）在煤礦開採業的研究；Coggins等（1996）與Yaisawarng等（1994）在電能和相關污染領域的探索；Pacudan等（2002）在電力分佈領域的分析；Kashani（2005）在石油生產方面的研究；Huntington（1995）討論DEA在能源效率領域中的實證模擬過程；Hu等（2010）用DEA方法估計全要素能源生產率，並且提出將能源生產指數分解為能源效率和可用能源技術部分。

數據包絡分析（DEA）方法的優勢主要體現在模擬過程中對產出值的多樣性要求較低，並且可以通過技術效率更加精確地獲得能源效率，但是由於計算過程非常繁瑣和結果不夠穩定，某種程度上限制了該方法在效率研究中的運用（魏楚等，2009）。另外，DEA方法對數據準確性有更高的要求。特別是在中國能效問題的研究中，由數據誤差引起錯誤結果，因此DEA方法需要依賴更加嚴格的檢驗（楊紅亮等，2008）。相比，SFA在微觀領域更受青睞，因為隨機前沿方法除了可以計算效率，還可以清晰描繪前沿線本身的特徵和走向。不僅如此，SFA可以準確獲取哪些因素引起樣本效率的變化，從而避免像能源強度指數那樣用整體產出代理能源效率。

在效率估算的實證方法背後存在分組估計效率的深層次原因。其主要緣由歸根於樣本間的異質性。這裡以企業層面的數據為例，不同行業、地域和國家有完全不相同的生產函數，並且企業在不同的投入－產出集合中做出各自的最優選擇。技術集合的不同作為不同行業和地域的最明顯差異，其中包括資本、人力的不同，經濟基礎的不同，社會環境和客觀情況的不同。以上的不同點促使研究者分別估計各組的前沿函數。相關文獻包括Glass等（1995），Lovell等（1997），O'Donnell等（2002）。

在估測宏觀能源需求函數時另一個可能存在的問題是GDP有內生性，特別是在研究發展中國家的能源消費，內生性存在的可能更大（Filippini et al.,

2013）。Greene（2011）與 Mutter 等（2013）指出在 SFA 模型中內生性是很難估算的，特別是在非線性模型中的估算更加不易。SFA 正是因為沒有系統的辦法檢測內生性，從而在隨機前沿的研究過程中很少考慮內生性問題。繼而，Mutter 等（2013）找出內生性在用 SFA 效率估測中的影響。該文的研究結果表明內生性問題的嚴重性取決於不同模型和數據，在宏觀模型與非線性模型中存在的可能性更大。本章主要採用微觀數據的線性模型估算能源效率，因此沒有過分擔憂 SFA 模型的內生性。然而本書的研究並非忽視內生性問題，而是從以上文獻中找到了無須過度考慮內生性的證據。我們發現隨機前沿函數方法在微觀數據中運用時，內生性的可能性較少，即使存在，當前也沒有有效辦法解決此問題。對此，我們將運用更加嚴格的穩健性檢驗確保結果的準確性。

3.1.5 全樣本的能源效率估算方法

在子樣本估算的基礎上，能源效率的研究仍然具備全樣本估算的必要性和可能性。Battese 等（2002）率先運用類似隨機前沿函數的方式獲得共同前沿函數，並分析可觀測的產出與在共同函數中產出的差異。這種方法的一個弊端在於可能出現樣本在共同函數下方的情況，從而與效率最大值為 1 的定義相悖。Battese 等（2004）隨後解決了以上問題。他們通過單一數據生成的辦法將共同函數制定為各組前沿函數的下包絡線。不過該文仍然只考慮隨機前沿方法構建共同前沿函數。O'Donnell 等（2008）的研究有重要意義：他們認為在子樣本的前沿線基礎上存在額外一條共同前沿函數作為所有分組前沿函數的下包絡線。這篇文章運用數據包絡分析（DEA）和隨機前沿（SFA）的方法分別構建共同前沿函數，從而實現企業的前沿比較和異質性探索。Chen 等（2008）在此基礎上進一步通過共同前沿函數比較不同子樣本之間的效率。Wang 等（2013）將共同前沿函數的思想運用在中國的能源效率研究中，他們採用 DEA 模擬共同前沿函數，從而獲得中國省份的能源效率。

跨組比較是否可行呢？外溢理論回答了以上問題（Coe et al., 1995; Audretsch et al., 1996; Cohen et al., 2002）。以上文章均表明存在一些不可觀測的因素（例如生活方式、社會習俗和文化等）並且可以進行比較。計量經濟學中證明除了各組的隨機前沿函數之外，存在一條共同的前沿函數實現整體樣本研究的可能。Bernstein（1998）展示加拿大行業內和行業間的研發外溢現象，發現行業間的外溢引起成本的減少量高於行業內的外溢，而且研發資本的需求受到外溢的影響。該文證實了行業間的顯著外溢現象，此結論也證明組間存在可比性。

3.2 家庭能源效率研究

3.2.1 微觀視角的能源效率研究

縱觀國內外文獻，我們發現微觀能源效率的研究在世界範圍內相對有限。當然，在與工程相關的家庭能源效率文獻中也可以找到一些研究：Liu 等（2000）用隨機前沿分析方法探討肯尼亞家庭玉米的生產效率，發現家庭特徵的一系列外生變量在模型估算中比較敏感，從而直接影響家庭的技術效率。Reddy（2003）考察印度家庭的能源效率，提出當家庭採用可再生能源時能源效率更高。Boardman（2004）認為政策在提高能源效率中起到重要的推動作用。Oikonomou 等（2009）識別經濟變量對能家庭源消費行為的影響，並且認為消費者行為和生活方式與能源的理性消費有密切關係。該文提出能源效率關注的是能源消費量與所獲服務兩者之間的技術比率。一些關於中國問題的研究開始關注微觀家庭層面的能源效率，例如 Bennet 等（2002）討論了不同天然氣稅收政策對低收入家庭的差異化影響；Lu（2006）通過冰箱的能源效率指標評估中國家庭能源效率水準；Feng 等（2010）指出阻礙遼寧省居民能源效率提高的因素和家庭電能消費模式。

總而言之，這些研究主要從工程角度計算微觀家庭的能源效率，即使用給定家庭住房面積、資產與電器設備等變量推算可能達到的最低能源消費量。然後，研究者將最低能源消費與實際能源消費相比較，並且從兩者的差距估算能源效率。這種效率估算方式與 Filippini 等（2011）有本質的不同，其不同之處主要體現在 Filippini 和 Hunt 的研究主要是從經濟學角度衡量樣本多方面情況並計算能源效率。他們是從宏觀層面構建能源需求函數，進而估算 29 個經濟發展與合作組織（OECD）的能源效率。值得借鑑的是該文在模型中涉及了一系列經濟和環境變量，例如國內生產總值、能源價格、氣候、人口、地域面積等。不僅如此，這篇文章認為能源需求函數中包含「不可觀測的能源效率」項，他們證明導致能源效率變化的因素主要包括制度、社會行為和傳統、生活方式和價值觀。我們的研究也發現經濟學定義的效率除了給定個體的最優能源消費值以外，還有必要把個體生活環境、偏好和風俗習慣等相關因素納入模型。因此 Filippini 等（2011）是從純粹的經濟學角度首次探討能源使用效率的文章。

樣本的異質性是微觀領域研究中不可忽略的因素。將中國家庭分為城、鄉

研究結構異質性的文獻眾多。隨著城市人口的快速增長，能源消費也隨之遞增，特別是在交通和用電消費方面。Peter 等（2007）和 Hubacek 等（2009）均發現城市化對居民的生活方式和不同地域的家庭消費產生了巨大的影響，提出城鄉居民在生活和消費方面的顯著差異。Naranpanawa 等（2012）和 Chen 等（2011）均採用城鄉子樣本研究並證實了其充分考慮家庭消費行為的差異化，在相關研究中具備合理性。

3.2.2 家庭能源階梯理論

能源階梯理論是能源消費行為中最重要的理論之一，梳理此領域的相關研究有助於從理論層面理解能源消費行為。從微觀角度，家庭能源階梯與能源效率的關係緊密，處於能源階梯底端的家庭大多使用能效低的燃料；能源階梯與能源貧困有密切關係，隨著家庭攀升能源階梯，其能源貧困的可能在不斷降低。Hosier 等（1987）首次提出能源階梯理論的假設。之後的研究者在探討家庭用能時，通常通過瞭解收入獲得其能源選擇的預期偏好（Masera et al., 2000）。家庭能源階梯理論模擬了收入與能源選擇的關係。傳統理論提出，當家庭的社會經濟地位提升時，他們摒棄低效、劣質及高污染的燃料（例如木柴、煤、生物質能），併購買技術含量更高的能源（例如電力、天然氣）。以上理論描述家庭從低級能源階梯向高級能源階梯攀升的過程。早期研究 Smith（1987）涉及以上理論的探討。技術含量高的燃料具備能源高效、成本較高、人力和能源投入較少、污染更小的特徵。能源階梯理論不僅揭示家庭隨著社會經濟地位提高而改變能源偏好的規律，也通過觀測家庭爬升能源階梯的過程來證實這些家庭變得更加富有。Barnes 等（1996）指出，即使在能源階梯模型中加入多個其他因素，得出的結論是隨收入增加，家庭用能從傳統模式向現代模式轉換。

在傳統理論基礎上，木柴一直被視為劣等商品，通常由貧困人群使用。這點再次表明收入與燃料選擇的關係。隨後通過國家間的比較研究發現經濟增長與能源升級正相關，這意味著一個國家工業化過程受到原油與電力需求的增加和生物質能的減少的影響（Hosier et al., 1987）。從微觀角度，很多實證研究也發現收入與燃料選擇的關係（Hosier et al., 1987; Davis, 1998; Gupta et al., 2006; Farsi et al., 2007）。然而也有實證表明能源選擇與收入之間並沒有能源階梯理論中所表述的顯著關係。Arnold 等（2006）與 Cooke 等（2008）的研究得出收入彈性與木柴的需求之間並無負相關關係，相反，有比較低甚至顯著為正的情況出現。

發展中國家的相關研究發現，木柴是農村、城市家庭在各個收入階層中重要的燃料來源（Hosier et al., 1993；Bhagavan et al., 1994；Brouwer et al., 2004；Hiemestra-van der Horst et al., 2008；Mirza et al., 2009）。與此同時，也有很多研究發現低收入的家庭運用高階段的能源（Davis, 1998；Campbell et al., 2003；Brouwer et al., 2004）。以上研究主要涉及城市家庭，在農村家庭中卻不具備代表性。據瞭解，發展中國家的農村家庭普遍運用生物質能和木柴等低級能源。

從家庭能源階梯理論的文獻梳理得出在不同地區和環境下的研究結果並非與理論完全一致。本書將傳統能源階梯理論擴展為代表不同收入階層和生活習慣的城、鎮、鄉體系結構中，探索其與能源效率的關係。

3.2.3　總結與評述

通過前兩節內容的文獻梳理，我們對該領域的國內外研究有了更全面的認識。能源效率文獻部分可以總結為以下三個方面：

（1）現有文獻更多是從宏觀和行業角度研究國家、地區或者行業的生產函數，並且獲取相應的能源效率。然而，通過建立能源需求函數研究微觀家庭的能源效率研究十分有限，其缺失主要是因為相關領域微觀數據和重要變量的缺失以及效率的研究範式及方法在近年來才逐步完善。

（2）相對於單要素能源效率估算、能源強度、工程角度的投入-產出等方法，前沿函數估測的多要素能源效率研究方法成為經濟學領域的熱點，並發現SFA方法在微觀研究中相比DEA更加合適。

（3）首先控制樣本的結構異質性，再整體估算能效的研究也逐漸興起。

3.3　家庭能源消費行為研究

3.3.1　家庭能源消費的影響因素

孫岩 等（2013）在居民消費行為的研究綜述中將影響因素的研究角度歸納為心理角度、社會學角度、經濟學角度和產業生態學角度。本書的分類主要是從客觀因素和主觀認知角度出發，其中客觀因素主要涉及消費經濟學領域。

現有文獻多是通過構建需求函數（陳迅 等，2008；王效華 等，2010）和估計收入或價格的需求彈性（Salois et al., 2012）研究消費行為。能源消費也是一種「條件消費」，即能源消費行為受到一系列環境因素和個人偏好的影響。在宏觀研究中，區域能源需求的決定因素包括產業結構、人口、經濟

（吳玉鳴，2012）。現有文獻表明微觀能源消費行為與宏觀經濟有密切聯繫，Bin 等（2005）運用消費者生活方式方法（Consumer Lifestyle Approach）得出微觀居民能源消費行為對美國宏觀經濟的影響。

梳理影響因素的相關國內外文獻有兩個作用：一是從影響因素角度瞭解微觀家庭能源消費模式。我們通過文獻綜述看到能源消費不僅僅受到技術和效率影響，也受到更多其他的因素影響，例如生活方式、社會態度和環境意識等。二是為本書第四章能源消費潛在行為研究，以及構建有限混合模型作鋪墊。本節分為兩個部分梳理影響因素的文獻。首先，我們羅列影響中國家庭能源消費的客觀因素，包括個體家庭特徵、地域環境等；其次，考察主觀因素，該部分主要包括行為學、心理學和社會學方面的研究，例如社會態度、環境意識和節能意識以及生活方式與能源消費的關係。

3.3.1.1 影響家庭能源消費的客觀因素

當前，中國家庭部門能源消費和碳排放量呈現快速增長趨勢，從而使微觀家庭能源消費研究備受關注。家庭碳排放主要由家庭能耗、交通出行和生活垃圾三部分組成（杜運偉 等，2015），可見其與家庭能源消費高度相關且範圍更加廣泛。其中，趙曉麗 等（2011）運用指數因素分解法比較全面地研究了居民能源消費。該文發現影響中國家庭能源消費的主要因素是家庭經濟基礎（購買力和生活水準）、能源結構和能源價格，並指出政府需要進一步發揮能源價格的調控作用。

根據經濟學原理，家庭能源消費遵循需求理論，即收入的增長刺激能源消費，居民能源價格提高則抑制家庭能源消費。收入與能源消費和家庭碳排放量的相關研究還包括 Pachauri（2004）、姚建平（2009）、張妮妮 等（2011）、史清華 等（2014）。相對而言，能源價格對家庭能源消費的影響在現有文獻中相對較少，其中陳迅 等（2008）給出了兩個原因：一是因為能源的價格數據在搜集上的困難；二是價格因為政府調控等原因並不能直觀地反應當前市場情況。

除此之外，其他因素也影響能源消費行為。西方的相關領域文獻從政策和教育宣傳的影響方面出發，例如 Egmond 等（2005）從經濟學角度提出稅收對家庭能源消費的影響，主要集中討論稅收在引導能源消費行為中很有限。Reiss 等（2005）指出教育宣傳相比稅收等經濟政策的效果更加持久。

國內文獻對家庭能源消費行為的研究主要集中在農村地區（張文淵，2000；程川 等，2004；王效 等，2005）。其中王效華和胡曉燕（2010）研究江蘇農村家庭能源消費的影響因素，其結果表明人均收入對人均電力的消費有顯

著影響，而對人均能耗無影響；張妮妮 等（2011）探討中國9省農村家庭的能源消費模式和行為選擇，並發現農戶職業特徵、房屋特徵和能源可獲性為重要影響因素。

近年來，能源消費的因素探討也更加多元化，包括人口因素、社會經濟因素及居民能源消費觀念等（姚建平，2009）。Blasco 等（2001）在微觀領域的影響因素研究中採用多學科方法發現家庭人口數量、年齡和待在家的時間顯著影響家庭能源消費；Guo 等（2016）發現有6大電能消費因素影響著農村家庭的滿意度，包括教育、健康、收入、在家時間、斷電時間和電費；王欽池（2015）和申俊 等（2016）證實人口規模影響居民的能源消費行為。

一些研究表明不同地域、民族和生產方式的家庭受到的影響因素存在差異。田青 等（2008）率先分析中國處於東、中、西部的城鎮居民受到不同消費因素的影響，例如購房支出刺激了東部地區家庭的居民消費，卻抑制中、西部的消費需求。在能源消費的地域差異研究中，計志英 等（2016）得出城鄉家庭在能源排放方面受到的影響程度不盡相同。文中證實城鎮化、人口規模、能源消費強度和結構及居民消費水準對中國居民碳排放產生明顯作用。其中人口規模和能源消費強度對城市家庭碳排放量的影響程度大於農村家庭。何威風 等（2014）分析重慶不同類型的農村家庭受到的差異化影響。例如家庭健康狀況促進「基本型農村家庭」的薪柴消費，然而對以非農生產為主的「人力資產型農村家庭」有抑製作用；家庭人數與「自然資產型農村家庭」和「人力資產型農村家庭」在薪柴消費比例上正相關。孫永龍 等（2015）在探討《高寒藏區農牧村家庭能源消費特徵及影響因素——以甘南高原為例》一文中，發現民族不同導致能源消費行為的各異。另外，牧區家庭的能源消費主要受到家庭規模、是否定居的生活方式和宗教支出影響；農區家庭則受人均耕地面積和收入的影響，年均取暖時間和家用電器種類影響農牧交錯區家庭的能源消費行為。

教育也是重要因素之一。Chen 等（2006）發現中國農村教育水準直接影響家庭選擇燃料的類型。當教育水準更高時，家庭傾向於選擇更加高級的能源種類。趙雪雁（2015）同樣發現教育程度的提高有助於促進農戶選擇商品能源並放棄使用薪柴。

3.3.1.2 影響能源消費的主觀認知

家庭能源消費是一錯綜複雜的行為，上述的客觀因素並不能透澈理解家庭能源消費的特徵和模式。除了收入、家庭人數等直接影響能源消費的需求之外，主觀認知因素和間接能源消費也不可忽略。Stern（2000）從環境心理學的

理論角度檢測行為和環境關注度之間的關係，並且總結了導致人們環保行為背後的個人認知原因。張馨 等（2011）指出更多能源消費來自間接消費，即除了居民直接消耗的能源部分，間接能源消費存在於居民其他各種消費和服務中。該文研究結果表明間接能源消費在城鎮家庭占比超過60%，在農村地區卻有下降趨勢，約為50%。這意味著其他因素對能源消費有潛在作用。Weber 等（2000）採用投入-產出模型得出未來的能源需求由消費者偏好及其生活方式決定。利用投入-產出方法研究間接能源消費的文獻還包括 Lenzen（1998）、李豔梅 等（2008）、張馨 等（2011）。

環境意識對家庭能源消費的影響主要產生在指導消費者的節能行為方面。Poortinga 等（2003）從心理學角度研究家庭偏好對節約能源行為的影響，並採用聯合分析（conjoint method）證實對環境問題更關心的人會抑制其能源消費。該文描述了這部分人採取的節能行為通常是關掉不必要用的燈和其他電子設備從而減少家庭能源需求量。清華大學建築節能研究課題組（2011）的研究則發現生活耗能與主觀節能意識的關係並不大，居民的能源消費行為主要受到社會地位結構制約，即社會地位越高，能源耗費量也越大。居民低碳消費本質上也是一種節能消費行為。胡雯 等（2014）探討社會責任意識，居民對氣候和政策的感知與低碳消費的關係，其發現責任意識和感知度均與低碳消費的需求正相關。同樣，賀愛忠 等（2011）採用結構方程模型發現中國居民的責任感在低碳消費中所處的重要作用。以上研究均涉及個人態度與能源消費行為的關係，有更多心理學方面的探討。

3.3.2 家庭能源消費行為的分組研究

本節從微觀家庭的異質性角度出發，梳理家庭消費行為潛在模式的相關文獻。首先，本節將介紹經濟學研究中的異質性問題，以及給出微觀研究中如何探討異質性的相關文獻。隨後，本節提出樣本分組成為大量實證文章的研究範式，卻很少有研究在分組的過程中關注樣本的異質性。本節將展示現有文獻的分組方法，並指出大多數分組方法均是事先給定分組標準或者組別，異質性問題在此情況下仍然存在。

3.3.2.1 微觀樣本的異質性

Heckman（2000）提到微觀經濟學領域特別需要留意相似樣本之間的差異性，並指出這類潛在的異質性在經濟學理論和計量經濟學實踐中均有深遠的影響。對潛在異質性的探討在當今計量學研究中具有重大意義，其有助於認識個體行為的理性程度。

樣本的異質性（Heterogeneity）的探討成為定量研究的重要環節。相比異方差和內生性，異質性問題更容易被大多數研究忽略，主要原因是當前計量經濟學領域並沒有針對異質性的系統檢測方法和計量模型。特別是在微觀數據中，異質性體現在個體多樣化行為中，因此如何追蹤行為中的異質性成為研究者探討的重要話題。本書僅僅從潛在組別角度探討微觀樣本不可觀測的異質性。

　　異方差（Heteroskedasticity）與異質性不同，模型中出現異方差時並無嚴重後果，僅導致最小二乘法的估計低效。不僅如此，該問題在計量學中卻得到很好的處理。異方差表明當不可觀測的因素在誤差項中，並且隨著其他可觀測的影響因素變動而變動。解決異方差最常見的方法是在迴歸後觀測殘差散點圖。當然，懷特檢驗（White, 1980）和BP檢驗（Breusch et al., 1979）都是經典的異方差檢驗方式。

　　異質性在微觀家庭的研究常見於市場行銷和微觀消費者領域，Chang等（1999）率先指出消費者回應價格研究中的異質性問題。他們運用Logit模型中的分層貝葉斯方法探索微觀層面的異質性。Chintagunta（2001）運用盈利需求模型研究宏觀數據的內生性和異質性，並強調在需求函數中以上兩問題需要被更多地考慮。Kopalle等（2012）也提出微觀家庭在價格影響中的異質性。Dolnicar等（2008）證實微觀個體在旅行消費上的顯著異質性。與之相比，在能源消費領域對異質性的探討還十分有限。

　　總體上，雖然異質性的研究層出不窮，但是解決異質性的方法並沒有像解決異方差一樣得到學界的廣泛認可。很多實證研究忽略異質性問題，將地域、國家、省份等虛擬變量作為固定效應納入模型（Owen et al., 2009; Andadari et al., 2014; Broadstock et al., 2016），而這種方式的不足在於其假定同地域、同國家或者同省份內的樣本在迴歸中具有完全一樣的邊際效應。除此之外，縱觀能源消費行為的大量研究，它們結合各自的研究目的將樣本進行分組，例如按照區域、國別、能源生成方式、城鄉、收入水準等，而這種傳統分組方式僅僅關注了某一特定方面的樣本差異性。下一節將具體解釋其中的緣由。

3.3.2.2　微觀家庭的分組研究

　　傳統的分類研究方法將樣本分類視為外生形式，即如何分類樣本由研究者根據研究需要和其他具體情況自行決定。在經濟學研究中可以大量看到這種方式的分組研究。

　　能源消費與經濟發展關係的宏觀研究（Chontanawat et al., 2008）將世界100多個國家按照發展程度分為高度發展國家、中度發展國家和低度發展國

家，或者按照國際組織或群體劃分，例如分組為OCED成員國與非OECD成員國。行業研究中Zhang等（2013）按照石油工廠的不同燃燒模式分組。

微觀能源消費領域中最常見的分組方式是按照地域分組或者行政級別劃分樣本。其中包括按照城、鎮、鄉分組樣本，例如在家庭碳排放的研究中，張馨等（2011）分城鎮和農村居民家庭分析直接和間接的能源消費量；Gundimeda等（2008）在研究印度家庭燃料需求彈性一文中，將樣本分為城、鄉兩組。以上分組方式在能源經濟學領域最常見，類似的分組方法還出現在早期研究Murthy等（1997）中；計志英 等（2016）將全樣本分為城市和農村家庭部門；孫永龍 等（2015）在對藏區家庭能源行為的研究中，按照牧區、牧農交錯區和農區研究不同區域家庭的不同影響因素。另外，也有按照家庭所在省份的東、中、西部分組研究能源消費的影響因素（張妮妮 等，2011）。

大量文獻在將樣本按照某種事先方式分組時，都給出充足的理由證實組間的差異，即給案例證明其為「自然分組」。例如張馨 等（2011）在研究中將樣本分為城鎮和農村家庭。對此，我們對如下兩個問題感興趣：一是城鄉接壤的家庭，因為無法一一考察其生活習慣、經濟地位和能源設施更屬於哪一類而一律依照行政劃分歸類。這種情況該如何處理？二是經濟水準一直是能源消費研究的重要因素，為何不直接按照收入水準將中國家庭進行分組研究？各國在收入貧困線的劃分上都有各自的標準，另外不同地域物價的差異也可能影響貧困線劃分，例如首都和發達城市的物價水準一般高於該國其他城市。以收入舉例，很難證明高於某一收入標準便是經濟富裕或者低於某一收入水準就是絕對的收入貧困。根據以上分析，傳統方式的分組研究雖然占據主流，然而家庭異質性不再是通過簡單外生分組樣本可以完全解決的。

從這個例子清楚地看到，預先給定門檻的分類方式並不是解決異質性的有效途徑，特別是對潛在的異質性更無從考察。我們也許可以提出將樣本按重要因素繼續分類的方式，Reddy（2003）按照能源的7個類別將印度家庭按照城鄉以及高、中、低收入一共分為42個組；Naranpanawa 等（2012）採用斯里蘭卡微觀數據研究高油價問題，探討了貧困對經濟增長的負面影響，將樣本分為城、鎮、鄉及高、低收入6組家庭。然而這樣無限分組下去並沒有研究意義；如果僅僅研究其中一個或幾個子樣本又缺失代表性。以上無限分組方式的弊端則充分說明需要新的研究進一步完善現有文獻在分組方面出現的問題。

文獻中的分組方法雖然各有差異，但是都遵照一事先標準分組樣本，即研究者憑藉個人經驗或者現有文獻主觀認為該分類標準探討了樣本的異質性。以城鄉分組為例，即研究者首先認同城市家庭與農村家庭之間的顯著差異。然而

其他方面的差異，例如家庭規模和收入水準等，僅能控制卻不能再無限分組下去。特別是一些不可觀測的因素、模糊的門檻或者潛在的分組無法在此獲悉。

一系列計量方法在某種程度上彌補了外生分組的問題，其中最常見的是聚類分析（Cluster Analysis），分位數迴歸模型（Quantile Regression）和有限混合模型或者叫作潛類別模型（Finite Mixture Models / Latent Class Models）。其中聚類分析法廣泛運用在統計、數學和工程等領域，主要通過各種算法尋找數據中相似的元素並組成「簇群」。聚類分析的方法多樣。王駿 等（2012）將聚類分析歸納為基於層次的聚類、基於圖論的聚類、基於割分的聚類和基於密度和網格的聚類。Lin 等（2013）並非按照傳統東、中、西部割分中國省份，而是運用聚類方法將中國30個省份分為3組研究中國能源效率，且三組的平均能源強度指數各異。該文指出雖然分為多組會更加精確，但是組數增多將導致每組樣本量減少，從而在模擬每組的前沿函數時更加困難。分位數迴歸分析最早是由 Koenker 等（1987）提出的，在經濟學和統計學的實證研究中非常廣泛。分位數迴歸模型可以幫助研究者解決部分異質性問題，因為此方法有助於進一步瞭解多個分位點上解釋變量對被解釋變量的差異化影響（朱平芳 等，2012）。為了進一步考察某一重要變量對因變量的異質性影響，Firpo 等（2007），Frolich 等（2013）提出幾種無條件分位數迴歸模型。

通過以上分析，聚類分析和分位數迴歸模型在一定程度上挖掘了樣本的異質性，然而這兩種方法仍然有一定局限。其中，聚類分析雖然體現了分組樣本的靈活性，即並不按照研究者主觀決定的分組規則進行分組，然而其需要研究者主觀決定樣本組數，這一點仍然是將組數外生化的表現。分位數迴歸模型也進一步探討子樣本的條件分佈，從而獲取更多不同分位數上的影響差異。該方法主要存在兩個缺陷：一是分位數迴歸在計數數據中的模擬結果可能不理想（Deb et al., 2009）；二是分位數迴歸在探索異質性時很難判斷產生異質性的關鍵變量或者群體。

Crawford 等（2012）的研究則提出一種非參的理論方法，用於探討不可觀測的偏好異質性。該文提出如何確定最少分組數，且可以包含數據中所有可觀測的樣本類型。他們的理念並非構建真實卻異常複雜的模型，而是最大可能地簡化模型並通過統計檢驗證明模型的準確性。該文的結果表明，樣本量為500的橫截面數據大概存在4組或者5組為比較合適的分類組數。相類似地，Dean 等（2010）提出如何達到最大數量的子集合從而充分探索偏好異質性。然而，以上兩篇論文在操作上都需要精準的數據支持和複雜的程序運算。

綜合以上所有通過樣本分類方法研究異質性的文獻，本書將採用有限混合

模型研究中國家庭能源消費行為的潛在分組。下一小節將對該方法進行詳盡介紹。

3.3.3　有限混合模型的分組研究方法

在過去幾十年中，有限混合模型（Finite Mixture Models）的相關文章不斷增多。眾所周知，現實生活中很難滿足同分佈等假設條件，而該模型恰好可以反應某一樣本的多重分佈情況。有限混合模型假設存在一些不可觀測的變量，並且全樣本存在多個組別，每一個樣本都可以歸納到其中某一組；該模型可以用於模擬未知或者複雜的混合分佈。當我們面對以上情況時，有限混合模型可以估算數據中每組的參數，而非僅僅得到整體樣本的參數。因此，有限混合模型最大的優勢是在潛在組別中提供了異質性的自然分組。該模型在經濟學領域飛速發展的主要原因有三：一是計算機相關程序及運算的完善；二是現實世界中樣本行為的複雜化，因此有必要運用更加靈活的模型模擬行為；三是有限混合模型在分組上比傳統分組方法具備顯著優勢，在挖掘內在行為、樣本異質性和潛在影響因素方面都有明顯優勢。

早期統計和計量經濟學領域的著作或者論文 Heckman 等（1984）、McLachlan 等（1988）、Wedel 等（1993）和 Lindsay（1995）均涉及有限混合模型，並用於解決勞動經濟學及市場行銷領域的問題。該方法最早在 Deb 等（1997）的研究中得到進一步規範，在此基礎上，Deb 等（2011）將有限混合模型擴展在固定效應中，目前階段因為程序比較有限，面板數據的有限混合模型在現在研究中運用甚少。

經濟學中有關有限混合模型的運用層出不窮，該方法被證實更好地解決了樣本異質性問題。宏觀經濟中，在研究國家經濟發展中的異質性問題時，很多研究通過加入地區虛擬變量，從而出現同區域國家有相等邊際效應的不合理假設；其他常見方法是按照經驗分組，例如分為發展中國家和發達國家，然而該方法需要給定收入標準作為發展國家和發達國家的分類標準。Paap 等（2005）用潛類別面板時間序列模型研究非洲國家的經濟發展情況。結果證實非洲國家經濟發展的模式有三組。Owen 等（2009）的研究在檢驗經濟增長率上更加完善，他們通過估計有限混合模型將樣本根據相似的經濟增長條件分組，從而發現在 30 年間 74 個國家的發展模式大體上有兩類。該分組方式並非按照傳統文獻中的地域或者經濟的發達程度分組，而是用數據引導的方法估計多組國家的潛在發展途徑。該文發現國民生產總值、資本投資率、人力資本和人口增長率是國家發展的重要影響因素，並且制度作為潛在因素影響國家的經濟發展。

微觀研究中，有限混合模型受到越來越多的關注。特別是在健康經濟學領域。例如 Deb 等（1997）提出健康與非健康人群對衛生保健需求的潛在差異，並發現收入對衛生保健並沒有顯著促進作用。Deb 等（2009）檢驗因公司倒閉的失業對個體健康和酒精消費的影響。該文通過有限混合模型發現失業導致了人們潛在的健康危機。據瞭解，即使傳統方法可以控制性別、教育、種族等個體因素，但是因失業導致個人行為的改變以及健康水準是否受到失業危及的直接影響是很難通過傳統方法觀測的，因此有限混合模型的運用在此有其必然性。

在效率領域有關有限混合模型的運用相對有限。其中，Orea 等（2004）在用隨機前沿函數估計效率的基礎上，進一步考慮技術在企業之間的異質性。他們用潛在類別模型發現把西班牙銀行分為 4 組類別進行效率分析是最理想的情況。該領域的近期文獻在方法上有一定突破。Nasserinejad 等（2017）提出用多種方法驗證貝葉斯有限混合模型的分組數目，其中一種方式是通過模擬得到潛類別模型的最佳組數。

3.3.4 能源文化

能源文化是支配能源消費行為的重要因素，本部分從知識獲取、特定文化背景、消費習慣等方面對能源文化的形成進行了詳細梳理。其中，節能意識是探討能源文化的關鍵變量。

3.3.4.1 知識獲取

居民的能源文化和自身文化水準有著密切關係。文化程度高的家庭相對於文化程度低的家庭更注重家庭能源消費的環保程度，即高教育水準有利於引導居民形成正確的能源文化。張耀軍 等（2008）在農村居民中發現教育程度與節能意識呈正相關關係。由此可見，教育能提高人們獲取節能意識的能力，同時幫助人們樹立正確的能源態度與能源消費觀。李慷 等（2011）和劉靜 等（2011）得出了類似的結論：中國能源貧困人群學歷普遍處於較低層次；而高學歷家庭更傾向於使用天然氣、電能等相對清潔的能源。可見中國能源貧困地區的低教育水準已成為阻礙清潔能源推廣及加重能源貧困的因素之一。

節能宣傳和教育活動能夠增加居民的能源知識、態度意識、認知和規範，並以此引導居民採取節能行為。Ouyang 和 Hokao（2009）以中國杭州居民為樣本，採取對照組實驗法證明：對居民進行節電教育可以有效改善用電行為，平均日常用電節約 10%。Mccalley 和 Midden（2002）通過對荷蘭埃因霍溫地區居民的實驗，證明通過自我設定能源消費目標，並提供能源使用反饋信息可以促

使消費者的節能行為。Sardianou（2005）在 2003 年對希臘家庭進行了調查，也證實宣傳和教育活動對節能意識產生的重要影響。

但在缺乏對能源現狀正確認識的教育會導致社會範圍內形成錯誤的能源文化。鐘世澂（2015）在分析影響節能減排戰略的文化阻滯因素中提到，中國部分中小學教材將國內能源現狀介紹為「地大物博」。這種對國內能源現狀的「刻板印象」一旦樹立，就會導致學生在「地大物博」思想支配下形成浪費資源的能源文化。以上案例本質上是「能源國情教育缺失」的體現，這種教育缺失會導致中小學學生喪失對能源問題的危機感，不能客觀面對當前國內的能源現狀和環境問題。

3.3.4.2　特定文化背景

鐘世澂（2015）認為，能源屬性包括能源本身的自然屬性，也包括人類開發利用能源的社會屬性，而能源的商品屬性是由能源的社會屬性衍生出來的。在計劃經濟時代，大多數能源是由國家定價及銷售的，能源的市場性非常弱，計劃經濟的烙印嚴重影響了能源的商品屬性認知，從而影響人們的能源消費選擇。張耀軍 等（2008）在對農村婦女節能意識的調查中得到，被調查者普遍認為在公社時期，一切能源資源都屬於社會成員共同使用，個人無須承擔任何費用與責任，由此在社會範圍內形成了浪費能源的文化。但在實行家庭聯產承包責任制以後，各資源都落實到戶，家庭能源使用屬於個人行為，必須承擔相應的責任與義務。

社區文化也是影響能源文化形成的重要因素。社區文化是指通行於一個社區範圍之內的特定的文化現象，包括社區內人們的信仰、價值觀、行為規範、歷史傳統、風俗習慣、生活方式、地方語言和特定特徵等。社區文化共同規範著社區居民的生活。張耀軍 等（2008）通過對婦女能源消費文化的調查，發現社區文化對婦女能源消費行為影響較大。王娟娟（2008）指出，通過在社區設立綠色宣傳櫥窗或宣傳欄、警示牌，或者在管理處或活動中心放置可持續發展類的書籍，有利於增強居民的環保意識，提高居民的環境素養，從而形成良好的能源消費文化。

與自然相伴相隨的生態文化會影響居民的能源消費選擇。先巴（2005）通過調查發現具有強烈高原特點和民族特點的生態文化，其中有相當豐富的保護自然生態的內容，並在民族文化的自然發展中形成了大量的宗教性禁忌和法律性禁令，當地居民在選擇能源類型時會自然而然地偏好更加清潔的能源，以此保證高原生態的平衡。

傳統文化容易穩定居民固有的生活方式，但是對能源升級具有較大的阻礙

作用。胡海媛（2012）通過研究民族性格指出在心理慣性的作用之下，人們對變化著的事物往往不習慣甚至本能地產生一種排斥感。由於受歷史文化傳統的影響，常規商品能源和新能源在藏族生活中的使用不及生物質能那樣普遍，使用的歷史也更短。例如煤炭、汽油、柴油、電能等都是到近現代社會才漸漸進入藏族社會的，而且絕大部分是通過長途運輸進入藏區的；至於太陽能、風能等可再生能源更是在新中國建立後才逐漸推廣的。

在一些少數民族地區，宗教在人們日常生活的各個方面都發揮著重要的作用，因而居民的能源選擇也會受到宗教的影響。孫永龍 等（2015）在甘南高原進行了家庭能源消費的調查，發現居民在購買宗教物品或供養寺廟方面的開支很大，從而縮減了牧民對商品能源和現代化設備的購買能力。

也有研究指出中華傳統儒家文化對居民在選擇環境友好型能源時發揮了正向作用。儒家觀念中包含著「仁愛萬物」的環境觀，「仁愛」觀主張尊重萬物，關愛生命。在「仁愛」思想的指導下，人民更傾向於選擇更加環保的生活方式（廖桂杰，2014）。

3.3.4.3 消費習慣

日常習慣會對居民能源意識的形成產生影響。Ouyang 等（2009）的研究表明，消費者在使用家電過程中的日常習慣會影響其節能意識，進而對節能家電的購買態度產生影響。例如，部分消費者受勤儉節約傳統的影響，會更趨向使用節省能源的家電。

個人的消費習慣會間接地影響居民的能源消費文化。在收入水準較低階段，家庭首先解決溫飽問題，之後才會去考慮其他消費，所以這一階段居民的電力消費較弱。改革開放以後，居民的收入水準得到迅速的提升，居民不僅僅滿足於生存性的消費，更傾向於購買家用電器產品，滿足家庭成員各項娛樂消費（呂慧 等，2013）。

理財觀念和習慣在一定程度上也會影響居民能源文化的形成。韓珊（2016）提到農戶清潔能源消費行為離不開消費理財觀的影響，消費理財觀一直潛移默化地引導消費者的消費儲蓄行為。消費理財觀越保守的家庭，越傾向於把錢存起來，使用薪柴秸稈、煤等低成本非清潔能源；而消費理財偏好越強的農戶在能源消費方面的支出就越高，這些家庭更願意使用價格稍高的優質清潔能源，並願意嘗試新型能源產品。這樣的觀念甚至影響鄰里家庭的能源消費文化。

3.3.4.4 其他影響能源文化的因素

除上述影響居民能源文化的因素外，能源文化還受到城鄉差距、家庭收

入、年齡結構、職業差別等因素的影響。

居民的能源文化因城鄉之間的經濟、文化差異而表現出不同特徵，從而導致城鄉居民在能源選擇上存在差異。姚建平（2011）通過對城鄉家庭節能態度的對比發現，城市家庭比農村家庭的節能規劃占比更高；城市家庭對於節約能源所持的立場和態度更為堅定。張耀軍 等（2008）探索了能源文化與年齡、職業的關係，發現節能意識隨年齡增長而降低。不同職業群體節能意識差距顯著。不同的職業間節能意識的差距也很大。在政府及事業單位工作，外出進城打工及在鄉鎮企業工作的群體的節能意識均高於在家務農群體和個體經營群體的節能意識。

3.3.5 總結與評述

本節重點提出了家庭能源消費行為的三大重要問題：一是家庭能源消費行為的影響因素；二是家庭能源消費行為中的異質性問題，包括消費行為的分類研究及分類方法；三是能源文化在能源消費行為中的重要作用。縱觀中國能源消費行為影響因素的相關文獻，在客觀因素的研究中，收入仍然占據重要地位，能源價格在微觀家庭研究中的影響不斷弱化。其他影響因素包括家庭特徵和成員的個體特徵，例如人口規模、年齡、房屋特徵、職業、教育和健康；家庭環境，例如城鄉家庭的能源消費差異，中西部與東部地區的差異，農區家庭、農牧混合區與牧區家庭的差異等。相比，主觀認知方面的影響因素在國內研究中較少，主要是因為微觀數據的有限和測量主觀認知的難度較大，更多相關文獻是跨心理學、社會學、經濟學的交叉學科研究。隨後，本節從經濟學中棘手的異質性問題出發，梳理現有能源經濟學領域中有關主觀設定樣本分組方式的文獻，並提出這些文章在分組方法中的局限性，隨後提出分位數迴歸和聚類分析的分組方法。本節聚焦有限混合模型對潛在異質性挖掘中的重要作用。最後，本書進一步梳理能源文化的形成因素。

通過以上文獻，本書主要得出以下幾點啟示：

（1）運用有限混合模型可以進一步解決微觀樣本中的異質性問題和挖掘潛在行為模式。

（2）有限混合模型主要集中在計量、統計和健康經濟學，在能源經濟學領域的運用非常有限。

（3）中國家庭能源消費行為除了可以從能源效率角度瞭解居民能源使用情況以外，探索教育、健康和社會態度對能源消費的潛在影響，以及追蹤中國家庭能源消費的分組模式均有助於我們獲取更多重要信息。

3.4 家庭能源貧困研究

能源貧困程度決定了人類最基本的生存狀況，是全世界範圍內特別是發展中國家的一項重大研究話題。據國際能源署統計，2010年全世界能源貧困人數高達27億人，其中不能使用電能的人數約為13億人（IEA，2011）。本節從能源貧困的定義出發，再擴展到多維度視角梳理能源貧困的相關文獻。

3.4.1 能源貧困的定義

能源貧困（Energy Poverty）和燃料貧困（Fuel Poverty）概念最早源於西方社會，兩者①在廣義上均屬於能源貧困範疇（李慷，2014），其中英國和愛爾蘭地區將能源貧困稱作燃料貧困。

能源貧困概念最早源於Lewis（1982）的研究，該文定義能源貧困為不能維持室內溫度以及無法支付生活用能的家庭。隨後，Boardman（1991）將能源貧困與住房的能源效率相聯繫，認為住房能源效率低下是導致能源貧困的主要因素（羅國亮 等，2012）。雖然以上早期研究並不能直接用於指導能源貧困的測算，但是我們可以得出能源貧困與居民的溫飽、經濟水準和能源使用息息相關。國際能源署（International Energy Agency）定義能源貧困家庭為那些無法獲取高級能源，而只能依靠生物質能取暖、炊事和照明的家庭。2000年聯合國開發計劃署提出將在經濟方面支持無法利用可靠、環保、安全能源的個人和家庭。

根據以上能源貧困的定義，我們可以看到能源階梯理論與能源貧困的緊密聯繫。能源貧困家庭大多情況下處於能源階梯的底端，他們通過對生物質能、木柴、蠟燭等低效燃料的依賴而勉強生存。從這一角度來說，能源階梯理論大致割分了能源貧困與非貧困群體。Pachauri 等（2011）指出能源貧困主要是因為資源缺乏、能源成本高昂和收入水準低造成的。

基於以上能源貧困的定義，很多研究證實能源貧困對人類健康有嚴重的負面影響。當今，社會越來越關心居民的室內生活環境，有研究發現住房質量與健康存在顯著關係（Hood，2005）。世界健康組織建議居民臥室應保持在21攝

---

① 也有研究指出能源貧困與燃料貧困的細微區別，例如能源貧困強調能源的可獲得性，而燃料貧困更強調其可支付性。

氏度及以上，其他房間最低溫度也應該不低於 18 攝氏度。一旦室內溫度低於以上標準，則可能造成能源貧困。有一系列有關能源貧困與居住環境的關係研究：Liddell（2011）的研究發現能源貧困人群長時間居住在寒冷和潮濕的房間裡。Healy（2003）與 Wilkinson 等（2007）的研究表明冬天更容易引發人類的生存危機，其中室內溫度對生存有著的重要影響。室內因為無法獲取足夠多的能源（例如寒冬沒有暖氣供給等），從而威脅到個體生命。Healy（2004）採用搜集的數據計算愛爾蘭的能源貧困。該文指出自然環境並不是生存的最大危險，能源貧困與住房質量有著密切關聯。此外，有研究表明義大利和希臘在冬季的死亡率高於芬蘭和瑞典兩國，這主要是因為北歐國家能源貧困率更低，即使在嚴寒的冬天北歐居民也能安穩度過；相反，義大利和希臘的能源貧窮家庭卻無力抵制突如其來的寒冷。Wilkinson 等（2007）認為在全世界各國，健康水準是衡量能源貧困的重要標準。

很多情況下，能源貧困並不直接導致死亡，而是帶來多種相關疾病。例如，高污染燃料（木柴、生物質能）在燃燒過程中釋放有毒菸霧，這些污染物一旦吸入人體將造成呼吸道感染，嚴重情況還將導致肺部多種慢性疾病甚至癌症；據研究，能源貧困還可能導致嚴重的心理疾病（Rudge et al., 2005）。

能源貧困除了影響人類健康以外，還與經濟發展、社會公平、教育及環境相關。運用現代化能源及高科技設備有助於減緩環境污染，從長遠視角看有利於社會持續發展。

3.4.2 能源貧困的衡量

本節從傳統能源貧困的衡量入手，延伸至多維度視角地進一步認識能源貧困。貧困線的劃分是測量能源貧困的常用方式。有關貧困線的劃分規則主要有兩種：一部分研究以能源需求量為依據（Barnes et al., 2010），另一部分研究以能源消費的貨幣形式計算（Pachauri et al., 2004）。在第一部分體系下，學者將能源貧困定義為家庭能源缺乏，並且無法滿足他們的基本生存需求。相關文獻例如 Modi 等（2005）、Pereira 等（2011）、孫威 等（2014）。該定義本質上是從工程角度估算家庭的基本用能，其計算過程需要納入所有能源設備並考慮它們的耗能、效率等方面（Pachauri et al., 2004）。從經濟學角度，該定義本質上是假定研究對象存在一個最低能源需求量，低於該門檻的家庭則被歸類於能源貧困。一方面，由於個體之間存在生活習慣、地域、收入水準、家庭結構等異質性；另一方面，研究者對「最基本的能源需求」所涵蓋的內容有不同觀點。因此，目前並沒有一個公認的最低能源消費水準，並且不同方法計算

出的結果也有較大差異。

　　與此類似，也有學者從能源獲得的角度概括能源貧困。Barnett（2000）探討家庭如何獲得更加高效的能源，並且發現高效能源與社會福利呈正相關關係。自此，大量文獻採用不同方法驗證了能源獲取與能源貧困的關係。Sovacool（2012）的研究關注研究對象是否能夠獲取基本生活能源。Pachauri等（2004）同樣認為消費者選擇燃料和能源設備的前提是他們可以獲取多種能源，例如居住環境通電、存在出售高端電器的市場以及個人具備購買力和購買意願。然而這方面的實證研究因為數據有限而發展緩慢。

　　從經濟學角度，很多研究通過制定能源消費預算所占家庭的收入比例劃分能源貧困線。Leach（1987）最早證明貧窮家庭的能源消費占總收入的比重明顯高於中產階級，該結論進一步證實了收入與能源消費相關。眾多國際組織將能源消費超過總收入10%的家庭認定為能源貧困。例如Foster等（2000）運用以上方法計算微觀家庭的能源貧困程度；Pachauri等（2004）採用家庭總支出的10%劃分能源貧困線。

　　然而，Healy等（2004）的研究不同意以上核算方法。該文在研究中指出以收入的10%劃分能源貧困群體的幾點局限。第一，他們認為此方法在能源貧困的計算中存在歧義。一些研究將住房成本計入收入中，用淨收入計算能源貧困；而另外一些研究並沒將此項納入計算貧困線計算。這種差別將導致截然不同的結果。第二，很多學者開始質疑10%的比例本身的科學性，繼而發現該特定比例並沒有合理的科學依據。第三，該文指出將家庭能源貧困與單一經濟貧困掛勾的方法不利於能源貧困的跨國比較。第四，在實際檢驗中根據現有著作Detr（1999），用該方法估計英國能源貧困所得的貧困線遠遠高於運用其他社會指標給出的貧困指數（Whyley et al., 1997；Healy, 2003）。以上能源貧困的衡量方法引起諸多學者的質疑。孫威等（2014）指出，通過占收入比例判定能源貧困的方法並不準確，因為低收入家庭和偏遠地區家庭通常通過搜集木柴等方式獲取能源，卻很少需要貨幣形式的支付。Foster等（2000）認為一個家庭的能源消費所占收入比並不僅僅由能源價格決定，更多情況下與能源效率相關。該文提出能源消費高占比現象並不全是能源貧困，也有可能由高能耗導致。Barnes等（2011）明確指出能源貧困與收入貧困的關係，其中收入貧困很可能導致能源貧困，然而並不是所有能源貧困家庭都是收入貧困家庭。

　　此外，Leach（1987）利用每單位能源消費「淨價」判斷能源貧困，從而認為貧窮家庭的每單位能源成本更高。很多研究支持以上觀點，研究者均發現貧困家庭能源設備的能效更低以及燃料選擇上偏好低端能源（Hosier et al.,

1993；Reddy，2003）。Dutt 等（1993）將非商品能源納入考慮之後，得出貧困家庭在每單位能源消費的貨幣形式上並非絕對高於相對富裕家庭，但是貧困家庭在能源消費上有更大的機會成本，例如貧困家庭願意花費更多時間搜集木柴。

基於以上問題，Barnes 等（2011）探索如何運用更靈活的方式劃分能源貧困，即當收入不斷增長到某一消費水準時，能源消費不再隨著收入增加而顯著提升，此時判定能源消費處於最低需求水準，從而以此劃分能源貧困。該文以能源需求函數為基礎，提出能源貧困的測量是依據資源、能源價格、消費習慣和政策指導。

以上經濟學領域將能源貧困的定義與收入水準緊密相連。也有研究者衝破單一收入的影響，開始探討由宏觀能源消費水準和其他人類發展指數（例如 Human Development Index 或者 Physical Qualify of Life Index）共同決定的能源貧困群體（Krugman et al.，1983；Goldemberg et al.，1995）。從某種程度上來說，這些早期研究也僅僅劃定了一條單一的能源貧困線，但是其開啟了從多方面考察貧困的先河。自此，Duclos 等（2006）和 Rojas（2008）的研究提出貧困並不僅僅受到收入的影響，還需要考慮福利、生活質量等因素。Silva 等（2009）重點研究了傳統能源貧困概念的局限性。

對能源貧困衡量方式的爭議主要集中在貧困線的劃分之上，一部分研究將收入水準與能源貧困直接掛勾，另一部分研究提出運用最低能源需求確定能源貧困家庭；前者的局限已在上文中逐條羅列，後者則表現為在實踐中不易統一標準。相比傳統研究，多維能源貧困更加貼切真實的能源貧困。

傳統貧困研究以收入或者消費作為判定貧困的主要標準，然而多維貧困是從多個視角而非僅僅收入層面識別貧困人群。Deutsch 等（2005）通過四種多維方法估算貧困，並得出貧困程度受到戶主多方面特徵的影響。Duclos 等（2006）運用多維貧困的思想進行了國家間貧困比較的理論研究。Alkire 等（2011）從方法角度分析多維貧困的優劣勢，並制定了更加靈活的貧困指數、維度和門檻。

具體而言，多維貧困是基於一個更廣義的貧困定義，而非僅僅局限於收入貧困，還包括卡路里攝入量、壽命、住房質量、能源獲取度、教育、生活環境等多個評估指標。最早多維貧困理論源於 Sen（1999），該文認為貧困應該包括營養、疾病和饑餓等多方面的苦難。經濟學認為家庭並非像企業一樣追求收益最大化；相比而言，家庭更多追求的是效用最大化。因此在多維貧困範疇中，健康、生活水準與生活質量等方面也將納入考慮。

提出多維貧困之後，衡量貧困的方法開始出現。Santos 等（2011）介紹了多維貧困指數（Multiple-Dimensional Poverty Index）及其計算方式，該方法延續 AF（Alkire et al., 2011）多維貧困測算方法。相比 AF 方法，多維貧困指數（MPI）的組成結構更加靈活，可以運用在更廣泛的研究中。該文列出國際通用的三維貧困是由健康、教育和生活水準共同決定的，並逐項核算貧困。當樣本超過某一維度的臨界值時，即被認定為該維度貧困。如果某個家庭在多個維度都貧困，則 MPI 指數越接近 1，更有可能歸為高度貧困群體。多維貧困指數也可以用於測量某地區或者國家的貧困，並且可以獲取貧困的強度和密度，也可以實現地區間或者國家間的貧困嚴重程度的比較。

多維貧困在國內學界中逐步興起，其中大部分研究運用 MPI 指數，包括陳立中（2008）、王小林 等（2009）、郭建宇 等（2012）。其中，張全紅 等（2014）以 MPI 指數為準則，一共用 4 個維度測算中國各省在 1989—2009 年的貧困發生率。該文得出城鄉的收入貧困指數不斷縮小，但是整體上農村的貧困程度顯著大於城市。高帥（2015）運用 MPI 指數發現個體在社會地位和收入水準方面的提升有利於擺脫多維貧困，並且還發現了中西部居民的貧困狀況比東部人口嚴重。

多維能源貧困的思想與多維貧困類似，是傳統能源貧困研究的一種重要補充方法。由於大多數的能源貧困指數不能涵蓋居民生活的各個方面，貨幣形式就成為最早直接衡量和記錄能源消費情況的方式。然而能源貧困的程度並不能簡單用收入指標決定，例如缺乏水源、營養，無法獲取現代能源設備等都會造成家庭和個體的能源貧困。Nussbaumer 等（2012）通過估算多個非洲國家的能源貧困強度證明多維能源貧困指數的合理性，並且證明了有利於能源政策的準確制定。

多維能源貧困的研究集中在國家、地區和家庭多個層面，其維度的設立包括生活水準、能源獲取等方面。Pachauri 等（2004）提出多維能源貧困的思想更多考慮到居民福利，認同當基本用能受到限制則產生能源貧困的觀點，因此探討居民獲取資源的能力是對能源貧困的全方位探究過程。在發展中國家的能源貧困驗證中，Nussbaumer 等（2013）採用多維能源貧困因子（Multidimensional Energy Poverty Index）比較發展中國家的能源貧困。該文設定能源貧困的五個維度，包括炊事、通電、冰箱的擁有情況、電視的擁有情況和電話等設備的擁有情況，通過計算得出非洲國家的能源貧困程度最為嚴重。Sher 等（2014）運用 Alkire-Foster（AF）方法估算巴基斯坦省級層面的能源貧困，這裡用到的多維能源貧困因子沿用了 Nussbaumer 的多維度因子。

Ogwumike 等（2015）的研究指出了現有文獻對多維能源貧困因子的設定高估了相對經濟落後國家的能源貧困程度，因此文章在探討尼日利亞能源貧困過程中僅將最基本的能源需求作為多維能源貧困因子。隨後，研究具體分析能源貧困產生的原因以及與可持續發展的關係。

3.4.3 能源貧困的影響

能源貧困從諸多方面制約了社會的可持續發展。本部分從能源貧困對健康、收入、氣候變化、教育和女性權益五個方面的影響及現有文獻進行回顧。

3.4.3.1 能源貧困對健康的影響

現有的文獻就能源貧困對健康的影響研究主要來自兩個方面：一方面，能源貧困直接危害人體健康。其主要包括：室內空氣污染造成的呼吸道疾病、煤油中毒和感冒頭痛等疾病；採集固體燃料過程中出現的骨折風濕、意外受傷的風險；使用煤油燈造成的菸熏和照明不足引起的眼疾等。另一方面，能源貧困限制了醫療技術的發展，從而不利於居民健康水準的改善。

空氣污染引起的人體健康經濟損失不容忽視（陳士杰，1999）。能源貧困家庭容易長時間暴露於室內空氣污染當中，將導致嚴重的呼吸道疾病。Berkey 等（1986）發現燃氣爐與兒童肺功能低下有關。張金良 等（2007）發現傳統生物質能在燃燒過程中會釋放大量一氧化碳、二氧化氮等致癌物質，這些物質極易引發急性下呼吸道感染、肺炎、慢性支氣管炎、肺癌等呼吸疾病。據世界衛生組織（WHO）估計，2016 年，僅環境空氣污染就導致約 420 萬人死亡，而由於炊事使用的污染性燃料所產生的室內空氣污染在同期導致 380 萬人死亡。其中大多數人家境貧寒，生活在低收入和中等收入國家。目前，全世界許多地方的空氣污染程度依然很嚴重。最新數據顯示，每 10 人中就有 9 人呼吸含有高濃度污染物的空氣。每年因環境（室外）和室內空氣污染造成的死亡數達到驚人的 700 萬人（WHO，2017）。

在低收入和中等收入國家發生的嚴重燒傷，有很大部分與家庭烹飪、取暖或照明的能源設備有關（WHO，2018）。能源貧困家庭中，婦女、兒童的視力健康會受到嚴重的損害。例如，長期使用煤油燈會影響兒童視力健康。薪柴竈產生的菸熏使家庭成員更容易患眼疾（丁士軍 等，2002）。這一系列健康問題極大地影響了能源貧困地區居民生產力，也極大地加重了其經濟負擔。從能源收集的角度來看，長時間負重收集柴薪等狀況增大了婦女遭受骨折、風濕等意外或疾病的風險，且在女性在收集燃料的過程中還面臨潛在的傷害和暴力。

在醫療方面，能源貧困地區醫療衛生條件因缺乏清潔能源而得不到保障，

從而限制了落後地區的醫療服務水準的改善和發展。醫療設施的落後也在一定程度上威脅人民的健康。醫療服務的不公平極大地影響了能源貧困問題的解決與社會可持續發展（王卓宇，2015）。

3.4.3.2 能源貧困對收入的影響

能源貧困限制了農戶的生產活動。丁士軍 等（2002）認為，在減緩貧困的整體策略下討論農村能源的使用時，貧困的定義應該包括能源貧困和時間貧困。其中，能源貧困通常是指窮人無法獲取或者購買清潔能源，或者無法購買清潔能源設備。時間貧困指在獲取生物質能過程中所花費的時間多且使用效率低，從而限制了農戶從事創造收入的活動。

世界衛生組織指出，污染燃料的使用限制了個體發展的機會，例如學習或從事小型工藝和貿易活動等（WHO，2018）。能源貧困群體容易陷於「惡性循環」之中（IDS，2001），因為能源貧困會導致較低的勞動生產率和有限的產出，農戶僅能獲得較少的收入，因此他們無法優化個體的能源消費行為。丁士軍 等（2002）認為要打破這種「惡性循環」，必須改進能源設施，並且使居民有接近這些設備的可能。高翔（2008）研究發現，西藏地區因實施安居工程帶來的健康狀況改善，僅因呼吸系統疾病入院和循環系統疾病入院人數減少，一年可為西藏農牧區人群節省開支超過 800 萬元。因此，能源優化能夠減輕居民的時間負擔，鼓勵更高效的生產，最終增加居民的收入。

3.4.3.3 能源貧困對氣候變化的影響

近年來，由於空氣污染導致的霧霾天氣引起了社會的廣泛關注。林明切 等（2013）研究發現，霧霾天氣是由高碳低效的能源供應和能源消費所引起的，而中國城市嚴重的空氣污染與家庭對燃煤的依賴密切相關（湯韻 等，2018）。目前，燃煤是空氣污染物的主要來源之一，以 PM2.5 為例，燃煤對其年均濃度貢獻率超過 40%（GBD）。形成 PM2.5 的有關化學前體物，如氮氧化物、氨化物等也與燃煤密切相關（林明切 等，2013）。WHO 發現爐竈燃燒不完全而釋放的甲烷和黑炭（煤烟顆粒）也是導致氣候變化的重大污染物。生物質燃燒已成為全球重要的大氣排放源——貢獻了全球 40% 的 CO_2 和對流層中 38% 的 O_3（Levine et al.，1995）。據估算每年約有 8,700 Tg 干物質來自生物質燃燒排放，而且 90% 的生物質燃燒與人類活動有關（Koppmann et al.，2005）。

姚建平（2013）指出，能源貧困也可能造成環境惡化等其他影響，比如柴草等傳統生物質能在燃燒效率低的同時，還容易破壞生態環境。在發展中國家的大部分農村地區，居民仍舊以生物質能作為日常炊事及生產能源。由於過

度砍伐燃木，地域涵養水源、吸收溫室氣體、防風固土的能力不斷減弱，對自然災害的防護力不斷降低，最終導致溫室效應加劇等嚴重後果。2014年，世界銀行提出在經濟增長的同時保證地球所增加的溫度不能超過4℃，而要做到這一點，減緩能源貧困至關重要（黃心如，2016）。

3.4.3.4 能源貧困對教育的影響

能源貧困對教育的影響表現在以下兩方面：一方面是時間分配。在部分農村家庭中，如果父母外出務工或從事生產性勞動，家中收集生活能源的任務大部分會移交給家中的小孩，導致孩子不能正常學習（廖華 等，2015）。另一方面是由於能源貧困地區電力供應不穩定，一些特別貧困地區缺乏照明能源。尤其在冬季，白天照明時間較短，因為缺乏良好的照明能源，學生晚上學習的時間大大縮短。這種情況使一些地區的入學率處於一個較低水準（Nankhuni et al.，2004），並最終導致整個地區的教育水準下降，形成惡性循環。

積極向農村普及現代能源服務可以為改善教育創造有利條件。使用電力為家庭提供照明和家用電器供電，能夠減少收集生物質燃料的時間，從而為閱讀和工作提供額外的時間。Amadi（2015）提到用電加熱和烹飪食物也能提高能源使用的效率。廖華 等（2015）認為現代化能源服務的普及將顯著改善學校的醫療衛生狀況，提高教師教學質量，為學生提供一個有利的學習和生活環境。

3.4.3.5 能源貧困對女性權益的影響

Kaygusuz（2011）和黃心如（2016）研究發現，女性因承擔收集固體燃料而缺乏教育，最終無法擺脫貧困。據研究者觀察，女性利用柴草炊事時，不能離開爐竈，這嚴重影響了她們的健康水準（廖華 等，2015）。指出在一些能源貧困地區，女性每天花費大量時間在傳統生物質能的收集上，且女性學齡兒童花費在這方面的平均時間是同齡男童的3.5倍、是成年男性的7倍。

據世界衛生組織估計，2012年東南亞區域約有170萬例過早死亡與烹飪造成的家庭空氣污染有關，其中印度的負擔最大。此類事件大部分是由於心臟病、慢性阻塞性肺病和肺癌等非傳染性疾病造成的。儘管女性偏好更健康、清潔的炊事燃料及爐竈，然而她們通常沒有選擇購買的決策權（廖華 等，2015）。

大多數學者認為通過減少能源貧困、普及現代化能源服務可以有效改善女性健康水準，增加她們的自由時間，這有利於維護女性的權益。張雪梅 等（2005）通過在西藏白朗縣的實地調研發現：農村利用太陽竈替代了大量的能源牛糞，有利於改善女性生活衛生條件。丁士軍 等（2002）和王虎（2013）

發現，優化的能源消費結構能提高農村家庭女性的時間利用效率。

3.4.4 應對能源貧困

3.4.4.1 國外應對政策

針對能源貧困的負面影響，世界各地的政策主張將有限資源更多地提供給能源貧困人群，例如減輕他們在能源消費方面的負擔、冬天提供額外能源支持、提升住房能源效率及供暖系統等（Walker，2008）。歐洲出抬一系列相關政策意在降低住房方面的能源貧困比例。例如英國的「能源貧困戰略」在2001—2010年階段主要幫助能源貧困最嚴重的老弱病殘群體；在2011—2018年擴展到更廣範圍的能源貧困個體和家庭。O'Sullivan等（2011）探討新西蘭家庭因高額電費而不再使用電能所造成的能源貧困現象。該文發現當地實施提前支付電費的規定對能源貧困家庭非常不利。岳來群等（2009）整理了2008年各國或地區能源政策，其中一些歐盟成員國通過立法鼓勵清潔節能汽車發展；日本因為能源供給不足，鼓勵使用太陽能、風力、地熱、垃圾發電和燃料電池發電等；南美多國推行以節電為重點的節能措施；德國則對央電進行節能改造，通過加強建築業節能，推廣智能電表以減少電能損耗。2009年，油價總體較低，俄羅斯、哈薩克斯坦等石油出口國靈活運用政策槓桿，以擴大石油出口。與此同時，各國大力發展低碳經濟，歐盟加大了對新能源的政策支持力度，推出節能產品補貼政策，大力促進節能產品消費；日本繼續大力推動太陽能開發利用；美國更加關注節能和氣候變化，特別是家電能效，並加大了對新能源產業的政策和資金支持（岳來群等，2009）。2014年，美國的能源立法已初具規模，並構建了能源稅收體系，以節約能源和開發清潔能源的宗旨替代傳統能源為消費核心的宗旨，從納稅人、徵稅主體、徵稅率的角度融入節能理念（張清立，2014），如對購買節能產品的消費者、利用可再生能源的電力生產以及住宅太陽能設施提供稅收優惠。並且從《1978年能源稅收法》頒布開始，其可再生能源企業可以實行5年的加速折舊方案並得到各種稅收優惠。

能源貧困問題在欠發達國家中更加突出。Karekezi（2002）提供了非洲能源貧困的證據，並指出能源貧困群體並沒有得到政策和投資的重視。Sesan（2012）分析出肯尼亞減少能源貧困的三大因素，概括起來分別是技術、經濟和文化。該文發現廚房設備升級最有利於貧窮家庭擺脫能源貧困。

3.4.4.2 國內應對政策

中國能源貧困問題一直受到學界和政府的高度重視，李默杰等（2014）概括了中國能源貧困的突出特點是居民對高級能源的使用比較有限（例如電

能、天然氣）。另外，因為經濟水準有限，迫使他們採用非商品能源（例如生物質能）。中國能源貧困的研究主要集中在農村和西部落後地區（李慷 等，2011）。孫威 等（2014）研究得出雲南省怒江州的能源貧困的綜合指數為0.37，認為該州有較為嚴重的能源貧困問題。郝宇 等（2014）通過分析各省電力消費發現中國能源貧困在不斷改善的現狀，同時也指出了能源貧困在東部地區與中西部地區之間的顯著差異。然而，國內有關多維能源貧困的研究目前還比較罕見。

相應地，一系列針對中國邊遠地區能源貧困的政策，例如「新疆絲綢之路光明工程」為新疆居民提供太陽能設備（周篁 等，2001）；「金太陽」工程為西藏地區電力覆蓋提供了重要支持。類似的能源供給工程在中國還有很多，例如在內蒙古地區實施的「戶戶通電」工程、四川地區的「電力天路」工程等。這些工程將高級能源和設備引入邊遠地區，幫助當地居民改善居住條件。2007年中國實行「家電下鄉」政策，意圖促進農村家庭家電升級。其中「下鄉」的家電產品在節能和環保方面都有嚴格要求。鄭筱婷 等（2012）的研究證實「家電下鄉」政策並未顯著促進試點縣的消費增長，參與該政策的農戶反而減少了同一時期其他生活用品的消費。從以上案例可見，要實現能源貧困識別與能源扶貧政策的對接並不容易。

從「十一五」開始，針對能源使用率低、使用過程中造成嚴重污染等問題，中國確立了節約優先、立足國內、多元發展，保護環境，加強國際互利合作的能源戰略，努力構築穩定、經濟、清潔的能源體系，以能源的可持續發展支持經濟社會的可持續發展（王衍行 等，2012）。從能源成本入手的政策，如增設國家「農村能源貧困扶助基金」（向徵，2014）。推進能源稅專門立法，其中納稅對象遵循「直接受益者付費原則」，使用差別稅率，加大對高耗能產品的徵稅力度（周瑋，2017），取得了一定的效果。尤其是控制能源價格，2014年出抬的《能源發展戰略行動計劃（2014—2020年）》中規定，要加快推進能源價格形成機制市場化，大力推廣階梯價格，調節價格差異，促進消費公平。例如國家發展和改革委員會、工業和信息化部《關於水泥企業用電實行階梯電價政策有關問題的通知》決定對水泥生產企業生產用電實行基於可比熟料（水泥）綜合電耗水準標準的階梯電價政策（郭海濤，2015）。2015年，中共中央、國務院出抬價格機制改革的頂層方案政策《關於推進價格機制改革的若干建議》明確了六大重點領域改革方向，對於政府與市場在價格形成中的作用進行了基本規範，幫助調整價格差異（郭海濤，2016）。同時，有不少政策鼓勵使用清潔能源，如制定針對性的替代新能源的財政補貼制度，

比如金錢、物質補貼和減少稅收（向徵，2014）。《1996—2010 年新能源和可再生能源發展綱要》的頒布旨在扶持水能、風能、太陽能、海洋能和地熱能等可再生能源等的發展，加大可再生能源的開發利用技術（朱四海，2009），從能源利用效率來看，主要政策是對高耗能的工業進行節能減排技術改造。激勵節能技術以及可再生能源的消費利用，比如刺激企業投資可再生能源，實行排污收費，稅費減免補貼等（盧文剛 等，2013）。

3.4.5 總結與評述

本節關注能源消費與貧困的關係，重點梳理家庭能源貧困定義、度量方法、影響因素及其相關應用。社會對能源貧困的認識加深，有助於我們更多地關注能源消費行為中的弱勢群體，進而深入理解能源貧困產生的根源，並針對不同地域探究減輕能源貧困的有效途徑。通過所列文獻對能源貧困的定義，我們看到能源貧困在衡量中的局限性。繼而，本部分介紹了多維能源貧困及其相關測算方法。最後分析能源貧困帶來的負面影響，並重點評述現有文獻關於能源貧困的應用及政策引導。能源貧困研究具有以下兩個特點：

（1）能源貧困是世界共同關注的話題，特別是在欠發達國家和地區，能源貧困問題更加棘手。能源貧困與能源階梯理論以及能源效率緊密相連。能源貧困的測量不僅與收入掛勾，還可以擴展到健康、教育、居住環境等多方面。

（2）相比國外文獻，中國的相關實證研究進展緩慢，並且大多研究僅限於測量宏觀層面的能源貧困。

4 家庭能源使用效率研究

能源階梯理論（Hosier et al., 1987）認為能源效率與家庭的財富和社會經濟地位相關，相對富裕的家庭由於能夠使用最新的技術，從而可以獲得更高的能源使用效率[1]。本章通過分析中國家庭追蹤調查 2012 年數據中的 7,000 多個家庭樣本，從微觀的視角來深入探討上述家庭「能源階梯」理論。文章首先引入 Filippini 等（2011）的方法，構造前沿需求函數分別估算城、鎮、鄉家庭的能源使用效率；然後運用 Battese 等（2002）共同前沿函數的方法，估算全樣本的家庭能源使用效率，並且獲取中國家庭能源使用效率的整體分佈。實證結果比能源階梯理論所預測的情況更為複雜，城市家庭能源使用效率的分佈跨度最大；但是在平均水準下，城市家庭的能源使用效率低於農村家庭。本書的研究對政府制定能源扶持政策和開展相關教育活動具有較強的指導意義。

4.1 本章概述

近年來，中國的環境污染問題成為民間和政府關注的焦點，同時也備受世界各國政府、企業和居民關注。社會中各行為主體的能源消費行為與環境污染的形成息息相關，特別是能源使用效率的問題是能源消費行為影響環境的一個重要方面。能源的使用效率關乎企業的利潤和人類的健康，提高能源效率一方面可以降低企業、政府和居民的生產、生活成本，另一方面可以有效減少由於不當能源消費造成的環境污染現象。此外，能源扶持工作中僅獲取能源消費量

---

[1] 相比文獻中提及的「能源效率」估算，本書不僅考慮能源設備本身的效率，更多從消費視角探討了能源使用過程中的效率。因此，本書更確切地稱之為「能源使用效率」，本質上仍然屬於能源經濟學領域的能源效率研究。

並不足以指導扶貧工程的高效開展；家庭能源使用效率的研究有助於引導居民合理用能，因此對微觀家庭能源使用效率的評估尤為重要。

現有文獻從微觀角度的經濟學研究相對有限。原因主要有以下兩點：一是效率估算的相關技術與方法在近年才逐步發展完善（Filippini et al., 2011; 2012; 2013）；二是大多微觀數據主要集中在人口特徵、家庭經濟或者健康方面，僅有限的數據庫囊括家庭能源消費的相關信息。正是因為微觀家庭的能源消費數據難以獲取，使得經濟學的相關實證研究非常有限。儘管如此，理論假設根據現有數據和案例提出的「家庭能源階梯」概念，例如 Hosier 等（1989）、Leach（1992）、Kirk 等（1994）、Hiemstra-Van der Horst 等（2008）、Van der Kroon 等（2013）均證明經濟富裕的家庭有更大能力和動機購買高效家電，因此他們潛在的能源效率更高。

基於以上認識，本章進一步通過實證研究探討「家庭能源階梯」理論。然而，證實相對富裕的城市家庭的能源使用效率平均低於農村家庭，該結果本質上並未與原理論相悖，因為能源使用效率的高低除了由工程角度的技術設備決定以外，更多與居民生活習慣和家庭的經濟特徵息息相關。當家庭收入不斷增加，能源使用效率卻逐漸下降。這意味著當社會經濟穩步發展之時，儘管技術水準逐步提升，但微觀個體卻很有可能出現較為嚴重的浪費行為。例如，隨著國家基礎設施水準的提高和個體收入的增加，更多家庭開始使用節能燈泡，但是忽視了節約用電的重要性[1]，從而造成不必要的能源浪費。

結構異質性在微觀家庭行為的分析中不可忽略。城、鎮、鄉家庭很大程度上擁有不同的生活方式和經濟水準。例如城市家庭使用高效家電的概率更大，而偏遠的農村家庭甚至很難有基礎的供暖設備；城市家庭在家電使用過程中出現明顯浪費現象，而農村家庭因為電能相對稀缺從而養成節約用電的好習慣。很多研究證實家庭的區域差異對能源消費行為的影響，例如 Chen 等（2008）、Peter 等（2007）、Hubacek 等（2009）、Yan（2015）。從以上分析可見，中國家庭能源使用效率的估算有必要將樣本分為城、鎮、鄉子樣本進行。

在控制微觀家庭異質性的基礎上，城、鎮、鄉家庭之間的能源效率仍然具備可比性，得到全國家庭的能源使用效率也是我們研究的最終目的，因此文章採用了 Battese 等（2002）提出的共同前沿函數（Meta-frontier）方法。共同前沿函數可以被看作前沿函數方法的自然延伸，其隱含假設是所有消費者最終都

---

[1] 例如家庭成員外出期間長期打開電燈、空調、電腦等設備又無人使用造成的能源浪費。

有一個共同的需求函數。例如，一條需求函數僅勾勒一條前沿線，而在現實生活中消費者因為行為各異會引起價格和收入彈性不同。本章利用共同前沿的方法解決以上問題：首先找出每組樣本各自的隨機前沿線，然後證明存在共同前沿函數是實現全國家庭能源使用效率的整體估算。

本章基於 CFPS 2012 年的數據展開實證研究。該數據包含家庭每月用電量和電費的重要信息。雖然中國家庭的生活方式千差萬別且並非與經濟直接掛勾，但是與其他國家或市場相比，幾乎能夠囊括所有類型的行為模式。一方面，中國最富有的家庭能列入世界最富有家庭的範疇，並且中國有一些發達城市具備全球一流發達城市的特徵（如在城市發展水準、基礎設施建設、城市整體規劃以及商業街佈局等方面的優越性）；另一方面，中國偏遠地區的經濟卻十分落後。然而絕大多數普通家庭居於以上兩類型之間，這些普通家庭具有多樣的教育背景、行業和收入水準，以及不同的家庭結構。因此，以此樣本作為依據研究家庭能源使用效率，可以作為其他地區相關研究的重要參考。

本書的貢獻有以下三方面：第一，首次將前沿需求函數運用到微觀家庭層面；第二，在研究方法上從隨機前沿函數延伸到共同前沿函數，並充分考慮家庭的結構異質性；第三，通過隨機前沿模型估算效率因子。結果顯示，2012 年中國家庭的平均能源使用效率為 63%，其中僅有 7% 的家庭的能源使用效率高於 80%。該結果能為監管部門提供實證依據，並且對調控中國能源消費水準有重要影響。而城市家庭在能源消費中表現是否最優呢？本書通過觀察前 5% 的高效樣本家庭，其中僅有 22% 的家庭來自城市，另外有 20.6% 的家庭來自鎮，而大多數（57.4%）的能源高效樣本是農村家庭。

4.2 理論框架

首先，本節從消費經濟學角度介紹能源階梯理論，並梳理有關財富與能源效率關係的文獻，通過理論模型探討研究背後的影響機制。在此基礎上，我們提出本書的兩個理論假設。隨後，本節展示估算家庭能源使用效率的理論模型，包括測算子樣本能源使用效率以及進行整體能源使用效率估算的理論方法。

4.2.1 能源階梯理論

能源階梯理論探討了能源消費行為與經濟水準的關係。該理論假設家庭在

消費決策中總能效用最大化，他們會隨著收入的增加，提升家庭的能源設施配備水準（例如採用更節能的家電、添置多樣的家電設備等來滿足家庭更便捷的生活需求），從而達到效用最大化（Hosier et al., 1987）。其中，燃料轉換和能源更替是家庭能源階梯理論的核心概念和關鍵步驟，該步驟代表家庭用一種能源取代另一種能源。向新能源的轉換過程也是逐漸放棄低級能源的過程（Heltberg, 2005）。燃料在能源階梯中根據家庭對其物理性狀及清潔度的偏好，易用程度和使用效率排序並分級（Hiemstra-van der Horst et al., 2008）。

家庭能源轉換過程可以概括為三個階段（見圖4-1）。當經濟水準發展以及家庭獲得更高的社會經濟地位時，他們放棄低技術、低成本、高污染的設備或者減少對生物質能的依賴，轉而採用煤、煤油、木炭這類燃料，這是從能源階梯第一階段過渡到能源階梯第二階段的標誌。在向能源階梯第三階段爬升時，家庭繼續進行燃料轉換，開始使用液化石油氣和電能（Heltberg, 2004）。高階段的燃料普遍高效和高成本，但是它們具備更低的勞動投入量和單位能量更小的污染排放量（Masera et al., 2000），因此我們不能只關注能源成本，更應該關注能源效率：即每單位能源產出所需燃料的多少。能源階梯理論也證實高新技術的廣泛使用成為家庭經濟地位的象徵。個體不僅僅是為了提高能源使用效率與減少污染的直接排放而爬升能源階梯，也是為了顯示家庭社會經濟地位的提升（Masera et al., 2000）。

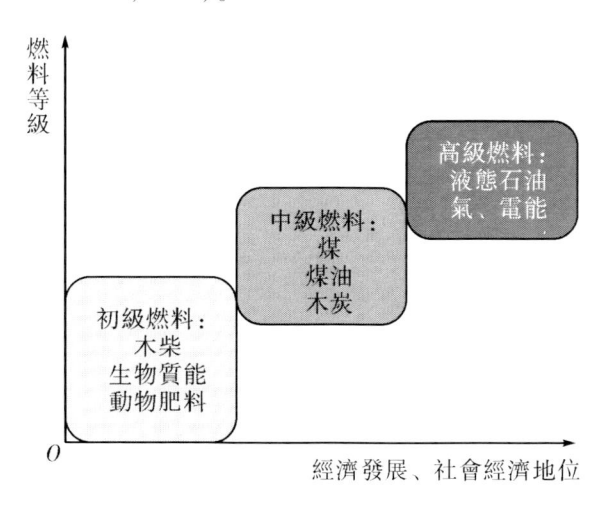

圖4-1　家庭能源轉換過程

現有文獻並沒有將富裕家庭與貧困家庭的能源使用差異完全界定或區分開來。一般情況下，高收入家庭的人均高級能源消費量高於低收入家庭。然而依

據以上的理論，如果將木柴認定為專屬於貧困者的能源則過於簡單（Hiemestra-van der Horst et al., 2008）。也有觀點提出，除了收入對能源選擇有影響以外，應該考慮更多影響因素。

以上家庭能源階梯理論揭示了社會經濟地位與能源效率的關係，即隨著社會經濟發展的推進和家庭經濟地位的提升，家庭隨之採用更加高效的能源設備和燃料。然而社會經濟地位與能源效率關係的實證研究在中國非常有限。從傳統的家庭能源階梯理論出發，隨著收入的不斷增加，所處能源階梯的層次也越高，家庭趨於使用更加高效的能源。由此推出第一個理論假設，即

理論假說1：城市家庭的能源使用效率高於農村家庭。

上述理論假設是基於中國現實情況提出的。中國城市家庭在社會經濟地位上比農村家庭更優越、能更快地跟上社會現代化的發展，其接受新能源的速度和可能性也遠遠高於農村家庭；農村家庭在消費習慣上更加保守。以上現象亦體現在城鄉居民生活水準的差異上：城市居民利用多種節能設備取暖、照明和保鮮食物，例如節能燈泡與電磁爐廣泛使用等；而部分農村家庭仍然未放棄砍柴生火的原始能源消費行為。從CFPS數據中也看到城市家庭具備更加豐富的家電設備；相反，中國大部分農村家庭有相對少的冰箱、電腦、空調、洗衣機等設備的擁有率。

從另一個角度，農村家庭雖然經濟發展較為落後，但是他們在簡樸的生活環境中養成節約能源的優良行為習慣並且世代相傳。這些節能行為可以更大限度地減少能源浪費現象，從而使家庭的能源消費接近該家庭的最低能源需求。反觀城市家庭的能源浪費現象，即使他們有高效的能源設備和技術支持，也不一定在能源使用效率中絕對優於農村家庭。因此城市家庭能源使用效率是否最高仍然需要實證研究。本書從全新角度探討能源階梯理論並驗證以上理論假設。

通過以上分析，城鄉家庭因為社會經濟地位不同，造成城市家庭的能源設備效率普遍高於農村家庭。而能源設備本身的效率與最終通過前沿函數估測的家庭能源使用效率有所不同，因為不同區域的家庭存在不同的生活習慣差異，因此城市家庭的能源使用效率是否高於農村家庭仍然有待檢驗。

從家庭能源階梯理論出發，這裡給出第二個理論假設，即

理論假說2：經濟富裕家庭才可能達到相對最優的能源使用效率。

理論假說2與理論假說1相對獨立。這裡的經濟富裕家庭在實證研究中是

指年收入位居全國家庭前列的家庭，例如顯著高於城市家庭的平均經濟水準的群體可以理解為相對富裕群體。假說 2 以能源家理論為基礎，考慮到家庭能源階梯理論中收入與能源消費的正向關係，提出經濟富裕家庭有更大的可能接近前沿線的假說。因為富裕家庭擁有更先進的設備、更豐富的電器與更合理的設施配備，也有更大的能源消費需求，因此在富裕群體中有可能出現能源使用效率相對更優的情況；反觀經濟貧困的家庭即使在能源的使用過程中高效運用稀缺資源，然而其使用的低端燃料本身就耗費大量的能源和勞動力，因此導致其最終的能效在全樣本中仍然有提升空間。假設 2 提出能源設備高效是能源使用高效的必要條件。

4.2.2 家庭能源使用效率的估算

圖 4-2 系組內能源需求曲線（組內隨機前沿函數）的模擬圖。其中需求函數 $Q=f(P, Y, Z)$ 表示能源需求量（Q）隨著家庭投入的增加而增加的速度逐步放緩。這裡的家庭投入主要包括收入（Y）、能源價格（P）[①] 和其他家庭特徵（Z）。假設存在一個統一的組內最低能源需求量（MER^*），在圖中顯示為一條水準虛線。其表示保證家庭基本生存的能源需求量；然而，需求曲線本身代表該組不同家庭的各自最低能源需求量（MER）。當一個家庭的能源消費量高於前沿需求曲線時，表明該家庭的能源使用效率小於 1，即存在能源低效使用的現象。圖 4-2 可以表示城、鎮、鄉任何一子樣本的能源需求函數，其中在圖上標示 A、B、C 三個家庭用以解釋能效。家庭 B 的能源使用效率為 1，家庭 A 和家庭 C 的能源使用效率則小於 1，且家庭 A 的能源使用效率在三者中最低。其中 A^* 表示該家庭所有特徵不變的情況下模型估算的消費能源量。該家庭的實際能源消費量 A 與 A^* 的差距直觀體現能源超額消費量，能源效率的高低便體現在距離差異上。Filippini 等（2011，2012）運用隨機前沿方法分別測量美國和歐洲國家的能源使用效率，他們認為存在一隨機前沿函數，可以估測每個樣本的實際消費值與其對應的最低能源需求（MER）的距離。該實證方法將在研究方法中闡述。

[①] 圖 4-2 僅僅代表子樣本能源效率估算的示意圖。有讀者也許會注意到需求的增加會導致價格的提升，最終減少需求這一經濟學現象。這裡並沒有單獨研究價格與需求的關係，我們僅僅假設價格因素導致需求的變化。

图 4-2　组内随机前沿函数

　　本书首先以城、镇、乡三条前沿曲线为基准进行子样本内部的比较，在一定基础上控制了结构异质性。而本书最终的目的是模拟一条所有函数的下包络线，该曲线称作共同前沿函数（见图 4-3）。此时，每个样本不仅属于各组的随机前沿线，同时也囊括在共同前沿函数中。城、镇、乡家庭虽然有能源使用习惯及高效设备普及速度的差异，但是它们处于共同经济发展背景和文化传统之中。从外溢理论得知，存在一条共同前沿函数实现中国家庭能源使用效率的整体估算。图 4-3 中家庭 A 来自农村，给定相同投入，家庭 A 在共同前沿函数下的能源消费降低到比 A^* 更低的 A^{**} 水准，此时家庭 A 实现与其他子样本的家庭对比。更低水准的能源消费水准将给出每个样本一全新的能源最低消费基准。例如家庭 B 在农村家庭能源消费行为中比较高效，因为家庭 B 直观上接近农村家庭的随机前沿线，但是在该处的前沿线距共同前沿线却很远，从而该家庭在全样本估测能源使用效率之时得到更小的效率值。而家庭 D 在城市家庭的前沿函数和共同前沿函数下都非常高效；家庭 A 与 C 在各自前沿线与共同前沿线下都相对低效。背后的经济含义可以理解为家庭 B 在乡村家庭的能源使用效率已经接近最优，然而当将其在全国范围内比较时，可能因为能源设备落后、教育水准较低或者电能供应不足而落后于家庭 D。

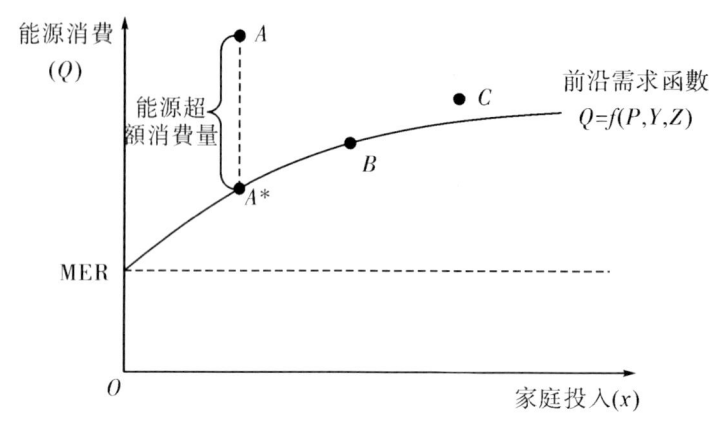

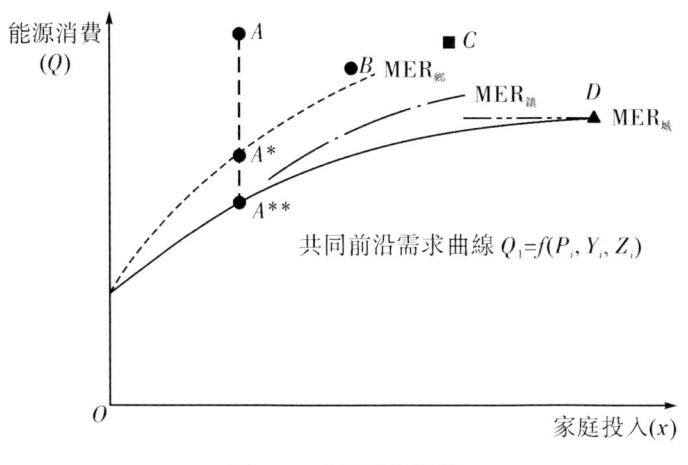

圖 4-3　共同前沿函數

圖 4-3 中點 A^* 與 A^{**} 的區別在於後者測算全樣本的能源使用效率。家庭在全樣本中獲得的效率值與在子樣本中獲得的效率值的比率叫作共同技術比（meta-technical ration），相對最優能源消費行為家庭的共同技術比值為 1，並引導共同前沿線的構建。其計算方式如下：

$$\text{MTR}_i = \frac{\text{TE}(p_i, y_i, X_i, q_i)}{\text{TE}^k(p_i, y_i, X_i, q_i)} \tag{4.1}$$

式中，$\text{TE}^k(p_i, y_i, X_i, q_i)$ 表示在給定價格（p_i）、收入（y_i）、其他家庭特徵（X_i）和能源消費量（q_i）情況下，樣本 i 在第 k 組內的前沿函數效率值；而 $\text{TE}(p_i, y_i, X_i, q_i)$ 表示該家庭在共同前沿函數下的效率值。MTR_i 不大於 1 是因為共同前沿函數在所有前沿函數的下方，最後得到每個家庭的 $\text{TE}(p_i, y_i, X_i, q_i)$ 效率值總不大於其所在子樣本的前沿函數效率值。當 MTR_i 越接近於 1，表明該家庭所在的子樣本的前沿曲線位置與全樣本的下包絡線越接近。

隨後本書將進行數據分析，本書能源使用效率的研究集中在家庭用電效率方面。

4.3　數據處理與變量選取

針對本章研究的需要，本節介紹本章的數據來源以及進行數據的進一步處理。本章主要運用中國家庭追蹤調查（CFPS）數據，本書的研究僅涉及 2012 年 CFPS 數據，在結合之後公布的 2014 年 CFPS 數據之後，發現關鍵變量有所

遺漏（家庭耗電量的記錄在 2014 年問卷中取消，並且在已知電費和省級電價的情況下，對電量的計算在放入模型之後仍然存在難以解決的問題①），因此本章穩妥起見，首先用截面數據獲得中國電力使用效率，並以此作為中國家庭能源使用效率的代理變量；2016 年 6 月，2014 年 CFPS 數據正式發布，本研究隨後將兩年數據同時納入考慮，並且用面板數據做些相關延伸研究，其中重點關注城市家庭的能源使用效率變化情況，該結果將統一展示在第五小節的延伸研究部分。因數據缺失和問卷設置上的改變造成面板數據樣本量與關鍵變量與橫截面數據不盡相同，本小節將率先分析 2012 年數據中保留的樣本、展示描述統計以及核心變量的選取。再依次介紹由 2012 年、2014 年樣本家庭組成的面板數據的以上情況。

中國家庭追蹤調查（CFPS）數據由北京大學中國社會科學調查中心（ISSS）負責。該數據在其他研究中也有涉及，例如 He 等（2016）。其中 2012 年的原始數據包含中國 12,000 個樣本家庭②。該問卷調查涵蓋了中國 25 個省/市/自治區③具有全國代表性的家庭，但是這些家庭並不一定具有省份代表性。選擇 CFPS 數據最主要的原因是該數據直接記錄家庭電量、多項家電使用情況和豐富的家庭特徵，這些變量有利於本書獲得更加精確和有經濟意義的統計分析。

4.3.1 截面數據分析與變量選取

在樣本選擇上，為研究中國最普通的群體以及最大程度保證數據的準確性，本節剔除了缺失值、異常值及數據不合理的樣本。具體而言，本書剔除有商業用電行為的家庭、不通電家庭及用電量等於 0 的家庭、年收入和總資產不大於 0 的家庭、租房及無戶主的家庭、在最近兩年有搬遷史的家庭。另外，在保留的樣本中再次查驗，將個別明顯不合理的用電家庭也剔除掉，包括用電量每月小於 10kW·h 或者大於 1,000kW·h 的少數樣本。最終，本書得到 7,102 個樣本家庭。

本書研究中用到大量相關的社會經濟變量、家庭特徵和地域控制變量，這

---

① 與電價的相關問題將在本節的後面部分做進一步闡述。
② 有關數據機構的更多信息和數據獲取渠道請參見 CFPS 的官方網站：http://www.isss.edu.cn/cfps/。
③ 這 25 個省/市/自治區分別為：北京、天津、河北、上海、江蘇、浙江、福建、江西、山西、遼寧、吉林、黑龍江、安徽、山東、河南、湖北、湖南、廣東、廣西、重慶、四川、貴州、雲南、陝西與甘肅。

些主要變量均展現在表 4-1 中。另外，Filippini 等（2013）將其他變量納入其中，例如省級一年高溫天數（heating degree days）和一年低溫天數（cooling degree days），這組變量提供了天氣的影響因素。因為這些變量均只能獲取省級數據，如果將其放入迴歸模型之時，容易與省級固定效應變量產生共線，因此在截面數據的研究中未將溫度相關變量放入模型。

表 4-1　　　　　　　　　2012 年樣本家庭主要變量的描述

變量名	變量描述
社會經濟特徵變量	
用電量	每月用於家庭內部的電量（kWh）（對數形式）
支出	家庭年支出總和（對數形式）
北方	家庭所在地位中國北方（「1」是，「0」否）
住宅面積	家庭的居住面積（平方米）
機動車	是否擁有機動車（「1」是，「0」否）
空調	是否擁有空調（「1」是，「0」否）
電視機	是否擁有電視機（「1」是，「0」否）
手機	是否擁有手機（「1」是，「0」否）
冰箱	是否擁有冰箱（「1」是，「0」否）
個人電腦	是否擁有個人電腦（「1」是，「0」否）
電動車	是否擁有電動車（「1」是，「0」否）
洗衣機	是否擁有洗衣機（「1」是，「0」否）
摩托車	是否擁有摩托車（「1」是，「0」否）
金融資產	家庭的總資產（對數形式）
非健康	家庭中存在非健康人員（「1」是，「0」否）
1 個孩子	家庭有一個小孩（「1」是，「0」否）
2 個孩子	家庭有兩個小孩（「1」是，「0」否）
3 個及以上孩子	家庭至少有三個小孩（「1」是，「0」否）
2 個成人	家庭有兩個成人（「1」是，「0」否）
3 個成人	家庭有三個成人（「1」是，「0」否）
4 個成人	家庭有四個成人（「1」是，「0」否）
5 個及以上成人	家庭至少有五個成人（「1」是，「0」否）
公寓	家用住房結構為公寓（「1」是，「0」否）
水源	最主要的家庭水源供給是井水（「1」是，「0」否）
能源	最主要的家庭能源供給是燒柴（「1」是，「0」否）
環境意識	中國環境問題的嚴重情況（從「0」不嚴重到「10」很嚴重）
戶主行業	戶主的工作所屬行業（有 20 個行業，加入 19 個變量）
戶主教育水準	戶主的受教育程度（有 6 個受教育水準，加入 5 個變量）
最高教育年限	家庭中最高教育年限的成員

表4-1(續)

變量名	變量描述
地域控制變量	
固定效應	省份（有25個省份，加入24個變量，北京為基礎組）
經濟情況	家庭所在社區的經濟情況（「1」很差到「7」非常好）
衛生情況	家庭所在社區道路的整潔程度（「1」很髒到「7」很乾淨）
社會和諧情況	家庭所在社區的社會成員和諧情況（「1」很不和諧到「7」很和諧）
有時斷電	家庭斷電情況有時發生（1為是，0為否）
經常斷電	家庭斷電情況經常發生（1為是，0為否）

註：①上面提及的「北方」是指按中國地域劃分的北方城市，在此樣本中包括北京、天津、河北、山西、遼寧、吉林、黑龍江、安徽、山東、河南、陝西、甘肅。②上面提及的戶主所屬的20個行業包括零售與批發製造業、公共與社會管理、商業服務、交通與倉儲、運動與娛樂、教育、金融、居民服務及其他、社會工作、房地產、研究與技術服務、計算機與軟件、建築、環保與公共服務、能源、燃料與水力製造、礦產、農產品與漁業。「其他」是基礎組。③戶主教育水準有以下幾個水準：未受教育（基礎組）、小學、初中、高中、大專、大學本科及以上。

表4-2展示了上述主要變量的基本描述統計特徵。這些變量大多對家庭用電需求有一定影響。例如有多個孩子或者更多家用電器的家庭理所當然會有更高的耗電量。當我們分城、鎮、鄉樣本觀察時，發現城市家庭各方面的經濟情況明顯優於農村家庭。鑒於Eakins（2014）的研究將家庭支出用作家庭收入的代理變量，因為相關研究指出家庭支出更加精確地反應家庭經濟情況。特別是在戶主接受訪問的時候，他們對家庭收入的匯報更加謹慎和保守，對收入的問題也更加敏感。本章研究沿用家庭年支出作為衡量收入的變量，並將其放入模型，用以估算收入彈性。

根據前面的理論基礎以及中國家庭的實際情況，本書首先將全樣本按照行政級別劃分為城、鎮、鄉三個子樣本。表4-2展示了城、鎮、鄉家庭的能源消費差異，從每月用電量數據可見，城鎮家庭平均比農村家庭多消費一倍的能源（城鎮的月耗電量分別為141kW·h和133kW·h，農村家庭的月耗電量僅為76kW·h）。以上差異主要源於農村家庭仍然將木柴作為家庭能源（該點將放入模型中作為控制變量）。除此之外，農村家庭面臨斷電的概率更高（45%的農村家庭存在有時斷電的現象），例如因線路故障等原因突然斷電。同樣情況的發生率在城、鎮家庭分別為30%與39%。另外，接近4%的農村家庭出現電力經常短缺的情況，城市家庭該現象的發生率僅為1%。電力供給的城鄉差異表明，一方面中國基礎電力設施的建立在農村更加迫切，另一方面這種差異很可能影響家庭在用電過程中的行為。

从表4-2可以看出，城、鎮、鄉家庭在社會經濟地位和生活環境方面有明顯差異。其中城市家庭的年支出是農村家庭的2倍多：城市家庭年平均支出為63,864.5元，鎮家庭為55,410.9元，而農村家庭該項僅為30,185.3元。城市家庭的金融資產亦明顯領先其他兩組。在家電的擁有率方面，電視和電話的擁有率在三組中已經達到很高水準，而從空調、電腦、冰箱等家電可以看出城鎮與農村家庭在家電設備普及程度以及生活方式上存在著顯著差異。例如，電腦在城、鎮家庭中的擁有比率分別為65%和52%，而在鄉村家庭僅為19%。在能源的供給方式上，城鎮與農村家庭之間也有顯著的不同。在2012年的調查中，城市僅有1%的家庭採用以木柴為主要的能源獲取方式，而該項占比在農村高達49%。這點也佐證了家庭能源階梯理論中貧困家庭主要利用低端燃料的普遍現象。

表 4-2　　　　　　　　　　2012 年 CFPS 主要變量描述統計

變量	均值			
	城	鎮	鄉	全樣本
用電量	141.27	133.2	76.17	97.07
社會經濟特徵				
支出	63,864.5	55,410.9	30,185.3	40,378.45
	(70,022.73)	(63,902.92)	(39,377.59)	(52,682)
金融資產	76,556.63	48,599.63	166,568.92	32,824.53
	(184,985.3)	(155,035.6)	(41,960.71)	(108,889.1)
住宅面積	73.38	101.99	139.71	121.4
	(41.38)	(65.64)	(85.03)	(80.36)
機動車	0.15	0.17	0.08	0.11
	(0.36)	(0.37)	(0.27)	(0.31)
空調	0.56	0.47	0.17	0.29
	(0.5)	(0.5)	(0.37)	(0.45)
電視	0.97	0.97	0.97	0.97
	(0.18)	(0.17)	(0.18)	(0.18)
電話	0.9	0.94	0.9	0.9
	(0.3)	(0.24)	(0.3)	(0.3)
冰箱	0.92	0.83	0.58	0.68
	(0.28)	(0.38)	(0.49)	(0.46)
個人電腦	0.65	0.52	0.19	0.33
	(0.48)	(0.5)	(0.39)	(0.47)
電動車	0.28	0.33	0.33	0.32

表4-2(續)

變量	均值			
	城	鎮	鄉	全樣本
	(0.45)	(0.47)	(0.47)	(0.47)
洗衣機	0.89	0.86	0.67	0.74
	(0.31)	(0.35)	(0.47)	(0.44)
摩托車	0.12	0.33	0.57	0.45
	(0.32)	(0.47)	(0.49)	(0.5)
非健康	0.27	0.33	0.47	0.39
	(0.44)	(0.47)	(0.5)	(0.49)
1個孩子	0.31	0.31	0.3	0.3
	(0.46)	(0.46)	(0.46)	(0.46)
2個孩子	0.04	0.09	0.16	0.13
	(0.18)	(0.29)	(0.36)	(0.33)
3個及以上孩子	0.002	0.03	0.05	0.03
	(0.05)	(0.16)	(0.21)	(0.18)
2個成人	0.45	0.43	0.34	0.37
	(0.5)	(0.5)	(0.47)	(0.48)
3個成人	0.26	0.25	0.25	0.25
	(0.44)	(0.43)	(0.43)	(0.44)
4個成人	0.1	0.15	0.23	0.19
	(0.3)	(0.36)	(0.42)	(0.39)
5個及以上成人	0.02	0.07	0.12	0.09
	(0.15)	(0.25)	(0.32)	(0.29)
公寓	0.79	0.48	0.02	0.24
	(0.4)	(0.5)	(0.14)	(0.42)
水源	0.01	0.08	0.48	0.33
	(0.09)	(0.29)	(0.5)	(0.47)
能源	0.01	0.08	0.49	0.34
	(0.08)	(0.26)	(0.5)	(0.47)
環境意識	6.2	5.77	4.77	5.19
	(2.21)	(2.13)	(2.26)	(2.31)
最高教育年限	12.21	11.2	9.03	9.96
	(3.76)	(3.91)	(4.04)	(4.18)
地域控制變量				
經濟情況	4.33	4.12	3.85	3.98
	(1.36)	(1.15)	(1.3)	(1.3)
衛生情況	4.45	4.23	3.19	4.06

表4-2(續)

變量	均值			
	城	鎮	鄉	全樣本
	(1.32)	(1.19)	(1.34)	(1.33)
社會和諧情況	4.66	4.42	4.17	4.3
	(1.24)	(1.25)	(1.24)	(1.26)
有時斷電	0.3	0.39	0.45	0.41
	(0.46)	(0.49)	(0.5)	(0.49)
經常斷電	0.01	0.03	0.04	0.03
	(0.1)	(0.16)	(0.2)	(0.17)
北方	0.63	0.47	0.65	0.62
	(0.48)	(0.5)	(0.48)	(0.49)

註：①城、鎮、鄉的樣本家庭數量分別為1,366個、1,046個和4,690個。全樣本數為7,102個。②括號中的數值為標準差。

介紹了主要變量的描述統計之後，接下來本書將簡述計量模型中被解釋變量和核心解釋變量及控制變量，其中的重要變量均在表4-1和表4-2中羅列出來。這裡將闡述使用以上變量的形式以及原因。

本節僅重點介紹需求函數的構建，在計量模型中再拓展前沿函數的構建以及效率方程。本書在橫截面數據中的被解釋變量為家庭的年耗電量自然對數形式。家庭用電行為受到多種因素的共同影響，主要包括電價、家庭年支出（自然對數形式）以及家庭結構及特徵（例如孩子的個數、最高教育年限、家電擁有情況等）、家庭所在社區和地域特徵。前面已經提到用家庭支出代替收入，這裡不再贅述。另外，戶主的個人情況也被納入考慮，包括戶主受教育水準與其所在行業。我們直觀上認為戶主在家庭消費行為、新設備的購買及使用上起關鍵性作用，因此戶主的教育水準和其所在行業更多地影響整個家庭的能源消費觀念。

在此對電價的處理方式做特別說明：北京大學中國社會科學調查中心為確保受訪家庭的匿名性，家庭所屬城、鎮、鄉的名稱並未公開且僅用數字代表，因而電價無法精確地對應到每個家庭所在縣級單位。根據以上情況，只能將省級的平均電價與CFPS數據中樣本家庭所在省份相匹配。然而2012年截面數據中省級電價與省份固定效應完全線性相關。而本書主要關注的是如何量化能源使用效率，因此價格彈性在模型中的缺失並不會給本書研究造成很大的問題。本書為了避免線性相關的問題，在實證過程中未納入電價。

4.3.2 面板數據分析與變量選取

2014年CFPS最新數據發布後，本書基於2012年7,102個樣本家庭，將2014年的家庭匹配到2012年中，最終獲得6,920個家庭。其中缺失約200個家庭的主要原因是2014年中樣本數據缺失或者家庭成分發生變化（例如子女通過結婚組建新家庭等），因此無法一一匹配。另外，重要變量耗電量在2014年的問卷中缺失，從而本書運用家庭年水電費作為代理變量。雖然電量比水電費更準確地記錄家庭的能源需求，但是在此擴展為兩年數據也可以更準確地估算中國家庭能源消費行為的動態變化。表4-3給出2012年和2014年CFPS面板數據主要變量的描述統計，除了表4-2的家庭特徵變量以外，還加入家庭能源消費的其他方面，包括水電費、交通費、燃料費、供暖費，以便於進行年度比較。

表4-3　2012年和2014年CFPS面板數據主要變量的描述統計

變量	城 2012年	城 2014年	鎮 2012年	鎮 2014年	鄉 2012年	鄉 2014年	全樣本 2012年	全樣本 2014年
家庭社會、經濟、人口特徵								
支出	63,058.28	54,978	54,446.02	71,601.00	29,963.32	41,975.6	39,011.83	53,383.16
住宅面積	86.25	125.79	110.23	112.45	138.46	143.45	125.61	129.56
機動車	0.15	0.15	0.16	0.21	0.08	0.12	0.10	0.15
空調	0.56	0.34	0.46	0.51	0.16	0.24	0.27	0.35
電視	0.97	0.97	0.97	0.96	0.96	0.96	096	0.96
電話	0.91	0.94	0.94	0.96	0.89	0.94	0.90	0.94
冰箱	0.91	0.80	082	0.87	0.58	0.73	0.67	0.78
個人電腦	0.65	0.40	0.51	0.33	0.19	0.25	0.31	0.37
電動車	0.29	0.40	0.32	0.59	0.33	0.42	0.32	0.40
洗衣機	0.89	0.80	0.85	0.88	0.67	0.75	073	0.80
摩托車	0.12	0.45	0.57	0.36	0.57	0.58	0.46	0.46
非健康	0.28	0.16	0.34	0.10	0.45	0.15	0.40	015
1個孩子	0.31	0.27	0.31	0.27	0.30	0.28	0.30	0.28
2個孩子	0.04	011	0.09	0.10	0.17	0.15	0.13	0.12
3個及以上孩子	0.003	0.04	0.03	0.02	0.05	0.04	0.04	0.04
2個成人	0.46	0.38	0.42	0.39	0.34	0.32	0.37	0.35
3個成人	0.28	0.23	0.26	0.26	0.25	0.26	0.26	0.26

表4-3(續)

變量	城 2012年	城 2014年	鎮 2012年	鎮 2014年	鄉 2012年	鄉 2014年	全樣本 2012年	全樣本 2014年
4個成人	0.10	0.19	0.16	0.17	0.23	0.22	0.20	0.20
5個及以上成人	0.03	0.10	0.07	0.07	0.12	0.12	0.10	0.10
公寓	0.79	0.29	0.46	0.47	0.02	0.03	0.21	0.23
環境態度	6.18	7.09	5.77	7.27	4.75	3.02	5.14	6.86
有時斷電	0.31	0.34	0.39	0.31	0.44	0.36	0.50	0.49
經常斷電	0.01	0.02	0.03	0.02	0.04	0.03	0.17	
有時斷電	0.30	0.39	0.45	0.41	0.46	0.49	0.42	0.34
經常斷電	0.01	0.03	0.04	0.03	0.10	0.16	0.03	0.02
家庭能源消費								
水電費	1,636.03	1,233.36	1,544.89	1,799.93	716.09	933.92	988.03	1,172.87
取暖費	783.44	386.41	428.77	414.25	239.06	123.65	358.56	282.90
燃料費	648.65	971.98	885.17	1,126.94	628.79	1,036.07	667.51	1,014.33
交通費	2,220.37	1,904.83	2,152.67	2,907.71	1,158.92	1,591.25	1,477.85	1,956.39
N	1,187	1,265	953	721	4,780	4,554	6,920	6,920

　　表4-3展現了兩年數據的全樣本和分城、鎮、鄉樣本家庭的描述統計。總體上，兩年間家庭的社會經濟地位有一些明顯變化，包括農村家庭在家用電器的擁有率上顯著提高，家庭平均住房面積的增大、非健康家庭成員比率的減少。其中有趣的一項是人們在兩年中對環境問題的重視程度加深。2012年居民對環境態度項的自評分僅為5.14，而該項指標在2014年上升到6.86，即微觀家庭越來越意識到中國環境的相關問題。分組結果表明，城鎮居民的環境意識和環境壓力高於農村居民。通過分析兩年數據得出家庭成員組成結構相對穩定。

　　表4-3中2014年城市家庭支出顯然被低估，僅有54,978元，低於同年所在鎮家庭的支出，也低於2012年城市家庭的支出。以上記錄影響面板數據的城市組估算結果，其2014年能源使用效率很有可能因此被低估，因為家庭支出作為家庭投入的一種，當實際支出高於數據記錄值時，這部分家庭的最低能源需求量被低估，從而觀測到實際用電消費與最低能源消費量的差異變大，最終導致能源使用效率的減小。從家庭能源消費的平均值可以看出，城鎮與農村家庭在商品能源消費上存在著顯著差異。

4.4 計量模型與實證方法

4.4.1 前沿需求函數

為了準確地估算能源使用效率，本書從需求函數的構建出發。需求函數通常是在給定家庭各項特徵的基礎上，估算家庭最優能源需求量。與能源使用效率相對應的為能源使用的無效性，對無效值（Inefficiency）的測量是由實際能源消費量與估算的最低能源需求量的差值得出。在數值上，無效值與效率相加等於 1。在對應的文獻綜述部分我們看到，採用隨機前沿函數的方法可以估算能源使用效率。實證模型如下：

家庭 i 的能源需求為 Q_i，其受到能源價格 P_i、家庭收入 Y_i 以及其他家庭特徵和地域控制變量 X_i 的影響，具體表達式見等式（4.2）。

$$Q_i = f(P_i, Y_i, X_i) + v_i \qquad (4.2)$$

在實證中，能源需求函數的相關研究大多數構造 Cobb-douglas 函數，本書將式（4.2）中的變量取自然對數之後用小寫字母表示。在上式的基礎上加入省份固定效應 α_j，其中 j 表示省份。見等式（4.3）。

$$q_i = \alpha_0 + \beta_1 p_i + \beta_2 y_i + \Pi X_i + \alpha_j + v_i \qquad (4.3)$$

式中，X_i 包含一系列家庭特徵變量和其他控制變量，例如機動車擁有情況、住房擁有情況、小孩個數、住房面積等。Filippini 等（2011，2012）的研究認為「能源使用效率」應該包含在需求函數中。在等式（4.3）的基礎上加入 μ_i，作為無效項的測量。這裡假設 μ 為正數並且代表每個家庭的超額能源消費量。以下式子用以表示需求函數加入無效項的形式：

$$q_i = \alpha_0 + \beta_1 p_i + \beta_2 y_i + \Pi X_i + \alpha_j + v_i + \mu_i$$
$$v_i \sim N(0, \sigma_v^2) \qquad (4.4)$$
$$\mu_i \sim N^+(0, \sigma_\mu^2)$$

通過隨機前沿方法模擬一條前沿線（Aigner et al., 1977）得出每個樣本的能源使用效率。其中一個存在異議的地方是因為 μ_i 始終為正數，因此無效項為半正態隨機分佈，就此有學者提出從以上模型中得出效率的準確性究竟有多大。為了減少以上擔憂，本書根據 Battese 等（1995）、Coelli 等（2008）的研究，提出無效項由函數 $f(Z_i)$ 構成，該函數中包含一系列效率因子：

$$q_i = \alpha_0 + \beta_1 p_i + \beta_2 y_i + \Pi X_i + \alpha_j + v_i + \mu_i$$

$$\nu_i \sim N(0, \sigma_\nu^2) \quad (4.5)$$
$$\mu_i \sim N^+[f(Z_i), \sigma_\mu^2]$$

獲得無效項的關鍵是保證估算出準確的 μ_i。對此，函數 $f(Z_i)$ 的變量選擇尤其重要，列入 Z_i 的變量必須與家庭的能源使用效率密切相關[①]。根據以上分析，本書加入環境意識（我們考慮到一個家庭如果越清楚地意識到環境問題，在能源消費行為上也可能會形成特定消費觀念，進而影響能源使用效率）。另外，戶主受教育程度也被列入效率因子。因為在大多情況下，戶主更多地負責家電購買和更換，因此能更大程度上決定家庭能源使用效率的初始水準。這些行為背後與其受教育水準相關，戶主受教育水準直接決定家庭對能源設備性能和技術的選擇，相反其他家庭成員在此方面的決定權更小。效率函數裡還包括電能的穩定供應程度（斷電的頻率）以及家庭主要水源、能源（記錄家庭最主要的水源供給是否為井水和最主要燃料供給是否為木柴）。在實證模型中，通常假設效率因子為線性函數形式，見式 (4.6)。

$$f(Z_i) = \gamma_0 + \gamma_1 z_{1i} + \gamma_2 z_{2i} + \cdots \quad (4.6)$$

4.4.2 共同需求函數

正如以上分析，本書的隨機前沿函數是將樣本按照城、鎮、鄉劃分後模擬的前沿需求線，這有助於我們控制不同行政劃分單位的結構異質性。子樣本在各自的前沿需求函數中展現不同分佈的效率以及不同的估計系數。因此，此時城市家庭的隨機前沿效率僅和其他城市家庭直接比較，因此我們對隨機前沿函數進行分別估算，每一個函數對應一個子樣本。

$$q_i^C = \alpha_0^C + \beta_1^C p_i + \beta_2^C y_i + \Pi^C X_i + \alpha_j^C + \nu_i^C + \mu_i^C \quad (4.7)$$
$$q_i^T = \alpha_0^T + \beta_1^T p_i + \beta_2^T y_i + \Pi^T X_i + \alpha_j^T + \nu_i^T + \mu_i^T \quad (4.8)$$
$$q_i^V = \alpha_0^V + \beta_1^V p_i + \beta_2^V y_i + \Pi^V X_i + \alpha_j^V + \nu_i^V + \mu_i^V \quad (4.9)$$

即使在這種情況下，隨機前沿函數的適用範圍很有限，我們最終目的是獲得全國統一標準的家庭能源使用效率。因此進行全樣本的效率估算是本書運用共同前沿函數模型的初衷（O'Donnell et al., 2008）。該方法的基本思想是：假設存在一前沿線作為所有組別前沿函數的下包絡線，我們稱這條下包絡線為共同前沿函數（meta-frontier）。共同前沿函數存在的前提是樣本之間存在可比性（即不同子樣本之間雖然有明顯差異，但是仍有相通之處可以進行比較），從

[①] 本章研究的主要目的是估算中國家庭的能源使用效率，我們對函數 $f(Z_i)$ 中的變量僅作了初步檢驗。

而有必要給出全樣本的統一估算標準,最後獲得全國家庭能源使用效率的分佈。

下面給出有關城市家庭和農村家庭的一些案例分析,以佐證實現全國家庭能源使用效率的可能。

首先,農村地區一般情況下比城市地區的商店或者購物中心的密度更小,這導致農村家庭在實體店的商品選擇面更窄。該情況很可能造成新產品或高效產品率先在城市地區上市,卻很難在短時間內普及到農村市場。然而,新興的全球網路購物時代(例如淘寶、京東、亞馬遜等)增加了農村居民對最新能源設備購買的可能和興趣;另外國家出抬的「家電下鄉」等政策一定程度上也促進農村家庭順應能源消費升級的潮流而購買高能效產品。因此本書在某種程度上認為技術效率外溢可以在全國所有家庭中實現。

其次,相比城市家庭,即使新設備的效能更高,農村居民更換舊設備的可能性更小並且速度更慢。能源設備的更新速度仍然可以實現城、鄉家庭的比較。

再次,較為落後的鄉村同發達的城市相比,風俗習慣上存在較大差異。城市居民在相對快節奏的生活環境中,獲得更高的收入也有更大的機會成本,這卻可能導致他們在能源利用的過程中低效。相反,農村家庭能夠最大化地運用現有資源,達到能源消費過程中的高效。

最後,城市居民一方面處於工業化和現代化環境中,受到空氣污染和水污染的可能性相比農村居民更高;另一方面,環境保護的宣傳力度在城市地區更大,這使得城市居民更切身感受環境方面的壓力。以上兩方面共同造成城市居民對環境保護的意識和認知程度高於農村居民的結果。因此,環境意識在不同地域的家庭也具備可比性。

以上四個例子雖然沒有將城鄉居民的可比性完全羅列,但是這些案例證實了共同前沿函數存在的可能,並有助於我們進一步瞭解共同前沿函數。

在共同前沿函數的實證模擬過程中,並沒有重新構建需求函數的必要。共同前沿函數代表全樣本的共同函數,因此省份變量在此剔除。共同前沿函數的實證模型[①]如下:

$$q_i^* = \alpha_0^* + \beta_1^* p_j + \beta_2^* y_i + \Pi^* X_i \qquad (4.10)$$

上式剔除殘差項與無效項的原因有兩點:其一,共同前沿函數樣本具備共性;其二,該估計方法與隨機前沿函數的方法不同,式子(4.10)主要是通

---

① 在實證研究中,我們選擇最普遍的共同前沿函數方程模擬三條隨機前沿函數的下包絡線。

過線性編程的方式在限制條件下最大化（最優化）參數值。其中限制函數為：

$$B_i \Theta^* \leq B_i \Theta^k \quad \text{for all } i \tag{4.11}$$

式中，B_i 代表代數矩陣，其中包括截距項、價格、收入和其他家庭特徵等變量。Θ 為係數的向量集合，代表截距項、價格、收入和其他家庭特徵的係數值。實現係數最大化的主要目的是保證所有家庭的實際能源消費值覆蓋共同前沿線或者在共同前沿線上方，因此在模型中去掉隨機干擾項 ν_i 與無效項 μ_i。

4.4.3 自助法

正如以上討論，線性編程方法剔除了隨機誤差項 ν_i，使得模擬過程中存在一些局限，例如無法考慮測量誤差和其他不可觀測的影響因素。根據 O'Donnell 等（2008）的研究，他們運用自助法（Bootstrap）獲得標準誤差，在很大程度上解決了共同前沿函數的估計係數可能存在的異常敏感問題，進一步保證數據的可靠性及估算係數的可信性。

自助法是一種較為普遍的重複抽樣方法，其結果可以用以獲取標準誤差的漸進近似值、置信區間和 P 值統計檢驗。自助法的最終目的是為了更加準確地判斷統計顯著的變量（係數範圍不包括 0 值）以及共同前沿函數自身的統計顯著性（所有係數值都不包括 0 值）。本書使用自助法過程中對抽樣次數的設定按照嚴格的標準，通過將家庭樣本數量最多的農村樣本量乘以 100，以此設定自助法的抽樣次數，我們一共得到 B = |469,000| 次抽樣。以上抽樣次數可以保證每個樣本有 100% 的可能被至少抽中一次，從而確保共同前沿函數的估計係數是可信和穩健的。本書主要運用 R 軟件編程進行自助法抽樣，在此處對自助法的計量方程不做過多表述。

4.5　實證結果

本節主要報告以下實證結果：
（1）分別討論城、鎮、鄉家庭隨機前沿函數結果。
（2）展示共同前沿函數結果。
（3）重點分析以上結果與能源階梯理論的關係以及啟示。

在給出這部分實證結果之前，我們有必要做以下兩方面的模型檢測：一方面，每個模型都通過似然比檢驗（Likelihood Ratio Test），即證明隨機前沿模型是有效模型並且優於最小二乘法模型。簡而言之，該檢驗是檢測一個模型在不

加無效項的情況下是否優於加入無效項，其結果顯示均拒絕 OLS 更優的原假設。例如給定函數（4.4），原假設為 $\mu = 0$，原假設表示在此情況下無效項的存在沒有必要。對此，檢驗結果表明顯著拒絕原假設。另一方面，構造一系列受限模型，通過去掉一些控制變量發現這些模型與本書採用的需求函數模型相比，沒有觀測到限制模型更優①（例如去掉部分電器擁有變量、孩子個數、住房面積）。以上兩點證明了本書計量模型的可行性以及結果的穩健性。

4.5.1 隨機前沿函數結果

本節首先討論需求函數並展示結果，再進一步分析子樣本的能源使用效率分佈情況。

表 4-3 報告函數（4.4）的結果，且分別展示了城、鎮、鄉家庭的估計系數，並提供最小二乘方法（OLS）的迴歸結果進行對比。總體上，每組的估計系數都與預期相符，例如結果表明收入增加會帶動家庭用電量的上升；擁有空調、冰箱等大功率家用電器會刺激家庭用電。另外，從模型結果得出大家庭（家庭成員人數眾多）和住房面積更大的樣本平均用電量更大；用木柴作為主要能源的家庭則用電量更小。以上結果構建了一個基本可信的能源消費行為，並且在其他文獻中也有類似的結果。

具體迴歸結果如下：城、鎮、村家庭的收入彈性分別為 0.15、0.12、0.11。家電的相關變量系數在子樣本間出現顯著的差異，例如空調的擁有給城市家庭帶來額外 10% 的電量消費，鎮上的家庭該項系數為 25%；類似的情況也出現在家庭是否擁有洗衣機上：城市家庭擁有洗衣機並未顯著影響其耗電量，鎮上的家庭卻因此增加了 18% 的電能消耗。其中電視機的系數比較反常，其對鎮、鄉家庭沒有顯著影響，而對城市家庭的影響為負值。這是因為城市家庭僅有 3% 的樣本沒有電視機，導致該虛擬變量與截距項高度線性相關，因此城市組的電視機結果並不具備參考價值。

城、鎮、鄉的需求函數結果均表明更多孩子和成人導致更大的能耗量；隨著城鎮家庭的住房面積變大，用電量也隨之提升，而農村家庭的住房面積對耗電量並沒有顯著影響。雖然農村家庭的平均住房面積大於城鎮家庭（見表 4-2），但在一般情況下，農村家庭的住房面積與住房需求並非完全相關，

---

① 這些受限模型的估計系數也大多顯著，但是因為其並不是最優模型，因此在本書略去這部分的結果報告。

當他們的住房面積發生變化時，並不能立刻隨之調整生活習慣或者能源消費行為。另外，鎮上家庭是否有小孩對耗電量並無影響；相比，是否有小孩對城鄉家庭的影響都正顯著且系數雷同。有兩個孩子的農村家庭，在耗電量的增加方面比有一個孩子的家庭更大，然而在城鎮家庭上並未出現由第二個孩子帶來的顯著影響。該結果反應中國實行的計劃生育政策在城鎮的執行力度更強，相反農村家庭擁有多個孩子的概率相對較高。

其他主要結果還包括：當存在不健康的家庭成員時，所在家庭會增大耗電量，這點成立的主要原因是非健康家庭成員的身體更加脆弱，從而需要更加舒適的室內環境。為了避免高溫或者低溫帶來的不適，室內需要維持最佳的溫度。另外，非健康成員更多時間待在室內並且更少參與工作，因此也導致整個家庭的耗電量增加，並且這項系數的絕對值在城市組最高。最高受教育年限的家庭成員的受教育年限越高越會抑制能源消費，該結果體現了教育在合理使用能源消費中起到的積極作用。另外，主要能源為木柴的家庭也表現為消費更少的電量。然而在環境意識變量的估算系數上存在比較迥異的結果。環境意識由家庭對中國環境問題是否嚴重的看法衡量，受訪者從 0 到 10 中選擇，數值越高表明該家庭認為中國環境問題越大。城市家庭在政策宣傳及現實環境污染中有更多切身體會，此結果恰好表明環境意識與能源消費呈負相關關係。對於農村家庭該項系數卻顯著為正，因為農村家庭相比城市家庭用更多的木柴生火，從而木柴成為農村居民在電能消費中的主要替代能源。當農村家庭更多地意識到環境問題之時，他們傾向於減少對木柴這種低能效燃料的依賴，相對增加用電量來減少環境污染行為。

家庭平均能源使用效率展現在表4-4底部，城、鎮、鄉家庭的子樣本能源使用效率分別為 0.651、0.889 和 0.840。這裡需要注意的是，隨機前沿函數效率的組間比較意義不大，只有完成共同前沿函數之後，不同子樣本家庭的能源使用效率才能進行直接對比。儘管如此，三條前沿函數的平均效率還是有一定參照價值，其中最顯而易見的是城市家庭能源使用效率分佈與鎮、鄉家庭異同（見表4-6）。從能源使用效率的分佈可以看到城市家庭的數值偏低，這點在共同前沿函數的結果中也得到證實。參照前面小節所介紹的家庭能源階梯理論，相對富裕的城市家庭擁有更多且更高效的能源設備，卻沒有獲得更高的能源使用效率。

表 4-4　　　　　　　　　隨機前沿函數的分組估計係數

變量	最小二乘法（OLS） 城	鎮	鄉	隨機前沿分析（SFA） 城	鎮	鄉
支出	0.16***	0.13***	0.11***	0.15***	0.12***	0.11***
	(0.02)	(0.03)	(0.01)	(0.02)	(0.03)	(0.01)
金融資產	-0.01	-0.01	-0.01***	0.17***	0.01	0.004
	(0.01)	(0.01)	(0.003)	(0.01)	(0.01)	(0.01)
住宅面積	0.002***	0.001**	0.00**	0.002***	0.001**	0.00
	(0.000,5)	(0.000,3)	(0.000,1)	(0.000)	(0.000,3)	(0.000)
機動車	0.05	-0.05	0.13***	0.05	-0.04	0.13***
	(0.05)	(0.06)	(0.035)	(0.05)	(0.06)	(0.03)
空調	0.11***	0.25***	0.20***	0.10**	0.25***	0.20***
	(0.05)	(0.05)	(0.03)	(0.05)	(0.05)	(0.03)
電視	-0.17**	0.20*	0.06	-0.18**	0.16	0.07
	(0.09)	(0.11)	(0.05)	(0.08)	(0.10)	(0.05)
電話	0.06	0.04	-0.00	0.06	0.02	0.002
	(0.05)	(0.08)	(0.03)	(0.05)	(0.07)	(0.03)
冰箱	0.31***	0.27***	0.26***	0.30***	0.27***	0.26***
	(0.06)	(0.06)	(0.02)	(0.06)	(0.05)	(0.02)
個人電腦	0.16***	0.22***	0.16***	0.14***	0.22***	0.16***
	(0.04)	(0.05)	(0.03)	(0.04)	(0.04)	(0.03)
電動車	0.04	0.10***	0.07***	0.04	0.07*	0.07***
	(0.04)	(0.05)	(0.02)	(0.04)	(0.05)	(0.02)
洗衣機	0.06	0.18***	0.15***	0.06	0.18***	0.15***
	(0.05)	(0.06)	(0.02)	(0.05)	(0.06)	(0.02)
摩托車	-0.01	0.00	0.02	0.01	-0.02	0.02
	(0.05)	(0.04)	(0.02)	(0.05)	(0.04)	(0.02)
非健康	0.07**	0.08**	0.04*	0.39***	0.19***	0.03*
	(0.04)	(0.04)	(0.02)	(0.04)	(0.05)	(0.02)
公寓	0.08**	-0.05	0.08	0.08**	-0.05	0.08
	(0.04)	(0.05)	(0.06)	(0.04)	(0.04)	(0.06)
水源	-0.10	-0.01	0.00	-0.09	0.02	0.06***
	(0.17)	(0.07)	(0.02)	(0.11)	(0.09)	(0.02)
能源	-0.79***	-0.29***	-0.31***	-0.31*	-0.21***	-0.33***
	(0.20)	(0.08)	(0.02)	(0.18)	(0.08)	(0.02)

表4-4(續)

變量	最小二乘法（OLS）			隨機前沿分析（SFA）		
	城	鎮	鄉	城	鎮	鄉
環境意識	0.01	-0.00	0.02***	-0.03***	0.01	0.01***
	(0.01)	(0.01)	(0.004)	(0.01)	(0.01)	(0.004)
最高教育年限	-0.00	-0.00	-0.01*	-0.01*	-0.01	-0.01***
	(0.01)	(0.01)	(0.003)	(0.005)	(0.01)	(0.003)
經濟情況	-0.02	-0.01	0.02	-0.03	-0.01	0.02
	(0.02)	(0.02)	(0.01)	(0.02)	(0.02)	(0.01)
衛生情況	0.01	0.08***	0.01	0.01	0.08***	0.01
	(0.02)	(0.02)	(0.01)	(0.02)	(0.02)	(0.01)
社會和諧情況	-0.01	0.01	-0.02*	-0.01	0.01	-0.01
	(0.01)	(0.02)	(0.01)	(0.01)	(0.02)	(0.01)
北方	-0.14	0.02	0.25***	-0.14	0.04	0.25***
	(0.16)	(0.16)	(0.09)	(0.015)	(0.016)	(0.09)
固定效應	是	是	是	是	是	是
戶主行業	是	是	是	是	是	是
家庭成員	是	是	是	是	是	是
截距	2.83***	2.35***	2.48***	1.00***	2.33***	2.18***
	(0.31)	(0.39)	(0.22)	(0.31)	(0.41)	(0.22)
樣本量	1,366	1,046	4,692	1,366	1,046	4,692
似然比檢驗	-	-	-	通過	通過	通過
最大似然值	-1,054.73	-854.29	-4,383.73	-1,039	-839	-4,365
平均能源使用效率	-	-	-	0.651	0.899	0.840

註：①上表中的「是」表示模型中加入一系列虛擬變量並且通過顯著性檢驗。②公寓面積是以平方米為單位，並沒有取自然對數。「家庭成員」包含一系列家庭成員的虛擬變量，例如小孩個數和成人個數。③括號中的數值為標準誤差。④這裡提供的最小二乘法迴歸結果僅僅作為隨機前沿函數結果的對比組。⑤ ***、**、* 分別表示在1%、5%、10%的水準下顯著。

以上實證結果初步拒絕了本書的第一個理論假說。城市家庭具有較高收入水準，促進了他們高效能源設備的購買，然而通過消費行為最終產生的能源使用效率並不高。該實證結果可以從機會成本角度理解，我們如果將時間成本考慮入內，這個問題可以得到合理的解釋：當人們工作繁忙或者休息時間相對稀缺之時，人們不願意花更多精力來提升能源使用效率，我們認為這樣的消費行為仍然是理性的。例如，當人們在書房長時間專注工作時，即使發現客廳燈未關閉，也沒有採取及時關燈的行動。以上案例，雖然造成了家庭更低的能源使

用效率，卻達到更高的工作效率。

接下來，我們關注決定效率的變量，即式（4.5）在隨機前沿函數中的效率因子。表4-5展示了效率函數的估計系數。這裡需要注意的是，OLS結果在

表4-5　　　　　　隨機前沿函數中效率函數的估計系數

效率因子	城（SFA）	鎮（SFA）	鄉（SFA）
環境意識	0.05***	-0.02*	-0.09
	(0.003)	(0.01)	(0.10)
有時斷電	0.03***	-0.02	1.96**
	(0.003)	(0.04)	(2.73)
經常斷電	-0.09***	0.33***	3.77
	(0.01)	(0.13)	(2.73)
非健康	-0.39***	-0.19**	0.37
	(0.02)	(0.05)	(0.70)
金融資產	-0.19***	0.01*	-1.66***
	(0.01)	(0.007)	(0.40)
小學	0.08***	0.12	0.94
	(0.01)	(0.09)	(0.79)
初中	0.09***	0.23	1.10
	(0.02)	(0.09)	(1.24)
高中	0.18***	0.35***	8.00***
	(0.01)	(0.11)	(3.19)
專科	0.12***	0.10	15.46***
	(0.02)	(0.12)	(4.53)
本科及以上	0.22***	-0.34**	1.37
	(0.03)	(0.16)	(15.03)
能源	-2.51***	-1.43***	0.40***
	(0.16)	(0.44)	(0.78)
水源	-0.08***	-0.04	-9.76***
	(0.01)	(0.10)	(3.27)
sigmaSq	0.27***	0.29***	6.39***
	(0.01)	(0.01)	(1.65)
gamma	0.00	0.00***	0.95***
	(0.00)	(0.00)	(0.01)

註：①表中一系列受教育水準變量是指戶主受教育水準的虛擬變量；②括號中的數值為標準誤差；③ ***、**、* 分別表示在1%、5%、10%的水準下顯著。

表4-4中作為對照模型出現,然而典型的OLS迴歸並不能直接獲得效率,因此在表4-4中直接省略。文獻中也有通過OLS模型獲得效率的方法,但是需要分兩步進行估測。該方法被稱作修正的最小二乘法(corrected OLS 或者 modified OLS)。但是 Kumbhakar 等(2003)的研究指出以上方法相比 SFA 有更多不足之處。我們根據表4-4的似然比檢驗,OLS模型被拒絕,因此繼續深入討論修正的最小二乘法估算效率的意義將非常有限。

我們給出效率函數的目的,一是證明其中至少存在一些效率因子直接影響家庭用電行為的效率高低;二是獲得具有經濟學含義的家庭能源使用效率。從結果中可以看出,城、鎮、鄉效率函數中變量的系數存在差異,這也在一定程度上證實城、鎮、鄉家庭首先各自構建需求函數的必要性。當然,我們主要關注效率因子的符號和顯著性,絕對值的大小在此並不存在對應的經濟學解釋。有一些變量均出現在需求函數和效率影響函數中,例如環境意識、家庭斷電頻率等。以上變量重複出現的原因是這些變量既影響家庭用電量又直接與家庭能源使用效率相關。在效率函數中,對教育的考量僅包含戶主受教育水準。正如前面的分析,一般情況下戶主負責家庭能源設備的購買,因此其受教育水準直接決定家庭能源效率的初始水準。

我們從表4-5中看到,幾乎所有變量都通過統計檢驗,表明這些變量對家庭能源效率具有顯著的影響力。需要注意的是,本書考慮到在一般情況下家庭會發生超額能源消費量。對此,我們在模型中引入的是非效率項而不是效率項。在表4-5的識讀過程中,系數顯著為正表明該項的效率影響因子降低了家庭的能源使用效率;相反,當系數顯著為負時則表明該因子在家庭能源使用效率的提升中存在一定貢獻度。另外,各組間也存在明顯差異。例如表4-5中大多數情況下,當戶主受教育程度上升,家庭能源使用效率反而下降;而第2列顯示當鎮上家庭的戶主受到大學或以上教育水準之時,導致家庭的能源使用效率提高(此處的系數為-0.34)。以上情況發生的原因有可能是戶主更高的教育水準給家庭帶來了更多豐富的行為,從而增加了他們行為中發生非效率的風險。總體上,家庭偶爾斷電會減少城市和農村家庭的電能使用效率。「主要能源為木柴」的變量對家庭能源使用效率的影響在各組中有所不同:在農村家庭,如果木柴為其主要的能源供給(在農村家庭中該現象很普遍),則能源使用效率降低;相反,家庭能源使用效率卻在城鎮家庭中上升。這點也顯示城鎮家庭與農村家庭生活方式的迥異。

表4-6總結了城、鎮、鄉家庭能源使用效率的分佈及累積百分比。從該表中看到城市家庭的效率分佈最分散:其中約有9%的樣本家庭的能源使用效率

低於30%；鎮、鄉家庭效率低於60%的情況很少見，其中有約有55%的鎮所在家庭的能源使用效率高於90%，有77%的農村家庭集中在80%~90%。另外，有1.3%的城市家庭與隨機前沿線完全重合；另外兩組的隨機前沿函數並未出現相對最優的家庭。進一步觀察這些能源使用效率為1的城市樣本，他們在城市家庭中也是相對經濟富裕的家庭。該分佈結果在某種程度上證實了本書的理論假設2，即富裕群體更可能達到能源使用效率相對最優。這點在其他兩組家庭中並沒有觀測到，因此我們可以認為除了家庭能源消費行為本身之外，多樣的節能設備和高級燃料的使用是促使家庭提高能源使用效率的必要條件，鄉鎮家庭在能源設備方面有更多的提升空間，並以此作為提升家庭能源使用效率的途徑。該結果在共同前沿函數中將被再次檢驗。

表4-6　　城、鎮、鄉家庭的能源使用效率分佈

效率區間（%）	城 比率(%)	城 累積比率	鎮 比率(%)	鎮 累積比率	鄉 比率(%)	鄉 累積比率
0~0.99	3.9	3.9	–	–	–	–
10~19.99	3.1	7.0	–	–	0.04	0.04
20~29.99	2.2	9.2	–	–	0.06	0.1
30~39.99	8.1	17.3	–	–	–	0.1
40~49.99	10.3	27.6	0.1	0.1	0.3	0.4
50~59.99	13.4	41.0	0.7	0.8	0.6	1.0
60~69.99	14.6	55.6	2.6	3.4	2.3	3.3
70~79.99	12.4	68.0	16.3	19.7	14.6	17.9
80~89.99	10.8	78.8	25.1	44.8	77.2	95.1
90~99.99	19.9	98.7	55.2	100	4.9	100
100	1.3	100	–	100	–	100

註：①效率區間指分組前沿函數的電能使用效率的所在區間。②「比率」與「累積比率」分別表示樣本家庭在對應效率區間出現的頻率和累積頻率。

4.5.2　共同前沿函數結果

本部分結果將按照以下順序闡述：首先，展現共同前沿需求函數的實證結果；其次，討論全國統一標準的家庭能源使用效率；再次，總結共同前沿函數中的家庭能源使用效率以及進行真正意義上的不同家庭直接的能效比較；最後，深入探討共同前沿函數中直接影響能源使用效率的一系列變量。

正如在隨機前沿函數小節所描述的，建造共同前沿函數非常重要，也是本

章研究的最終目的。表 4-7 報告了共同前沿函數通過自助法重複抽樣 469,000 次之後的結果，並提供共同前沿需求方程的相關信息。該結果通過線性編程和自助法抽樣獲得估計系數。「下限」和「上限」分別代表下至 2.5% 和上至 97.5% 的系數分佈。如果以上區間不包含 0 值，則表明該系數對電能需求的影響是顯著的。不僅如此，該表最後一列記錄了通過自助法多次抽樣之後，系數不為 0 的百分比。這項數值越高，表示變量對能源需求的影響越顯著，如果百分比達到 1 則表明該變量系數顯著影響家庭能源需求。例如，家庭支出對電能消費的影響是顯著的，因為該項的系數的非零百分比為 100%。

表 4-7　　　　共同前沿函數估計系數和置信區間

變量	系數	下限	上限	非零系數百分比
支出	0.12***	0.06	0.13	1.00
金融資產	0.14***	0.12	0.14	1.00
住宅面積	0.00	0.00	0.00	0.34
機動車	0.04	0.00	0.16	0.42
空調	0.19***	0.09	0.24	1.00
電視	0.09	0.00	0.11	0.62
電話	0.00	0.00	0.05	0.24
冰箱	0.34***	0.20	0.36	1.00
個人電腦	0.04***	0.07	0.21	1.00
電動車	0.10	0.00	0.12	0.85
洗衣機	0.10***	0.12	0.10	1.00
摩托車	0.03	0.00	0.06	053
非健康	0.04***	0.03	0.15	1.00
公寓	0.00	0.00	0.11	0.40
水源	0.16***	0.03	0.13	1.00
能源	0.00	0.00	0.00	0.00
環境意識	0.00	0.00	0.65	0.06
最高教育年限	0.00	0.00	0.01	0.21
經濟情況	0.00	0.00	0.02	0.27
衛生情況	0.01	0.00	0.01	0.24
社會和諧情況	0.00	0.00	0.01	0.10
北方	0.00	0.13	0.25	1.00
截距	0.06***	0.14	1.92	1.00

表4-7(續)

變量	係數	下限	上限	非零系數百分比
固定效應	否	-	-	-
戶主行業	是	-	-	-
家庭成員	是	-	-	-
樣本量	7,102			
平均效率	0.628			
平均技術差距	0.372			

註：①表中的上、下限是以95%的置信區間為標準設定。②非零係數百分比代表估算過程中得到正係數（大於0值）占整個469,000次bootstrap中的比例。③上表中的「是」表示模型中加入一系列有關戶主行業的虛擬變量並且通過顯著性檢驗；上表中的「否」表示模型中未加入一系列有關省份的固定效應變量。④ ***、**、* 分別表示在1%、5%、10%的水準下顯著。⑤「家庭成員」包含一系列家庭成員的虛擬變量，例如小孩個數和成人個數。⑥平均計算差距與平均效率相加恒等於1，代表家庭能源使用效率的無效性。

我們發現結果中存在一系列顯著係數，除了支出與金融資產對能源消費有正的影響以外，主要家用電器，例如冰箱、個人電腦、洗衣機也會顯著提高家庭耗電量；存在非健康的家庭成員和更多的家庭成員對電能消費也有正的影響。共同前沿函數的結果表明：首先，估算的係數結果與城、鎮、鄉家庭隨機前沿函數中的結果基本一致，也證實共同前沿函數作為所有前沿函數的下包絡線具有可行性；其次，估計係數總體上符合預期，並且其中大多數變量通過了顯著性檢驗。

從共同前沿函數的估計係數中看到結果的相對可信性和穩健性①，接下來文章將討論中國家庭在共同前沿函數下的能源使用效率。

圖4-5系中國家庭能源使用效率②分佈圖。結合表4-7，我們得到中國家庭平均能源使用效率為0.63，該結果比全樣本下的隨機前沿函數方法得出的平均效率低，後者結果為0.81。兩者的主要差別在於模擬方法的不同，隨機前沿函數並不能勾勒一條下包絡線，因為全樣本下的隨機前沿函數不再分子樣本估算，而是用整體樣本進行隨機前沿線模擬。該方法忽略了不同地域家庭的結構異質性，因此我們並未報告隨機前沿函數全樣本的相關係數及顯著性。總

---

① 據我們所知，目前並沒有用於直接證明共同前沿函數存在的計量檢驗，因此通過參數的顯著性及其係數顯著為正的概率來證明以上結果是一個有效的方法。

② 也有研究將共同前沿函數所獲得的能源效率稱為「共同技術效率」（Meta-technical efficiency）。

體來說，該方法獲得的平均效率（0.81）高於實際家庭能源使用效率（0.63）的平均值，該效率結果高估了那些在組內接近前沿線卻在整體比較時遠離下包絡線的個體。該觀點在圖4-2中可以清晰看到，例如來自農村的家庭B，在農村樣本的前沿線上接近100%高效，而在全樣本統一估算能源使用效率時卻與共同前沿線的距離甚遠，該距離便是家庭B在全國範圍內能源使用低效的有力證據。以上情況在僅使用隨機前沿函數時則無法獲取。表4-7中的平均技術差距代表能源使用效率的無效性，其與能源效率項相加等於1。

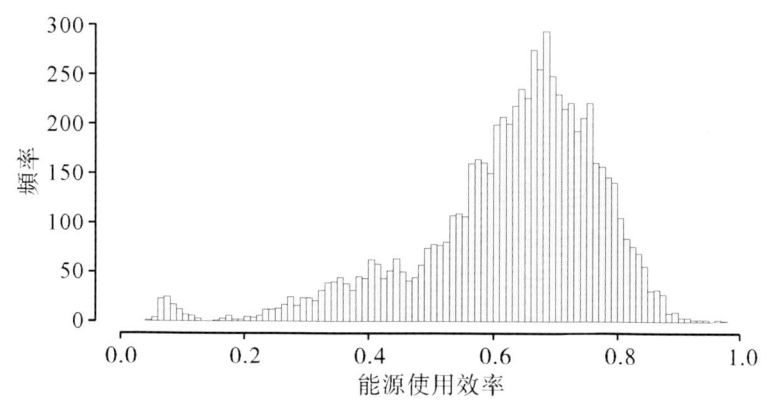

圖4-5 中國家庭能源使用效率分佈圖

圖4-6系城、鎮、鄉家庭在共同前沿函數中的能源使用效率分佈圖。我們可以發現鎮、鄉兩組的平均能源使用效率非常相近，分別為0.653和0.654。相比，城市家庭的平均效率最低，僅為0.529。雖然鎮、鄉兩組的能源使用效率平均值非常接近，但是兩者的效率分佈仍有明顯差別。農村家庭的能源使用效率並非對稱分佈。通過圖4-7可以看到農村家庭低於平均效率值的分佈明顯緩於高於平均值的樣本。該非對稱性表明農村家庭仍然有部分樣本需要提升能源使用效率。除此之外，農村家庭在共同前沿函數下的高能效樣本（例如，能源使用效率高於90%的家庭）相比其他兩組更少。與隨機前沿函數的結果類似，雖然大部分城市家庭的能源使用效率集中在40%~80%，而在共同前沿函數結果中仍然存在一小部分非常低效的城市樣本。這部分家庭的能效不到20%，該現象在其他兩組中鮮有發生。

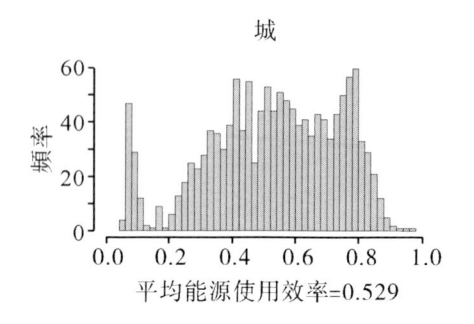

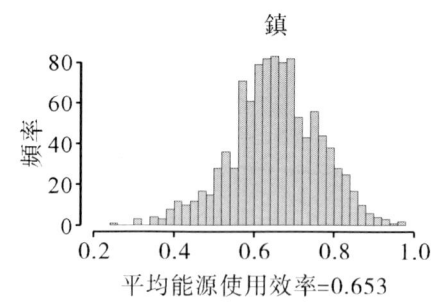

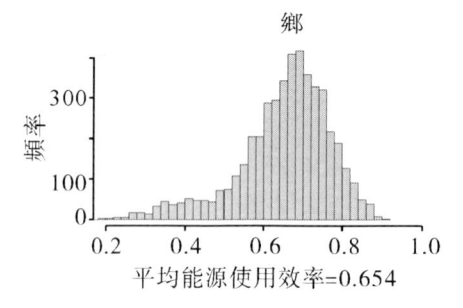

圖4-6 城、鎮、鄉家庭在共同前沿函數中的能源使用效率分佈圖

在共同前沿函數結果下仍然有9個家庭的能源使用效率為1，該群體占全國樣本的0.1%。這些家庭均來自城市，這裡再次證明即使大部分低效家庭（例如，能源使用效率低於20%）來自城市樣本，能源使用效率100%的家庭仍然僅存在於城市家庭中。這9個家庭的特徵大致如下，它們主要來自北方城市，「環境意識」的平均值為8.3，該項指標明顯高於普通家庭，表明主觀態度對能源使用行為有一定指導作用。另外，能效相對最優群體的每月平均用電量為153.4kW·h，高於城市組的平均家庭用電水準；其平均年支出約為80,000元，也高於城市家庭的平均支出，並且擁有多樣化的家電設備和持續的供電支持。以上特徵表明城市家庭存在與共同前沿函數完全重合的個別樣本，該結果再次證實了文章的理論假設2。

那麼，中國能源低效的家庭又具備什麼特徵呢？本書將在共同前沿函數中得到的能源使用效率從低到高排序，將總樣本量為10%的最低能源使用效率家庭初步認定為需要能源扶持的家庭，其能源使用效率均不超過30%。從主要家庭特徵中看到這些低能源使用效率的家庭的平均月用電量為178kW·h，該值甚至高於能效為100%的家庭，然而這些家庭的經濟狀況卻令人擔憂，平均年支出僅有20,646元，該值甚至低於農村家庭的年支出均值。另外，該群體的支出項方差比較大。概括起來，相對能源使用效率低的家庭主要有兩種援助方

式：一種是針對經濟非常貧窮的家庭，他們不能達到保證基本生存的能源供給，從而需要最直接的能源扶持，包括改善其用電環境、給予能源補貼或者經濟援助；另一種是家庭有一定經濟基礎，卻因為消耗大量的不必要電能而變得能源使用效率低下，對於這部分家庭可以採取階梯定價徵收額外電量的消費、加強能源宣傳、增強他們的節能減排和環保意識。

在前面的隨機前沿函數中，我們嵌套了一系列影響效率的變量。原則上隨機前沿函數也可以用在此處替代線性編程的方式獲得全樣本的家庭能源使用效率，然而該方法並不能保證所得的前沿線為嚴格的下包絡線，因為隨機前沿函數方法包含隨機項，此時估計值有可能出現在前沿線下方。然而，我們仍然希望在共同前沿函數中檢測隨機前沿函數中的效率因子，並檢驗兩者的系數結果是否具有一致性（隨機前沿函數的效率因子系數結果見表4-4）。在此用以下迴歸式子估計：

$$(1 - \widehat{MTE_i}) = \Gamma_1 Z_i + \varepsilon_i \quad (4.12)$$

式中，左邊部分$(1 - \widehat{MTE_i})$代表對效率的估量。該處仍然需要同隨機前沿函數的非效率值進行轉換，即數值1與共同技術效率的差值表示樣本與共同前沿函數之間的距離，這個距離便是無效性。右邊部分是一個包含向量Z_i的線性函數並與分組前沿函數中效率影響因子一致。首先用OLS估計該方程，但是考慮到$\widehat{MTE_i}$並非完全正態分佈，繼而又運用OLS穩健迴歸。與此同時，因為很多數據是以0或者1出現的虛擬變量，最後運用Tobit模型進行迴歸檢驗。我們發現這三種模型的系數結果非常相似（見表4-8）。

表4-8　　　共同前沿函數中效率影響方程的估計系數

效率因子	OLS	Robust OLS	Tobit
環境意識	0.004***	0.003***	0.004***
	(0.000,5)	(0.000,4)	(0.000,5)
有時斷電	0.009***	0.01***	0.009***
	(0.002)	(0.002)	(0.002)
經常斷電	0.03***	0.03***	0.03***
	(0.006)	(0.005)	(0.006)
非健康	-0.03***	-0.02***	-0.03***
	(0.002)	(0.002)	(0.002)
金融資產	-0.04***	-0.04***	-0.004***
	(0.000,3)	(0.003)	(0.003)

表4-8(續)

效率因子	OLS	Robust OLS	Tobit
小學	-0.001	-0.001	-0.001
	(0.003)	(0.003)	(0.003)
初中	0.004	0.00	0.004
	(0.003)	(0.003)	(0.003)
高中	0.06***	0.05***	0.06***
	(0.004)	(0.003)	(0.004)
專科	0.02***	0.02***	0.02***
	(0.005)	(0.005)	(0.005)
本科及以上	0.06***	0.07***	0.06***
	(0.007)	(0.006)	(0.007)
能源	-0.06***	-0.05***	-0.06***
	(0.002)	(0.004)	(0.002)
水源	-0.07***	-0.06***	-0.07***
	(0.002)	(0.002)	(0.002)
截距	0.73	0.30	0.73
	(0.005)	(0.004)	(0.005)
樣本量	7,102	7,102	7,102
R^2	0.68	0.68	—
最大似然值	7,560.67	7,493.54	7,561

註：①括號中的數值為標準誤差；② ***、**、* 分別表示在1%、5%、10%的水準下顯著。

從表4-8中得出大部分的顯著系數同表4-4中的分組隨機前沿函數類似。例如戶主受到更高的教育水準將降低家庭的能源使用效率；「偶爾斷電」導致家庭能源使用效率下降；主要能源為木柴的家庭會提高其能源使用效率。

4.5.3 家庭能源階梯理論探討

以上實證結果展示了中國家庭能源使用效率的基本情況，本小節基於該結果試圖得出中國相對最優和最劣的能源使用效率群體。我們將在共同前沿函數中獲得的能源使用效率按照從高到低的順序排列，將總樣本的前5%的家庭視為能源使用效率最高的家庭，將最後5%的家庭視為效率最低家庭①。然後，

---

① 這裡對樣本5%的設定並不絕對，我們嘗試10%、15%等其他比例也得出城市家庭在最低能效組中占比最多。

記錄最高5%與最低5%的家庭分別來自哪個組別。我們從表4-2可以看到城市家庭平均來看是最富裕的一組家庭，這裡將再次檢驗本章的理論假設1。那麼是否相對富裕的城市家庭的能源使用效率也更高呢？

在此，結合家庭能源階梯理論，該理論描述了經濟富裕家庭有能力購買最先進的設備，從而相比其他家庭能源效率更高。然而，現有理論並沒有研究這些擁有先進技術的家庭是否在能源消費過程中的效率也顯著更高。本書並沒有與家庭能源階梯理論相悖，而是通過進一步區分能源設備的效率和能源消費過程中的效率，從所獲得的家庭能源使用效率結果對該理論進行完善。

表4-9表明城市家庭相比鄉鎮家庭的能源使用效率更低。這裡可能會產生有關城市家庭的能源使用效率是否最高效的疑問。上一小節闡述了共同前沿函數下與共同前沿函數重合的家庭均為城市家庭，但是僅有9個，佔總樣本的0.1%，這是從絕對效率值的角度觀測的。本節將取前5%最高效的全國家庭，得出城市家庭的佔比最低，是從相對效率的角度出發的，因此兩者並不矛盾。

表4-9 分城、鎮、鄉比例的最高5%的效率家庭與最低5%的效率家庭

家庭能源使用效率	城（%）	鎮（%）	鄉（%）
前5%	22.0	20.6	57.4
後5%	71.5	1.12	27.3

在前5%最高能源使用效率的家庭中，城市家庭僅占22%的比例，剩下的20.6%來自鎮，而超過一半（57.4%）的最高能源使用效率樣本屬於農村家庭。因此，前5%最高能源使用效率群體中得出農村家庭的佔比最高。然而最低5%能源使用效率組中71.5%的樣本是由城市家庭組成的，如果考慮子樣本數量的不均（農村樣本量最大），我們通過對樣本重新賦予權重來修正以上偏差，城市家庭在5%最高能效中的佔比仍然低於農村家庭；而最低5%能源使用效率的佔比變得更大。因此得出城市家庭相比鎮、鄉家庭，其能源使用效率最低。

以上結果揭示了能源階梯理論的延伸定義。本書通過實證研究，發現城市家庭在高效設備和現代燃料的運用方面更加普及，然而大部分城市家庭相比農村家庭的能源使用效率更低。因此，我們發現能源使用效率的估算本質上包含兩部分：一是能源和設備自身的效率，這點也與工程領域的效率計算相關；二是能源消費過程中的效率。能源階梯理論僅僅提出了設備和燃料自身的效率隨著社會經濟地位的提升而上升，而從消費經濟學角度出發的使用過程中的效率在本書的實證研究中得到充分探討。

对能源阶梯理论的实证探讨可以引发以下与政策相关的思考：政府应该重点引导城市家庭在节能省电方面的意识，我们发现城市家庭一方面缺乏对电器的合理利用理念，另一方面并没有意识到节能的重要性。从数据中也看到城市家庭的耗电量显著高于农村家庭。在城镇化高速化发展的今天，减少城市家庭耗电量，提升城市家庭的能源使用效率可以从总量上减少全国居民的总体能耗消费量。而农村家庭相对能效更高，但是由于长期以来资源匮乏、缺少高科技术支持和设备更新换代的思想观念，因此也存在能源使用效率提升的空间（因为从共同前沿函数的结果得出，农村家庭的随机前沿线并未与共同前沿函数重合）。政府可以在农村家庭节能家电的购买上提供补贴或者直接给予能源扶持。

另外，本书发现城市家庭能源使用效率的分布跨度最大，有一部分家庭的能源使用效率非常低，同时也存在相对能效最高的群体。因此政府有必要区别化地对待城市家庭，例如采取阶梯电价等价格调控手段，引导城市家庭节约用能。

4.6 相关延伸研究

该部分基于两年数据对城、镇、乡三组样本家庭分别进行随机前沿函数模拟，意在考察各组能源使用效率的动态变化情况。表4-10系面板数据的前沿函数分组估计系数表。正如在前面提及的，2014年数据库中没有用电量，仅记录了电费；而2012年数据中没有单独的电费统计，而是水电费的总和。为了保持两年的数据，本书将家庭年水电费作为衡量能源需求的代理变量。加入了时间下标 t 对面板数据进行估算。由于本章重点研究分组能源使用效率的必要性，在此仅延伸探讨组内能源使用效率的动态变化及需求方程的稳健性，而在下一章将弥补分组中可能遇到的问题，考虑整体样本情况。

表4-10　　　面板数据的随机前沿函数分组估计系数

变量	城	标准误	镇	标准误	乡	标准误
收入弹性	0.23***	(0.02)	0.25***	(0.02)	0.22***	(0.01)
住宅面积	0.000,03	(0.00)	0.000,1	(0.00)	0.000,2***	(0.000,07)
机动车	0.09***	(0.04)	0.03	(0.04)	0.08***	(0.02)
空调	0.17***	(0.04)	0.26***	(0.04)	0.21***	(0.02)

表4-10(續)

變量	城	標準誤	鎮	標準誤	鄉	標準誤
電視	-0.05	(0.07)	0.08	(0.08)	0.09***	(0.04)
電話	-0.01	(0.05)	0.10	(0.06)	-0.003	(0.03)
冰箱	0.20***	(0.04)	0.30***	(0.04)	0.27***	(0.02)
個人電腦	0.14***	(0.03)	0.11***	(0.04)	0.15***	(0.02)
電動車	0.07**	(0.03)	0.07*	(0.04)	0.12***	(0.02)
洗衣機	0.02	(0.04)	0.09**	(0.05)	0.14***	(0.02)
摩托車	-0.01	(0.03)	-0.03	(0.03)	0.02	(0.02)
非健康	0.17***	(0.03)	0.02**	(0.11)	-0.05***	(0.02)
1個孩子	0.03	(0.03)	0.07**	(0.03)	0.08***	(0.02)
2個孩子	0.18***	(0.05)	0.15***	(0.05)	0.12***	(0.03)
3個及以上孩子	0.17*	(0.10)	0.14*	(0.09)	0.08***	(0.03)
2個成人	0.15***	(0.04)	0.10**	(0.05)	0.13***	(0.03)
3個成人	0.22***	(0.05)	0.14***	(0.05)	0.15***	(0.03)
4個成人	0.27***	(0.05)	0.21***	(0.06)	0.20***	(0.03)
5個及以上成人	0.54***	(0.07)	0.35***	(0.07)	0.24***	(0.04)
公寓	0.09***	(0.03)	0.000,4	(0.03)	0.08**	(0.04)
水源	-0.22***	(0.04)	-0.19***	(0.06)	-0.12***	(0.02)
能源	-0.28***	(0.05)	-0.31***	(0.06)	-0.25***	(0.02)
環境態度	-0.01	(0.01)	0.04***	(0.01)	0.02***	(0.005)
最高教育年限	-0.01**	(0.006)	0.004	(0.01)	-0.02***	(0.003)
北方	-0.09*	(0.05)	-0.06	(0.05)	0.03	(0.03)
固定效應	是	是	是	是	是	是
效率因子	是	是	是	是	是	是
截距	3.97***	(0.22)	2.91***	(0.31)	3.04***	(0.15)
N	2,115	—	1,531	—	7,759	—
似然比檢驗	通過	—	通過	—	通過	—
最大似然值	-1,743.89	—	-1,187.88	—	-7,091.01	—
平均效率	0.94/0.87	—	0.88/0.86	—	0.80/0.81	—

註：①上表中的「是」表示模型中加入一系列虛擬變量並且通過顯著性檢驗；②公寓面積是以平方米為單位納入考慮，並沒有取自然對數；③ ***、**、* 分別表示在1%、5%、10%的水準下顯著；④括號裡的數值代表標準誤；⑤資產未納入迴歸，因為2014年數據中的資產項被嚴重低估，因此在此剔除資產變量；⑥平均效率項斜線前面的數值為2012年的能源使用效率，斜線後面的數值為2014年的能源使用效率。

表 4-10 得出能源需求函數的顯著性與表 4-4 由橫截面數據得出的隨機前沿函數估計系數類似，這裡不再贅述。面板數據的結果同樣通過似然比檢驗，並加入效率函數。其中城市家庭的組內能源使用效率有下降趨勢，從 2012 年的 0.94 下降到 0.87；相反，農村家庭的能源使用效率略微上升。該結果再次證實本章所運用的能源需求函數的可靠性；城市家庭的能源使用效率在進一步降低。在絕對數值上，雖然城市家庭的組內能源使用效率在面板數據的估計中高於鎮、鄉，但是並沒有跨組比較的意義，本節的延伸研究僅供組內樣本能效比較和組內跨期比較。

　　圖 4-7 系城、鎮、鄉家庭組內隨機前沿函數分佈圖。該圖直觀對照了同組樣本隨著時間變化能源使用效率分別的變化情況①。其中鄉村組的平均值變化雖然不大，但是從其分佈圖的對比可以得出 2014 年農村家庭能源使用效率的分佈更加左右對稱，說明一部分農村家庭的能源使用效率在兩年間逐步提高。

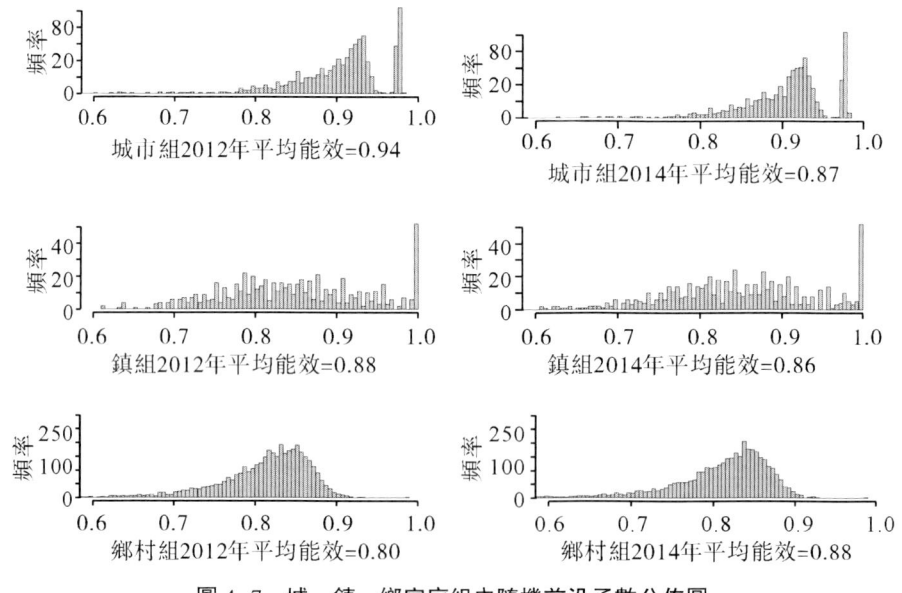

圖 4-7　城、鎮、鄉家庭組內隨機前沿函數分佈圖

---

　　①　該圖僅為隨機前沿函數通過分組估算得出的能源使用效率，這裡進行跨組對比的意義微乎其微，僅能進行組內橫向比較。因為在前面的實證結果中，通過共同前沿函數已經得出跨組比較的結果並給出分析；這裡主要是試圖挖掘能源使用效率的組內動態變化。

4.7 本章小結

　　本章結合家庭能源階梯理論定量研究了中國家庭的能源使用效率，並從經濟學角度解讀了中國家庭的能源消費行為。首先，本章運用 2012 年 CFPS 橫截面數據探討中國 7,000 多戶家庭的電能消費量。在效率估算中發現中國家庭在能源使用過程中普遍存在過度消費的現象，2012 年平均能源使用效率為 63%。隨後，本書加入 2014 年數據構成面板數據，城市家庭的組內能源使用效率比 2012 年減少 6.5%。本書從實證角度延伸了能源階梯理論，證明相對經濟富裕的城市家庭的平均能源使用效率低於農村家庭。研究結果有利於幫助相關政策制定者深入瞭解中國家庭能源消費行為的優劣，對不同地域的群體採取不同的扶持手段。本書的結論並不僅僅局限於中國家庭，對其他經濟體也有參考價值。

　　城、鎮、鄉家庭的能源需求具有不同的特徵，從數據中我們也能觀測到不同家庭在能源消費行為上的異質性。這點引出本書對家庭能源階梯理論的進一步理解。該理論指出富裕家庭比貧困家庭擁有更高效的技術，從而實現能源高效。本章通過構建共同前沿函數作為三條前沿函數的下包絡線，最終獲得中國家庭的能源使用效率分佈。結果證實城市家庭能源使用效率的分佈最為分散，並存在著能源使用效率最低和最高的家庭。然而，從共同前沿函數的估算結果得出城市家庭的平均能源使用效率低於鎮、鄉家庭，這表明相對富裕的城市家庭卻普遍具有更低的能源使用效率；同時，農村家庭雖然能源使用效率更高，但是在能源設備上存在較大的提升空間。本書從以上方面完善了現有文獻對家庭能源使用效率的理解，並且實證表明富裕家庭需要受到更多的關注。

　　據以上思考，這裡至少可以提出三點相關的政策建議：一是政策制定者首次獲悉中國 2012 年家庭能源使用效率的分佈以及城、鎮、鄉家庭能源使用效率分佈，這有助於政府機構充分瞭解中國家庭能源消費行為的優劣和分佈狀況，為制定高效可行的方針、政策、措施提供科學保障；二是根據實證結果得出家庭能源使用效率受到多個家庭特徵影響，因此可以通過這些因素觀測過量消費的超出額度；三是能源效率在實踐中具備一定指導意義，有助於完善相關能源扶持政策以及加大能源宣傳、教育活動的力度。

5 家庭能源消費行為的異質性研究

本章通過研究微觀家庭的潛在組別，深入分析了中國家庭追蹤調查（CFPS）2012—2014 年數據中 18,000 多個樣本的家庭能源消費行為，同時，檢測了收入、教育、健康、環境意識和社會態度對家庭能源消費行為的影響。在研究方法上，本章運用有限混合模型（Finite Mixture Models）探討家庭行為的異質性。實證研究中，本章通過探討中國家庭能源消費行為的特徵，根據影響能源消費的潛在因素構建有限混合模型。然後，通過模型和數據將每個樣本分入每組的可能性賦予不同權重，最終發現中國存在三組能源消費行為，不同類型的家庭具備不同的經濟行為特徵並且受到不同因素的潛在影響。本章的研究結果為世界其他地區的微觀能源消費行為研究提供參考，並且有助於挖掘微觀家庭紛繁複雜的異質性和引導家庭走向更加理性的能源消費道路。

5.1 研究背景

中國作為世界上最大的發展中國家，處於經濟快速增長、居民收入水準顯著提高、家庭能源消費絕對值大幅度提升和能源消費結構優化的轉型階段。在環境污染和城鎮化進程不斷加快的背景下，中國家庭能源消費勢必具備新的特徵和行為模式，因此有關微觀能源消費行為的研究兼具迫切性和挑戰性。

家庭消費行為的研究離不開對異質性的探討。潛在異質性的探討有助於深度理解個體行為。Dolnicar 等（2008）、PK Kopalle 等（2012）證實在微觀家庭消費者群體中存在高度異質性。在中國家庭能源消費行為的研究中，挖掘潛在異質性有重要意義。處理家庭行為的異質性也是經濟學和計量經濟學中的基礎

問題，然而針對微觀行為的異質性目前並沒有得到可以完全遵循的計量方法。在實證研究中諸多文章通過在迴歸模型中加入省份、區域或者行業的虛擬變量作為固定效應（Owen et al., 2009; Andadari et al., 2014; Broadstock et al., 2016），然而一些不可觀測的異質性問題並不能解決①。也有學者通過模型發現家庭行為的特徵，方法包括分層貝葉斯模型（Rossi et al., 2005）、非參估計以及合理分組樣本。在樣本分組方面，不同學者試圖根據各自的研究目的主觀決定樣本分組方式，例如 Chen 等（2011）、Naranpanawa 等（2012）的研究通過城鄉分組樣本，Chen 等（2008）、Wang 等（2013）則將中國省份根據各自所在區域分組，Zhang 等（2013）將韓國石油工廠按照不同燃燒模式分組。微觀研究中常見的分組方式是按照收入分組家庭，宏觀研究的慣用分組方法則是按發展中國家與發達國家或所屬大洲分類。不管用什麼方式，以上通過分組樣本考慮異質性方法的共通之處是需要在事先確立或者給出一個門檻或標準，即完成樣本的歸類。

以上對異質性的探討往往只能考慮一個維度，而在大多數情況下存在多個分組維度和比較模糊的分組界限。例如一些基於微觀視角的研究按照城、鄉分組樣本。對此，有學者提出家庭收入理應納為分類標準，從而將樣本分為高等收入、中等收入和低等收入群體。對此，再基於城、鄉的分類將出現 6 個組別，如果進一步窮盡其他的因素將產生更多組別，此時每組的樣本量將不斷減少。如果僅僅研究一個子樣本（例如城市家庭的高、中、低收入群體），則會失去更多有價值的探討。因此依照同時考慮多個因素的分組將會產生很多組別，在研究中並不可行。模糊的分組界限是另一個難點，例如針對貧困線的劃分。中國 2011 年的貧困線為人均年收入 2,300 元，世界銀行劃分的每日人均貧困線為 1.9 美元。以此舉例，很難證明高於某一收入標準便是經濟富裕或者低於某一收入水準就是絕對的收入貧困。根據以上分析，傳統方式的分組研究雖然佔據主流，然而家庭異質性問題不再是通過簡單外生分組樣本可以完全解決的。

相反，本章不再沿用外生分組的方式，而是從整體樣本入手，通過挖掘家庭特徵構建影響家庭能源消費行為的模型。然後，本章探索影響因子如何影響中國家庭能源消費行為，繼而通過分位數迴歸（Koenker et al., 1987）得到影響因素在不同分位數迴歸係數中的異同，發現家庭行為異質性的根本在於存在

---

① 常見的方法是用工具變量盡可能解決遺漏變量帶來的誤差，但是解決內生性並不表示解決了異質性。

潛在組別。在實踐中，我們可以通過數據觀測到這些家庭所具備的各自行為模式，然而不同家庭受到不同影響因素的衝擊，相似的行為模式仍然有據可依。這些決定因素並非簡單的收入水準或能源價格，亦包含家庭及成員的特徵、主觀態度以及客觀環境（例如不同省份、不同區域）。

相關領域的研究開始關注以上問題：Crawford 等（2012）提出的分組方案需要詳盡的數據支持；聚類分析和分位數迴歸模型在一定程度上挖掘了樣本的異質性。然而這兩種方法仍然有一定局限，其中聚類分析需要主觀設定組數，而位數迴歸在探討異質性時很難判斷導致異質性的關鍵變量或者群體。相比，將分組內生化在當前階段具有更大的可行性。因此本章運用有限混合模型，通過數據自身確定所屬的行為類型，並提供一個更具有代表性的、用於發掘潛在組別及其異質性的科學方法（Deb et al., 2011），最終達到探討微觀家庭能源消費行為路徑的目的。文章根據現有文獻確立影響能源消費行為的重要影響因素（包括收入、教育、社會地位、環境意識、社會不公和健康），基於消費行為條件分佈的相似度決定樣本歸為某組的概率。

研究結果表明：中國家庭存在三組能源消費行為，這三組行為模式的家庭分別占據總樣本的 5%、19% 和 76%，並且系數在各組之間存在顯著差異。其中第二組家庭平均水準的能源消費量最高，該組家庭受到教育的影響，當家庭最高受教育水準越高，電能消費額越低，這體現了教育水準的提高對家庭用電會起到一定抑制作用。本書進一步證實有限混合模型提升了現有文獻對異質性處理的準確性，並且給出相關的能源扶持政策及降低能耗、提高能源使用效率的有效策略。本書認識到收入在能源消費行為及分組中起到的決定性作用，第二組家庭的能源消費不再受到收入的影響；相反，第一組家庭的平均社會經濟地位最低，在能源消費方面對收入的變化最敏感。總體上，本書得出中國家庭能源消費行為有三個組別，根據多個家庭特徵估計出經濟行為的潛藏模式，並且本書發現社會不公、健康和最高受教育水準是影響家庭能源消費的潛在因素。

本書以現有文獻為基礎，研究家庭能源消費的潛在行為。在實證模型部分，本書的主要不同之處在於：傳統研究運用可觀測的因素分組家庭，而本書在研究方法上側重通過模型估測後驗概率，繼而賦予每個樣本權重的方式分類家庭；並由一系列家庭特徵所組成的函數作為分組依據，這些家庭特徵通常揭示微觀個體能源消費深層次的決定性因素，例如健康、環境意識、社會不公和社會地位。在面對複雜未知的微觀行為和大量數據之時，將相對靈活的模型引入研究很有必要，因此本書的模型允許個體有不同的參數以及隨之變化的系

數，類似的研究方法廣泛運用於經濟學領域（Li et al., 2003；Vermunt, 2008；Owen et al., 2009）。

5.2 能源消費的影響因素

本節從理論和機制角度，通過相關文獻綜述確立家庭能源消費行為的影響因素，為能源需求函數在有限混合模型中的構建做鋪墊。

本章研究的能源消費主要集中在水電消費上，因為 2014 年的數據沒有家庭耗電量，而 2012 年的數據沒有分水費和電費記錄的數據，因此將水電費用加總可以兼顧兩年數據。本節選擇的影響因素是基於 CFPS 問卷中可以獲得的數據並結合現有文獻得出的，包括收入、教育和健康，同時控制其他變量，例如家庭人數、主要能源設備和汽車等交通工具的擁有情況等。而其他三個主觀因素因為現有文獻十分有限，僅在此提出假設，隨後用模型驗證潛在影響。影響能源消費的主觀因素包括環境意識、社會地位和社會不公。和上一章的情況類似，本章研究並未納入能源價格，因為居民能源消費價格只能和樣本匹配到省一級，因此所獲的能源價格存在比較大的誤差；且相關文獻也證實價格在中國家庭能源消費行為中的有限作用。不僅如此，忽略電價並不會影響本書的研究，原因有以下三點：第一，本書的研究重點是消費者行為，並不是針對需求函數本身的估計；第二，本章研究居民對水電的消費行為，其作為必需品，因此價格的敏感度在一個可以接受的範圍內；第三，水電供給在中國由政府控價。

首先，收入對消費行為的影響是構建需求函數的基礎。西方經濟學理論中的絕對收入假說、生命週期和持久週期假說均指出收入對消費有正向影響。隨著社會經濟發展，居民收入也同步上升，從而推動家庭能源消費量的增長。從微觀角度，家庭的收入彈性在不同群體中具有顯著差異性，一系列研究證實消費隨著收入的增加呈現遞減式增加，消費差異也隨收入的增加而變大，且存在城鄉人口、流動人口的區別（羅楚亮，2004；陳斌開 等，2010；張偉進 等，2014；王韜 等，2015）。張妮妮 等（2011）得出收入仍然是指導家庭能源消費行為的重要因素，史清華 等（2014）在農村能源消費的研究中也發現收入水準決定能源消費轉型。基於以上理論和文獻，本書實證部分運用分位數迴歸檢驗收入彈性的變化趨勢。在此基礎上，本書考慮到居民能源消費多用於取暖、炊事、照明，屬於生活必需品，貧困家庭大部分收入用於解決此類基本生

存問題，因此經濟貧困的家庭受到收入的影響更大。

其次，教育水準與能源消費也存在緊密聯繫。胡雯 等（2014）的研究發現中國教育水準越高的個體，接受低碳消費的意願也越大；張妮妮 等（2011）證實了家庭最高受教育水準顯著影響能源消費行為。從第三章的結論看到戶主教育水準與能源使用效率呈負相關關係。另外，本書引入家庭平均健康水準和非健康家庭成員的虛擬變量考察健康與能源消費行為的影響。健康與消費也息息相關，如丁繼紅等（2013）在探討健康與農村家庭消費行為中發現健康堪憂的家庭會抑制其耐用品的消費，然而鮮有國內文獻將健康納入對家庭能源消費行為的範疇中。眾所周知，身體健康的個體更有可能擁有一份穩定的工作和參與更多戶外活動，從而降低對室內舒適溫度的需求和減少室內用電耗能的時間，因此健康也預期降低家庭的能源消費水準。

除此之外，一些主觀因素也預期影響家庭的能源消費。本書重點研究社會地位、社會不公和環境意識這三個因素。其中社會地位屬於主觀因素，其在問卷中的對應問題為：您家在本地的社會地位從 1~5 估值，其中 1 為很低，5 為很高。每個家庭成員都按自己的意願對該項打分，最後通過計算家庭內部平均值得出每個家庭自評的社會地位得分。能源階梯理論解釋了社會經濟地位與能源選擇及消費行為的密切關係，其中經濟地位用收入作為代理變量。清華大學建築節能課題組 2011 的研究通過收入、教育等衡量家庭所處的社會階層，發現社會地位越高耗能也越大。該研究印證了凡勃倫提出的「炫耀性消費」和布迪厄提出的不同社會階層決定不同消費行為的理論。因此本書除了加入收入、教育之外，用主觀評分的社會地位作為社會階層的代理變量。社會態度另一指標的測量在本章中體現為自評的社會貧富差距。其在問卷中的問題為：您認為貧富差距問題在中國的嚴重程度如何？每個成人家庭成員按照 0~10 打分，分值越大代表個人認為該問題在中國越嚴重。家庭內部對該項的平均值可以代表該家庭對社會不公平感的認可程度。清華大學建築節能課題組的研究運用社會分化和貧富差距測量社會不公平感，並得出個體能耗與社會不公平感之間存在顯著負相關關係。社會地位和社會公平在此統稱為社會態度。

環境意識一直是本書關注的重要話題。本章依然引入家庭環境意識變量，用以測量環境意識的程度對能源消費行為的影響①。在現有文獻中環保意識對能源消費行為的研究比較有限，Broadstock 等（2016）的研究得出城市家庭對環境問題認知度越高，電能消費量越大；相反，鎮上的家庭環境意識越強，電

---

① 本章所使用的環境意識變量與第三章中的相關變量一致。

能消費量越小。

在模型估測中，本章還加入其他多個變量控制家庭特徵，例如家庭成員結構、成人平均年齡、家用電器的擁有率、家庭通電情況、房屋類型及大小等；隨後，在模型中納入年份虛擬變量、地域和省份虛擬變量、城鄉虛擬變量等。

5.3 計量模型

5.3.1 基礎模型

本書首先採用混合迴歸（Pooled regression），然後運用面板數據的固定效應迴歸，用以初步檢驗中國家庭能源消費行為的主要影響因素，並通過觀測殘差值檢測是否有潛在組別的可能。之後再運用分位數迴歸和有限混合模型分別驗證影響因素的貢獻度變化情況和不同家庭能源消費行為的差異性。值得注意的是，有限混合模型在現有統計軟件中還未出現過直接處理面板數據的編程命令（Deb et al., 2009），因此本書所運用的有限混合模型是通過逐個加入省份和地域虛擬變量和年份虛擬變量來彌補以上編程方面的局限。運用面板數據的另一個問題是需要處理家庭在不同年份能源消費行為變化所帶來的組間跳躍現象，這點本質上也是年份差異帶來的異質性，因此如果將樣本考慮為混合數據，誤差在一定程度上有所減小。

模型（5.1）描述了影響因素、電器設備、其他家庭特徵、省份等變量對水電消費的影響：

$$e_{it} = \alpha_0 + \alpha_Y y_{it} + \alpha_M M_{it} + \alpha_H H_{it} + \alpha_S S_{it} + \alpha_A A_{it} + \beta_i F_{it} + \gamma_i Z_i + \nu_{it} \quad (5.1)$$

式中，e_{it} 表示家庭 i 在第 t 年水電費用的自然對數值，本章用此代表家庭能源消費。其受到對應的家庭年收入的自然對數值（y_{it}）、家庭成員最高受教育年限（M_{it}）、家庭成員平均健康水準（H_{it}）、社會態度（S_{it}）、環境意識（A_{it}）的影響。除此之外，F_{it} 為其他可能隨著時間變化的家庭特徵，例如小孩個數、家庭成人個數、家庭主要能源和水源、住房面積等；Z_i 是一系列不隨時間變化的控制變量，例如家庭所屬區域、省份及所屬城鄉地域情況。ν_{it} 代表誤差項。式（5.1）在實證結果部分將通過混合迴歸和面板數據固定效應迴歸分別進行初步估計，並獲得殘差分佈。

5.3.2 分位數模型

雖然本書在樣本處理階段剔除了以商業為目的的耗能家庭以及水電費缺失

或者為0的樣本，仍然不能完全排除異常值家庭。因此，通過最小二乘法迴歸估計出的α僅能代表樣本的平均效應，容易發生結果偏差。在此，本書加入自助法（Bootstrap）的分位數迴歸，使用殘差絕對值的加權平均作為最小化的目標函數。該方法有助於異質性的檢測。其中依據能源消費的條件分位數進行迴歸，得到不同分位數的迴歸模型：

$$q_\tau[e_{it} \mid X_{it}] = \alpha_0 + \sigma_\tau y_{it} + \delta_\tau M_{it} + \eta_\tau H_{it} + \lambda_\tau S_{it} + \rho_\tau A_{it} + \beta_\tau F_{it} + \gamma_\tau Z_i + \nu_{it} \tag{5.2}$$

式中，$q_\tau[e_{it} \mid X_{it}]$ 表示能源消費支出變量 e_{it} 的 τ 分位數，該值受到 X_{it} 一系列變量的影響。X_{it} 表明能源消費受到多個變量影響，包括家庭成員最高受教育年限（M_{it}）、家庭成員平均健康水準（H_{it}）、社會態度（S_{it}）、環境意識（A_{it}）以及其他控制變量。影響因素的係數 σ_τ、δ_τ、η_τ、λ_τ、ρ_τ、β_τ、γ_τ 分別表示對以上變量參數估計之後的第 τ 個分位數的迴歸參數值。本書關注影響因素在不同分位數間的係數差異，例如觀測家庭能源消費水準最高20%的分位數家庭與最低20%的分位數家庭在收入的估測係數上是否表現不同。

5.3.3 有限混合模型

普通線性迴歸很難解釋家庭能源消費行為中的複雜問題，也很難檢測不同影響因素的貢獻率，因此相對靈活的半參模型在微觀消費行為研究中佔據優勢。Lindsay（1995）的研究提出了有限混合模型，該方法並不需要對混合變量的分佈給出假設，允許極大似然估計值的概率分佈函數未知。家庭能源消費行為受到地域、風俗習慣、社會經濟地位、家庭結構等影響，會在不同家庭的能源消費行為中呈現差異性，因此家庭消費行為的潛在類別是一個值得研究的話題。我們可以將有限混合模型直觀理解為對數據靈活模擬的方法，並且其中每一個混合因子提供一部分真實分佈的估計值。

本章運用 Gamma 分佈的有限混合模型進行家庭樣本的分類及影響因素的檢測。在有限混合模型（Finite Mixture Models）中，能源消費是由 C 個獨立組別混合相加所共同決定的，或者可以將其描述為子樣本在概率 π_j 情況下的組合。

$$f(e_i) \mid X_i; \theta_1, \cdots, \theta_C; \pi_1, \cdots \pi_C = \sum_{j=1}^{C} \pi_j f_j(e_i \mid X_i, \theta_j)$$

$$0 < \pi_j < 1, \text{ and } \sum_{j=1}^{C} \pi_j = 1 \tag{5.3}$$

式（5.3）表示分為 C 組的概率密度函數，其中第 j 組的密度函數記為

$f_j(e_i | \theta_j)$，j=1，2，…，C。θ_j 為對應組的參數值①。X_i 表示所有其他影響因素。在模擬過程中運用極大似然函數（Stata 軟件中的程序包為 fmm），並且通過多個因素優化對數據和真實能源消費行為的擬合。因此可以更好地控制異常值對整體樣本的影響。

在實證中，我們事先並不清楚家庭行為有幾個類型，也不知道樣本可以分為幾個類型，因此採取從第二組開始逐個嘗試，通過 BIC、AIC 獲得最佳組數和通過嘗試不同變量的限制性函數檢測模型的穩定性。有限混合模型通過先驗概率（Prior Probability）給出影響因素和後驗概率（Posterior Probability）分出潛在組別兩步實現（Deb et al.，2009）。我們在給定組別的基礎上給予每個樣本同等的先驗概率，然後運用有限混合估計系數來計算樣本歸為某組的後驗概率。雖然該模型假設每個樣本屬於任何一組的先驗概率相同，然而後驗概率卻存在差異，正因如此才將樣本歸入最大概率的一組。該方法將所有可觀測變量（包括時間和一系列家庭特徵）納入考慮之後，運用貝葉斯理論計算每組樣本的後驗概率［見式（5.4）］。

$$Pr(e_i \in k | \theta, e_i) = \frac{\pi_k f(e_i | \theta_k)}{\sum_{j=1}^{C} \pi_j f_j(e_i | \theta_j)},$$
$$\forall k = 1, 2, \cdots, C \qquad (5.4)$$

上式便是後驗概率的估算方式，可以發現樣本間是存在差異的。我們用此估算的後驗概率探討家庭能源消費的決定因素和潛在行為規律。值得注意的是，有限混合模型與分位數迴歸都能檢測異質性，然而只有有限混合模型可以提供異質性的確切來源和得出能源消費行為的潛在分類。

根據本書研究的問題，以家庭能源消費行為中的收入這一混合影響因素舉例。假設消費行為僅存在兩個類型，並且收入為影響家庭行為分類的主要因素（在此為了加深對理論模型的理解，暫時將除收入以外的其他因素納入控制變量中）。這裡定義的低收入不再是可觀測值，並且個體行為也不能完全獲取。對此，我們可以預期觀測到隨著收入的逐步提升，水電消費對收入的敏感程度逐步下降，到最後收入彈性的影響完全消失。即這種轉變雖然沒有可觀測的門檻，卻在逐漸發生。式（5.5）給出以上例子的函數形式。

$$e_i = \pi_1 f_1(\ln(Y_i), X_i, \theta_1) + \pi_2 f_2(\ln(Y_i), X_i, \theta_2)$$
$$\pi_1 + \pi_2 = 1 \qquad (5.5)$$

---

① 在運用有限混合模型過程中，因為面板固定效應迴歸的相關編程命令還未開發，因此我們在此方程中加入時間和省份虛擬變量，從而去掉下標 t。本書歡迎其他學者參與該問題的討論。

此時我們可以將可觀測的能源消費解釋為受到兩種混合行為的影響：當觀測到家庭 A 的收入較低時，其行為模式主要由低收入水準主導（此時家庭將大部分收入用於能源消費或者僅消費低成本的能源產品），模型上體現為 $\pi_1 \geq \pi_2$，從而該樣本被分入第一組的可能性更大；當觀測到家庭 B 的收入很高時，該樣本被分入第二組的可能性更大。在這裡設置 $\pi_1 = \pi_2 = 0.5$ 是比較合理的門檻（Zhou et al., 2015），一旦樣本屬於第二組的後驗概率超過 0.5 則被分入第二組。式（5.5）為典型的兩組行為模式，當我們考慮更多影響因素如教育、健康、社會地位、社會不公和環境意識之時，情況將更複雜。

5.4　數據處理與描述統計

本書使用中國家庭追蹤調查（CFPS）2012 年和 2014 年的微觀數據。該數據的來源已在第三章進行了詳細的介紹和描述，在此僅重點描述所用的樣本和變量並重點介紹 2014 年 CFPS 的數據。2014 年 CFPS 原始數據中的農村人口比例為 51.73%，更接近中國城鎮化的真實情況。因此我們可以看到 CFPS 數據庫正在趨於準確。重要變量耗電量在 2014 年的問卷中缺失，而在 2012 年的問卷中並沒有將家庭電費與水費分開記錄，因此本書運用家庭年水電費作為代理變量。雖然電量比水電費更能準確地記錄家庭的能源需求，但是兩年數據比一年的截面數據可以更準確地估算中國家庭能源消費行為的動態變化。因此本章用年水電費來衡量家庭能源消費量。在剔除缺失樣本、異常值樣本和不屬於普通家庭能源消費的樣本後，我們一共得到 18,553 個樣本家庭。表 5-1 為分年份、分高低能源消費支出以及全樣本的描述統計表。

從表 5-1 可以觀測到中國家庭 2012—2014 年的變化情況，包括中國家庭的水電消費平均增長 225 元，家庭年收入平均增長 10,299 元，最高教育年限平均提升 1.9 年。各項家電的擁有率也有所提高，其中最明顯的為冰箱，其擁有率從 67% 提高到 80%。另外，家庭自評的平均社會地位、社會不公和環境意識也有相應的提升；斷電頻率、主要水源為井水、主要能源為木柴的家庭比例有所下降。以上數據表明：中國家庭的社會經濟地位有所提高和能源消費環境有所改善。

表 5-1　　　　　　　　CFPS 主要變量平均值的描述統計

變量	年份 2012 年	年份 2014 年	水電費分位數區間 0~20%	水電費分位數區間 80%~100%	水電費分位數區間 0~50%	水電費分位數區間 50%~100%	全樣本
水電費	1,025.22	1,255.25	255.72	2,734.38	445.11	1,815.18	1,126.71
收入	42,685.45	52,984.12	25,977.20	78,466.41	31,372.10	63,246.59	47,229.45
住宅面積	122.20	117.36	110.60	125.50	118.90	121.24	120.06
機動車	0.11	0.17	0.04	0.27	0.07	0.21	0.14
空調	0.27	0.37	0.05	0.68	0.12	0.52	0.32
電視	0.96	0.95	0.94	0.97	0.95	0.97	0.96
電話	0.90	0.93	0.84	0.96	0.88	0.95	0.91
冰箱	0.67	0.80	0.39	0.93	0.57	0.89	0.73
個人電腦	0.33	0.42	0.08	0.71	0.17	0.57	0.37
電動車	0.31	0.41	0.19	0.45	0.28	0.43	0.35
洗衣機	0.73	0.80	0.52	0.91	0.65	0.87	0.76
摩托車	0.44	0.42	0.43	0.38	0.46	0.41	0.44
攝像機	0.03	0.03	0.00	0.08	0.01	0.05	0.03
照相機	0.13	0.15	0.03	0.33	0.05	0.23	0.14
音響	0.12	0.12	0.05	0.22	0.07	0.16	0.12
健康	3.24	2.99	3.37	3.00	3.24	3.02	3.13
非健康	0.06	0.14	0.15	0.06	0.12	0.07	0.10
社會不公	6.72	7.21	6.39	7.35	6.65	7.22	6.94
家庭人數	3.39	3.09	3.07	3.40	3.17	3.35	3.26
成人平均年齡	45.85	47.19	49.27	44.98	47.65	45.22	46.44
小孩個數	0.65	0.61	0.54	0.66	0.60	0.66	0.63
公寓	0.22	0.28	0.05	0.47	0.11	0.39	0.25
社會地位	2.58	3.07	2.60	2.93	2.70	2.90	2.80
水源	0.33	0.24	0.45	0.12	0.39	0.19	0.29
能源	0.34	0.28	0.65	0.07	0.49	0.13	0.31
環境意識	5.11	6.94	4.87	6.68	5.38	6.46	5.92
北方	0.60	0.59	0.71	0.41	0.68	0.51	0.59

表5-1(續)

變量	年份 2012年	年份 2014年	水電費分位數區間 0~20%	水電費分位數區間 80%~100%	水電費分位數區間 0~50%	水電費分位數區間 50%~100%	全樣本
最高教育年限	6.84	8.74	6.16	9.08	6.72	8.62	7.66
有時斷電	0.43	0.33	0.42	0.33	0.42	0.36	0.39
經常斷電	0.04	0.02	0.04	0.03	0.04	0.02	0.03
城	0.18	0.20	0.09	0.28	0.13	0.26	0.19
鎮	0.14	0.11	0.40	0.24	0.07	0.19	0.13
鄉	0.68	0.64	0.92	0.36	0.84	0.48	0.66
樣本量	10,367	8,186	4,089	3,996	9,323	9,230	18,553

註：其中健康、環境意識、社會地位為家庭成員平均值；健康的估分為1~5，其中1為非常健康，5為非常不健康。最高教育年限為家庭成員中受到最高教育年限的個體。

水電消費低的家庭與相對高的家庭在家庭特徵和地域上存在顯著差異，其中差異主要體現在收入水準的差距上。處於能源消費最低的20%家庭的平均年收入僅為25,977元，該收入水準還不到最高20%年收入家庭的1/3。並且最低消費者擁有高耗能和新型電器的可能性更低；其自評的社會地位、貧富差距和環境意識得分更低，能源環境更差，受教育程度也最低。以上現象在最低的20%能源消費家庭與最高的80%以上的家庭相比較尤為顯著，將低於50%的能源消費家庭和高於50%的能源消費家庭相比仍然能得出以上結論。另外，電視機和手機在中國家庭的普及率達到90%以上，而擁有攝像機的家庭不到1%，因此在模型迴歸中剔除以上三個變量避免高度線性相關帶來的問題。

圖5-1系中國家庭2012—2014年各項能源消費的占比圖。我們從CFPS數據中獲取了家庭在交通、水電、燃料和暖氣的年支出。其中交通費用占所有能源消費的40%以上，其次為水電費，占比在25%以上（見圖5-1）。在文章的實證研究中，我們並未把交通費用納入家庭能源消費範疇，因為交通費涵蓋面積較廣，並不完全屬於家庭能源消費。本書的研究僅僅將家庭的水電支出作為能源消費的代理變量。

綜上，表5-1得出家庭能源消費行為與收入、社會態度、教育、環境意識緊密相連。除此之外，能源消費與健康也有聯繫：能源消費低的家庭，其家庭成員的平均健康水準也更低於能源消費量更多的家庭。

图 5-1 中國家庭能源消費的比較

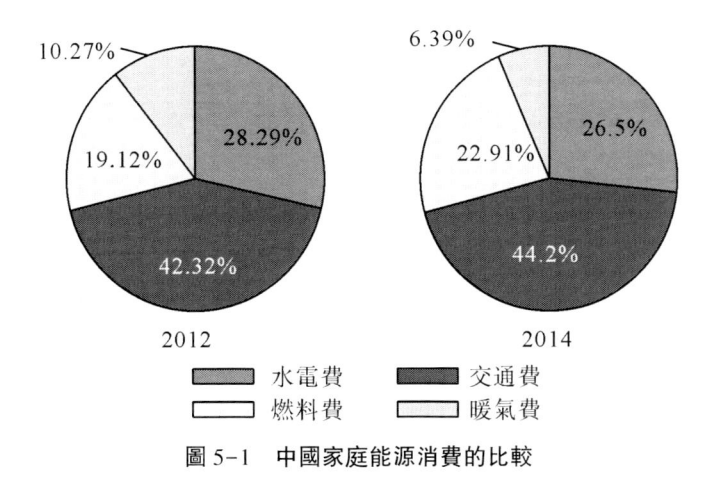

5.5 實證結果

本節基於計量模型進行實證結果的展示和分析。一是該部分展示混合迴歸、面板固定效應迴歸和分位數迴歸結果，用於檢驗家庭能源消費行為的影響因素和這些因素在貢獻度上的差異性，並證實潛在組別的存在；二是將重點展示有限混合模型（FMM）的實證結果，同時給出中國家庭能源消費行為的分類，並分析每組家庭的各項特徵。

5.5.1 基礎迴歸結果

本節根據式（5.1）進行迴歸分析，其中因變量為家庭年水電費的自然對數值。根據混合迴歸模型，假設所有個體擁有一樣的系數和迴歸方程，並且不存在個體效應。混合迴歸模型的估計系數展現在表 5-2 中的第一列。從中看到能源消費受到收入、社會地位、環境意識的顯著影響，其中收入提高 2.21% 平均引起能源消費額度提升 1%；社會地位提高 1 個單位，家庭水電消費額度平均提升 4.63%；家庭成員對環境問題的嚴重性的認識每增加 1 個單位，能源消費額上升 1.37%。健康、社會不公與教育在此並沒有產生顯著影響，其影響將在有限混合模型中檢測。除此之外，擁有更多的家電、面積更大的住房和更多家庭成員將顯著提升家庭能源消費水準。空調、冰箱的系數分別為 0.242,4 和 0.308,9，顯著高於其他家電的估計系數，因為空調和冰箱被公認為高耗能家電。水源與能源顯著為負。該結果表明如果家庭主要使用井水和木柴，則代替

了對一部分商品能源的使用，從而顯著降低對商品能源的消費。經常斷電的家庭其水電消費額度更高，該結果從一個方面說明供電環境較差的家庭並不能節約用電。鎮、鄉家庭的水電消費顯著低於城市地區的家庭。圖 5-2 系混合迴歸模型的 Kernel 密度估計圖。從圖 5-2 中明顯發現殘差分佈不對稱，且明顯左偏。說明該迴歸結果並非正態分佈，從而證明樣本存在多個類別的可能性。

表 5-2　　　　　混合迴歸模型的 Kernel 密度估計圖

變量	（1）混合迴歸	（2）固定效應模型 1	（3）固定效應模型 2	（4）雙向固定效應
收入	0.022,1***	0.032,6***	0.023,3***	0.022,1***
	(0.003,3)	(0.004,2)	(0.004,2)	(0.004,2)
健康	-0.004,8	-0.008,8	-0.014,1**	-0.004,9
	(0.007,8)	(0.006,3)	(0.006,3)	(0.006,4)
最高教育年限	-0.001,9	0.007,7***	0.002,6	-0.001,9
	(0.002,1)	(0.001,7)	(0.001,7)	(0.001,8)
社會地位	0.046,3***	0.040,7***	0.053,4***	0.046,3***
	(0.005,1)	(0.005,9)	(0.006)	(0.006)
環境意識	0.013,7***	0.021,1***	0.019,3***	0.013,7***
	(0.003,1)	(0.002,4)	(0.002,4)	(0.002,5)
社會不公	0.000,6	0.003,7	0.000,3	0.000,6
	(0.002,8)	(0.002,7)	(0.002,7)	(0.002,7)
住房面積	0.000,1**		0.000,1***	0.000,1***
	(0.000,1)		(0.000)	(0.000)
機動車	0.149,3***	0.145,5***	0.153,6***	0.149,3***
	(0.014,7)	(0.014,8)	(0.015)	(0.014,9)
空調	0.242,4***	0.273,9***	0.243,6***	0.242,6***
	(0.023,7)	(-0.014)	(-0.014,1)	(-0.014)
冰箱	0.308,9***	0.334,1***	0.314,0***	0.308,9***
	(0.018,5)	(0.012,9)	(0.012,9)	(0.012,9)
個人電腦	0.177,8***	0.214,0***	0.176,5***	0.177,8***
	(0.012,5)	(0.012,7)	(0.012,8)	(0.012,9)
電動車	0.125,8***	0.103,3***	0.133,9***	0.125,8***
	(0.017,3)	(0.011,7)	(0.011,9)	(0.011,9)
洗衣機	0.170,3***	0.187,3***	0.170,1***	0.170,3***
	(0.021,5)	(0.013,2)	(0.013,2)	(0.013,2)
摩托車	0.046,4**	-0.005,9	0.047,5***	0.046,5***
	(0.016,7)	(0.010,8)	(0.011,1)	(0.011,1)

表5-2(續)

變量	(1) 混合迴歸	(2) 固定效應模型1	(3) 固定效應模型2	(4) 雙向固定效應
照相機	0.061,8***	0.086,6***	0.048,4***	0.061,9***
	(0.019,5)	(0.016)	(0.016,3)	(0.016,3)
音響	0.066,4***	0.058,0***	0.062,9***	0.066,4***
	(0.017,1)	(0.015,4)	(0.015,5)	(0.015,5)
非健康	0.012,3	0.030,2	0.048,8**	0.012,2
	(0.019,5)	(0.018,9)	(0.019)	(0.019,4)
家庭人數	0.062,2***	0.048,6***	0.058,3***	0.062,2***
	(0.006,7)	(0.004,4)	(0.004,5)	(0.004,5)
成人平均年齡	-0.001	0.000,7	-0.000,4	-0.001,0**
	(0.000,9)	(0.000,5)	(0.000,5)	(0.000,5)
孩子個數	-0.000,9	0.010,6	0.004,3	-0.000,9
	(0.008,9)	(0.008)	(0.008)	(0.008)
公寓	0.036,2		0.030,2*	0.036,1**
	(0.022,8)		(0.016,2)	(0.016,1)
水源	-0.106,4***	-0.165,8***	-0.113,2***	-0.106,4***
	(0.023,9)	(0.011,5)	(0.011,9)	(0.011,9)
能源	-0.293,3***	-0.347,4***	-0.286,8***	-0.293,3***
	(0.027,3)	(0.012)	(0.012,4)	(0.012,4)
北方	-0.009,6	-0.021	-0.012,9	-0.009,5
	(0.012,4)	(0.015,7)	(0.015,9)	(0.015,8)
有時斷電	0.012	0.001,2	0.004,8	0.012
	(0.012,6)	(0.010,1)	(0.010,1)	(0.010,1)
經常斷電	0.075,3*	0.048,0*	0.066,9**	0.075,3***
	(0.039,8)	(0.028,3)	(0.028,5)	(0.028,4)
2014年	0.103,0***			0.102,9***
	(0.024,1)			(0.011,3)
鎮	-0.052,6**		-0.060,6***	-0.052,8***
	(0.023,4)		(0.017,9)	(0.017,9)
鄉	-0.311,3***		-0.306,2***	-0.311,5***
	(0.029,8)		(0.018,3)	(0.018,3)
省份虛擬變量	是	否	否	是
截距	5.818,7***	5.367,3***	5.703,2***	5.751,3***
	(0.073,1)	(0.055,9)	(0.059,1)	(0.059,2)
樣本量	17,779	18,245	17,779	17,779
R^2	0.501,1	0.397,2	0.412,1	0.414,8

註：①括號中的數值為標準誤差，其中最後一列的標準誤差為穩健的標準誤差；② ***、**、* 分別表示在1%、5%、10%的水準下顯著；③省份虛擬變量有加入模型並且呈現顯著影響。

然而，現實情況中每個個體均存在一定差異，在模型中表現為擁有各自的截距項，本書運用固定效應模型模擬數據並通過模型檢驗[1]，其結果展示在表5-2中的第（2）~（4）列中。其中列（2）為基礎模型的估計係數和標準誤差，列（3）在列（2）的基礎上添加更多控制變量（例如住房類型、家庭所屬行政區域等）。列（4）在列（3）固定效應模型的基礎上考慮時間和地域效應，加入年份和省份的虛擬變量。實證結果顯示，收入、社會地位和環境意識在固定效應中有類似的顯著影響，而健康、教育、社會不公在模型中並無一致結果。本書結合文獻和理論，推斷以上三個變量與消費行為可能存在潛在的關係。此外，有兩處結果的穩健性需要再次檢驗：首先，最高受教育年限在固定效應模型1中的影響為正，表明此處家庭能源消費額度隨受教育程度的增高而增加；其次，健康的符號在固定效應模型2中顯著為負，表明家庭平均健康情況越差，能源消費額度越小[2]。其他控制變量和顯著性與混合模型的估計係數相似。

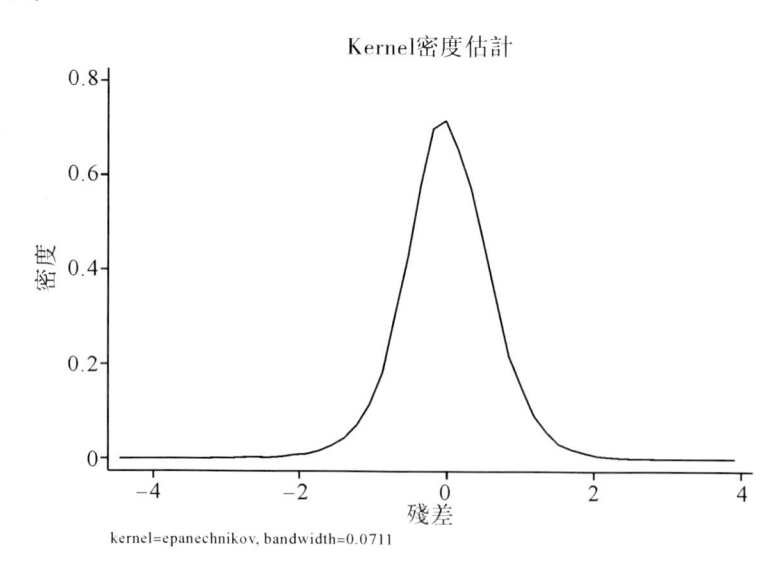

Kernel密度估計

kernel=epanechnikov, bandwidth=0.0711

圖5-2 混合模型迴歸結果的殘差分佈圖

表5-2為全樣本的基礎模型迴歸結果，可以概括為以下三點：一是主要因素對家庭能源消費行為的影響總體顯著，但是存在個別因素在不同模型之間符號相反的情況，也存在有些因子貢獻度不顯著的情況，例如收入在固定效應模

---

[1] 通過 Huasman 檢驗，得出固定效應模型顯著優於隨機效應模型；通過 F 檢驗固定效應模型顯著優於混合迴歸模型。

[2] 本節所用的健康水準取值越高代表越不健康。

型中不顯著、健康與教育在混合模型中不顯著；二是混合模型的殘差迴歸並非典型正態分佈，並且存在明顯的不對稱性；三是雖然通過計量檢驗得出固定效應模型最優，仍然存在估計系數不穩健的情況，因此本書有必要將模型進一步靈活化，進而檢測能源消費行為的真正影響因素。

5.5.2 分位數迴歸結果

表 5-3 根據混合模型迴歸結果的殘差分佈圖（圖 5.2）給出樣本在 20%、50% 和 80% 分位數[①]上的系數估計值和標準誤差。考慮到系數穩健性，本書使用自助法（bootstrap）重複 100 次獲得不同分位數的系數值並且在第四列比較 20% 與 80% 分位數的系數之間是否存在顯著差異。從結果可以看到一部分 P 值拒絕兩者迴歸係數無顯著差異的原假設，即認為不同能源消費水準下的影響因素有顯著差異性，也是本書研究家庭能源消費行為異質性在一個方面的體現。系數存在差異的變量主要出現在家電擁有情況、通電環境和區域時間上。收入、社會地位和環境意識這三個主要影響因素在模型中的結果仍然顯著，但是分位數模型中無法觀測以上變量在不同分位數中的系數差異。

表 5-3　　　　　　　　　分位數迴歸結果

變量	（1）20%分位數	（2）50%分位數	（3）80%分位數	（4）P值檢測系數差異
收入	0.022,0***	0.023,4***	0.017,5**	0.627,9
	(0.007,8)	(0.005,9)	(0.007,3)	
健康	0.008	-0.005,1	-0.012,4	0.082,2
	(0.008,2)	(0.008,1)	(0.009,1)	
最高教育年限	0.003	-0.001,2	-0.003,4	0.04
	(0.002,3)	(0.002)	(0.002,8)	
社會地位	0.048,1***	0.041,1***	0.058,8***	0.339,6
	(0.008,6)	(0.007,5)	(0.009,4)	
環境意識	0.012,9***	0.014,2***	0.010,7***	0.596,4
	(0.003,4)	(0.002,8)	(0.003,5)	
社會不公	-0.000,3	-0.002,2	0.003,1	0.454,4
	(0.003,9)	(0.003,3)	(0.004,4)	
住房面積	0.000,1**	0.000,2**	0.000,2**	0.181,7
	(0.000)	(0.000,1)	(0.000,1)	

---

① 此處以家庭的年水電費支出從小到大排序確定分位數。

表5-3(續)

變量	(1) 20%分位數	(2) 50%分位數	(3) 80%分位數	(4) P值檢測系數差異
機動車	0.123,0***	0.136,1***	0.189,6***	0.006
	(0.018,4)	(0.016,2)	(0.020,9)	
空調	0.208,7***	0.224,1***	0.283,8***	0.000,8
	(0.018,5)	(0.014,1)	(0.017,9)	
冰箱	0.391,2***	0.301,1***	0.243,4***	0
	(0.020,3)	(0.015)	(0.017,9)	
個人電腦	0.173,0***	0.163,5***	0.164,4***	0.654,3
	(0.014)	(0.016)	(0.016,5)	
電動車	0.126,0***	0.110,1***	0.125,3***	0.968,3
	(0.014,5)	(0.013,9)	(0.015,3)	
洗衣機	0.189,2***	0.171,5***	0.120,1***	0.006,9
	(0.020,4)	(0.013)	(0.018,2)	
摩托車	0.061,4***	0.044,3***	0.023	0.059,8
	(0.015,5)	(0.011,8)	(0.014,3)	
照相機	0.059,7***	0.092,1***	0.071,2***	0.673,8
	(0.021,2)	(0.022,2)	(0.023)	
音響	0.041,1**	0.068,4***	0.085,1***	0.093,7
	(0.017)	(0.017)	(0.024,9)	
非健康	-0.024,7	0.010,1	0.055,7	0.056,9
	(0.029,2)	(0.026,5)	(0.034,4)	
家庭人數	0.065,5***	0.059,0***	0.067,3***	0.842,1
	(0.005,9)	(0.005,8)	(0.006,9)	
成人平均年齡	-0.000,6	-0.000,3	0.000,3	0.216,7
	(0.000,6)	(0.000,5)	(0.000,7)	
孩子個數	-0.005,4	0.006,3	-0.020,2*	0.270,9
	(0.010,5)	(0.009,8)	(0.012,1)	
公寓	0.026,7	0.066,0***	0.052,6***	0.262,2
	(0.018,5)	(0.015,8)	(0.019,3)	
水源	-0.101,2***	-0.099,7***	-0.110,3***	0.680,3
	(0.017,6)	(0.014,6)	(0.018,5)	
能源	-0.300,4***	-0.276,0***	-0.273,3***	0.216,1
	(0.016,9)	(0.015,2)	(0.017,8)	
北方	0.019,4	-0.008,8	-0.029,8	0.058,5
	(0.019)	(0.016,5)	(0.021,3)	

表5-3(續)

變量	(1) 20%分位數	(2) 50%分位數	(3) 80%分位數	(4) P值檢測系數差異
有時斷電	0.029,5**	0.004,2	-0.008,6	0.048,7
	(0.013,4)	(0.011,7)	(0.014,5)	
經常斷電	0.000,9	0.043,1	0.128,4**	0.025,3
	(0.046,8)	(0.038,5)	(0.050,8)	
2014年	0.115,6***	0.084,2***	0.057,0***	0.000,3
	(0.014,3)	(0.013,3)	(0.015)	
鎮	-0.019,4	-0.062,4***	-0.058,2**	0.144,5
	(0.018,8)	(0.019,9)	(0.025,1)	
鄉	-0.338,6***	-0.308,3***	-0.283,0***	0.067,3
	(0.023,6)	(0.019,9)	(0.024,1)	
省份虛擬變量	是	是	是	—
截距	5.111,1***	5.808,3***	6.386,5***	
	(0.107,6)	(0.084,1)	(0.127,9)	
樣本量	17,779	17,779	17,779	—
R^2	0.326,6	0.317,1	0.286,9	—

註：①括號中的數值為標準誤差；② ***、**、* 分別表示在1%、5%、10%的水準下顯著；③省份虛擬變量有加入模型並且呈現顯著影響。

以上分位數模型的實證結果表明，引起能源消費高分位數家庭與低分位數家庭差異化的主要因素體現在教育和健康方面。當然在收入彈性上仍然有細微差異，最低20%的能源消費家庭受到收入的影響比處於最高20%的能源消費家庭高出0.45%，這表明中國家庭能源消費量的增加速度隨著收入的增加而減緩。相反，社會地位隨著能源消費水準的上升而加速上升，能源消費最高20%的家庭受到其社會地位的影響比最低20%的家庭多出1.07%。該點驗證了社會地位對家庭能源消費的積極作用，且能源消費額越多，受到社會地位的影響也越大。環境意識的影響在20%、50%和80%分位數上均正向顯著，表明居民對環境問題的意識度越高，水電消費也越高，但是三者系數之間並無顯著差異。該結果也可以理解為居民對環境的保護和重視很大程度體現在他們在能源消費上減少使用木柴、煤炭等低級別能源，而更多利用商品能源，如電能等。而健康、教育與社會不公在此仍然沒有顯著結果。其他控制變量的影響與混合迴歸的結果大體一致，例如住房面積、家庭成員個數和家電擁有情況對家庭能源消費水準有顯著正向影響。總體上分位數迴歸從一個方面檢驗家庭能源消費行為的大體特徵，然而在潛在行為方面的挖掘還是比較有限。

圖 5-3 則根據以上分位數迴歸結果中收入彈性的大致變化趨勢，直觀體現隨著家庭水電消費的不斷升高，收入對能源消費的影響逐漸下降。其中，實線代表分位數方程中收入變量的係數變化情況，陰影部分為自助法估計的 95% 置信度下的置信區間。圖中較粗的水準虛線和兩旁較細的水準虛線分佈代表 OLS 迴歸結果的係數以及 OLS 方程在 95% 置信度下的置信區間。我們從該圖清楚地發現高能源消費的家庭群體普遍受到收入的影響更小，相比 OLS 迴歸，分位數方程的迴歸係數給出收入隨著家庭能源消費額度增加的變化趨勢。在有限混合模型中還將檢驗收入影響小到一定程度是否不再影響家庭能源消費。

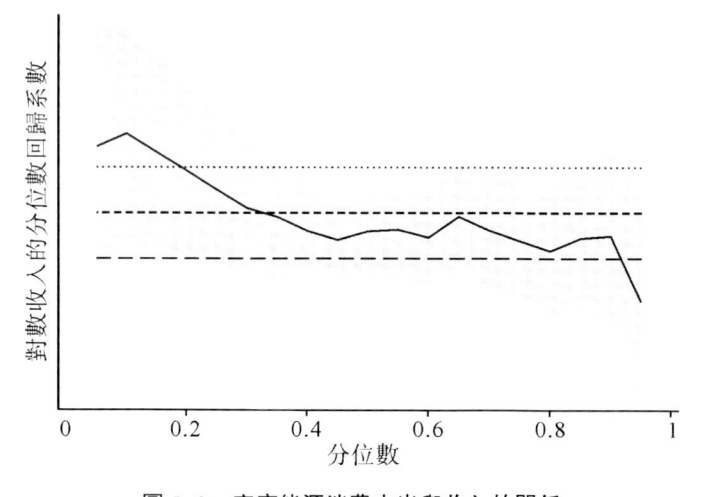

圖 5-3　家庭能源消費支出與收入的關係

註：圖中實線為分位數方程的係數變化趨勢，其中陰影部分為分位數係數在 95% 置信度下通過 100 次自助法獲得的置信區間變化趨勢。另外三條水準虛線中，中間較粗的虛線為最小二乘法迴歸的係數，兩邊較細的虛線代表最小二乘法迴歸係數在 95% 置信度下的置信區間。本圖僅以收入變量的係數為例展現大致變化趨勢。

5.5.3　有限混合模型迴歸結果

對以上基礎模型進行迴歸主要有三個目的：一是驗證能源需求函數的穩健性；二是獲取多個因素對家庭能源消費行為的影響結果；三是挖掘全樣本是否有分類的必要性和可能性。本書通過模型之間係數的對比，得出大致相似的結果。通過混合模型的殘差分佈發現觀測值有潛在多組別的可能；在結合現有文獻或者理論之後，發現實證中沒有觀測到健康、教育和社會不公對能源消費的影響。因此推斷基礎模型在挖掘潛在影響因素和多組行為模式中有一定局限

性,本書接下來運用有限混合模型繼續探討中國家庭能源消費行為的異質性。

本節運用極大似然函數模擬方程（5.4），對 17,779 個有效樣本進行數據和模型分組,從而進一步檢驗中國家庭在能源消費行為中的異質性及潛在組別。在最初模型中,本書只加入最主要的影響因素（電器擁有情況）和重要的控制變量（例如家庭成員個數和住房面積）,然後在此基礎上又加入用電環境、家庭小孩個數、成年人平均年齡和省份虛擬變量;最後,模型加入時間效應、地域虛擬變量（包括北方和城、鎮、鄉變量）和其他控制變量（例如斷電頻率、是否住公寓房等）。總體上,以上三組模型有類似的結果,通過檢驗均表明將樣本分為三組最優。其中第三組模型包含更多控制變量和虛擬變量,在邊際影響的計算中也更加準確。

表 5-4　　　　　　　　　　　最優分組檢測

	極大似然值	AIC	BIC	修正 BIC	自由度
模型一				
分兩組	−18,791.687	37,661.374	37,966.029	37,842.089	39
分三組	−18,530.560	37,179.121	37,640.008	37,452.509	59
分四組	−18,468.452	37,094.904	37,712.024	37,460.966	79
模型二				
分兩組	−18,767.030	37,628.061	37,995.208	37,845.845	47
分三組	−18,494.958	37,131.915	37,686.542	37,460.908	71
分四組	−18,417.848	37,025.696	37,767.802	37,465.898	95
模型三				
分兩組	−16,605.968	33,433.937	34,298.158	33,945.406	111
分三組	−16,245.111	32,824.222	34,124.446	33,593.730	167
分四組			不收斂		

表 5-4 分別展示以上三組模型分組別檢驗優劣的重要參數值：AIC、BIC 和修正 BIC 等,原則上以上三個參數值均最小的模型為最優,因此本書得出分三組是最優組別設計;雖然部分模型分四組比分三組在 AIC 值上略小,但是 BIC 和修正 BIC 仍然顯示分三組占優,當數據分五組及以上時,模型不再收斂。這意味著樣本所屬的能源消費行為模式主要有三種。

模型三涵蓋面最廣,根據上表最優結果分為三組,因此表 5-5 僅展示模型三分三組的估計系數值。其中第四列為檢驗分組系數是否存在差異的 P 值。表 5-5 僅能體現結果的顯著性和正負符號,並不能用該系數直接解釋能源消費行

為,需要計算邊際效應做進一步解釋①。表5-6展示邊際效應用於系數的解釋。該結果與OLS迴歸結果相比,可以進一步挖掘影響中國能源消費行為的潛在因素。很多變量與之前的結果一致,例如家電和家庭所在區域對能源消費的影響在組間都呈現一致顯著性。然而有些差異可以通過系數符號和P值做進一步觀測。其中,收入彈性對第一組和第三組家庭的能源消費有正向影響,且第一組的影響顯著大於第三組(分別為0.011,0和0.004,4),但是第二組家庭的能源消費不再受到收入的影響,這體現出並非所有家庭在能源消費中均受限於收入,收入潛在影響家庭消費行為的方式在不同組別中有多樣化的體現。

健康水準和最高受教育年限僅對第二組家庭有顯著影響,此時當第二組家庭成員平均健康程度越低時,能源消費水準也隨之減少,但是當家庭內部存在體弱多病等不健康的成員之時,能源消費水準會隨著上升。這表明第二組家庭普遍因為健康程度越差而可能增加更多戶外活動,從而減少家庭能源消費;一旦出現非健康的家庭成員之時,能源消費量仍然顯著增加,即家庭成員此時保持室內的適宜溫度和更多時間待在家裡。同樣在第二組家庭中,當最高受教育年限的增高,對家庭能源消費有一定抑製作用。社會地位在第二組和第三組家庭能源消費行為中起到顯著的促進作用。另外,社會不公和環境意識的影響僅在第三組家庭中顯著。當第三組家庭的環境意識更高,其對水電的消費額度也隨之上升;而當這些家庭認為中國社會貧富差距越大時,他們傾向於減少水電的消費。

用P值檢驗能源消費的估計系數(例如家電擁有情況、住房情況、家庭成員個數及地域)在組間是否具有顯著差異性,我們發現有限混合模型中的組間系數差異相比表5-4中分位數的迴歸結果更加顯著。個別差異甚至體現在系數符號的相反,例如家庭成員中成人的平均年齡在第一組家庭中將減少能源消費額度;而在第二組中將增加能源消費額度。第二組家庭能源消費行為受到孩子個數的影響,結果表明當孩子個數增加1個,能源消費額減少0.75%。其原因可能是因為第二組家庭在兒童在家庭用能上存在潛在的規模效應。

---

① 因為此處我們是運用極大似然函數模擬得出的結果。

表 5-5　　　　　　　　　　　有限混合模型迴歸結果

變量	(1) 第一組	(2) 第二組	(3) 第三組	(4) P 值檢測系數差異
收入	0.011,0**	−0.000,5	0.004,4***	0.004,4
	(0.004,3)	(0.001,2)	(0.001)	
健康	0.003,3	−0.005,8***	0.001,8	0.023,6
	(0.005,6)	(0.002,1)	(0.001,4)	
最高教育年限	−0.001,5	−0.001,1*	0.000,6	0.083,6
	(0.001,8)	(0.000,6)	(0.000,4)	
社會地位	0.008,6	0.007,3***	0.006,6***	0.910,6
	(0.005,5)	(0.001,9)	(0.001,3)	
環境意識	0.001,4	0.000,9	0.002,7***	0.234,8
	(0.002,3)	(0.000,8)	(0.000,6)	
社會不公	0.002,2	0.000,7	−0.001,1*	0.145,3
	(0.002,4)	(−0.000,8)	(0.000,6)	
住房面積	0.000,1	0.000,1***	0.000,0**	0.000,1
	(0.000,1)	(0.000,1)	(0.000,1)	
機動車	0.042,2***	0.025,0***	0.014,5***	0.105,3
	(0.014,7)	(−0.005,3)	(0.003,5)	
空調	0.009,9	0.045,1***	0.030,0***	0.029
	(0.014,1)	(0.005)	(0.003,4)	
冰箱	0.089,4***	0.011,4***	0.058,5***	0
	(0.013,2)	(0.004,4)	(0.003,3)	
個人電腦	0.042,8***	0.019,5***	0.026,7***	0.257
	(0.013,1)	(0.004,7)	(0.003,2)	
電動車	0.038,7***	0.008,5**	0.018,9***	0.037,2
	(0.011,7)	(0.004,1)	(0.002,7)	
洗衣機	0.074,5***	0.005	0.026,8***	0
	(0.013,2)	(0.004,1)	(0.003)	
摩托車	0.027,1**	−0.007,0*	0.009,0***	0.000,7
	(0.010,6)	(0.003,3)	(0.002,5)	
照相機	−0.023,8	0.007,4	0.013,3***	0.096,5
	(0.016,2)	(0.006,8)	(0.004,5)	
音響	0.011,9	0.012,0**	0.005,1	0.642,8
	(0.015,2)	(0.005,6)	(0.003,6)	
有時斷電	0.014,4	−0.003,4	0.003,4	0.154,4
	(0.009,6)	(0.003,4)	(0.002,3)	

表5-5(續)

變量	(1) 第一組	(2) 第二組	(3) 第三組	(4) P值檢測系數差異
經常斷電	−0.010,1	0.041,1***	0.001,7	0.000,3
	(0.024,8)	(0.008,3)	(0.006,4)	
孩子個數	0.011	−0.007,5***	0.002	0.02
	(0.007,7)	(0.002,8)	(0.001,8)	
家庭人數	0.007,6*	0.010,8***	0.008,0***	0.419,2
	(0.004,2)	(0.001,6)	(0.001,1)	
成人平均年齡	−0.002,0***	0.000,3**	0.000,1	0
	(0.000,4)	(0.000,2)	(0.000,1)	
非健康	−0.013,2	0.018,3***	−0.005,8	0.008,2
	(0.017,8)	(0.006)	(0.004,2)	
公寓	0.003,5	0.007,3	0.006,7*	0.979,4
	(0.016,3)	(0.005,6)	(0.004)	
水源	−0.009,6	−0.018,8***	−0.015,9***	0.714,5
	(0.010,6)	(0.004)	(0.002,7)	
能源	−0.055,5***	−0.031,0***	−0.048,8***	0.002,7
	(0.011,5)	(0.004,1)	(0.002,8)	
2014年	0.074,1***	−0.005,7	0.012,8***	0
	(0.011,1)	(0.003,9)	(0.002,6)	
北方	−0.018,8	−0.000,4	0.000,4	0.505,2
	(0.015,6)	(0.005,4)	(0.003,7)	
鎮	−0.017,7	0.000,2	−0.011,9***	0.407,8
	(0.017,7)	(0.006,6)	(0.004,4)	
鄉	−0.072,2***	−0.012,1*	−0.057,7***	0
	(0.018,7)	(0.007,3)	(0.004,9)	
省份虛擬變量	是	是	是	—
截距	−2.272,8***	−3.457,7***	−3.691,7***	—
	(0.098,7)	(0.048,4)	(0.042,3)	
樣本量	902	3,379	13,498	—
樣本占比	5.07%	19.01%	75.92%	

註：①括號中的數值為標準誤差；② ***、**、* 分別表示在1%、5%、10%的水準下顯著；③省份虛擬變量有加入模型並且呈現顯著影響。

三組樣本的占比如下：中國75.92%的家庭屬於第三組，是普遍能源消費行為。約有19.01%的家庭被分為第二組，該組能源消費行為不受收入影響。第一組家庭占比為5.07%，受到收入的影響最大。另外，本書通過不同模型發

现家庭样本的分组比例非常接近，第三组占比为75%，第二组占比大约为20%，第一组在不同模型中的占比为5%~6%。

表5-6在表5-5的基础上报告有限混合模型的边际效应，即此时的系数具有经济学意义。我们率先分析三组消费行为的相似之处，结果均表明农村家庭的能源消费水准更低。在这三组行为模式中，如果样本属于农村家庭，则分别会减少45.6%、8.5%和37.9%的能源消费支出；拥有机动车会提高家庭对水电消费额度，虽然机动车并不直接使用自来水和电能运作，但是有机动车的家庭不仅对汽油有需要，对水电能源的需求也同步增长。如果家庭主要的能源类型为木柴，则均会大幅度降低其对家庭能源的需求（三组分别减少34.3%、21.6%和31.5%）。家庭人数增加时，能源消费也显著增加（分别为5.8%、5.6%和7.2%）。另外，拥有电脑和冰箱的家庭均显著提升能源消费量。

当我们观测表5-6的系数时可以进一步发现组别间的差异。第二组家庭能源消费的自然对数为6.99，高于其他两组，第一组的能源消费平均水准则最低，并且该组家庭对收入变化最敏感，当收入增加1%，平均能源消费增加6.9%；第三组受到收入的影响为2.8%；第二组不受到收入影响。从表5-7各组家庭特征中可以看到第一组家庭的年净收入中位数为23,075元，均低于其他两组。值得注意的是，家电对第一组家庭的能源消费的影响大于另外两组。例如当第一组家庭拥有洗衣机时，该组家庭的能源消费额平均增加45.6%，同样情况下第二组和第三组家庭分别增加3.5%和17.3%。健康指标仅在第二组家庭中出现显著影响，这意味着当家庭平均健康值下降1个单位时，能源消费将减少4.1%；如果该家庭存在非健康家庭成员，能源消费将增加12.9%。社会不公对第三组家庭的能源消费行为影响最大，当该组家庭认为社会贫富差距越大时，其能源消费将减少0.7%。纵观这几个重要的影响因素，其中社会地位在第二组和第三组的影响力相比其他因子的系数值更大，当家庭的社会地位提升1个单位时，引起能源消费分别提升5.1%和4.3%，然而这对第一组家庭的能源消费并无显著影响。

表5-6　　　　　　　　　　有限混合模型回归的边际效应

变量	(1) 第一组	(2) 第二组	(3) 第三组
收入	0.069***	-0.003	0.028***
	(0.027)	(0.009)	(0.006)
健康	0.02	-0.041***	0.012
	(0.035)	(0.015)	(0.009)

表5-6(續)

變量	(1) 第一組	(2) 第二組	(3) 第三組
最高教育年限	-0.01	-0.008***	0.004
	(0.034)	(0.004)	(0.003)
社會地位	0.054	0.051***	0.043***
	(0.034)	(0.014)	(0.009)
環境意識	0.009	0.007	0.018***
	(0.014)	(0.006)	(0.004)
社會不公	0.014	0.005	-0.007*
	(0.015)	(0.000,1)	(0.004)
住房面積	0.000,7	0.001***	0.000,1**
	(0.000,5)	(0.000,1)	(0.000,02)
機動車	0.267***	0.176***	0.095***
	(0.094)	(0.038)	(0.023)
空調	0.062	0.318***	0.196***
	(0.089)	(0.036)	(0.022)
冰箱	0.546***	0.079***	0.376**
	(0.079)	(0.03)	(0.021)
個人電腦	0.269***	0.137***	0.175***
	(0.083)	(0.033)	(0.021)
電動車	0.243***	0.059**	0.123***
	(0.074)	(0.028)	(0.018)
洗衣機	0.456***	0.035	0.173***
	(0.079)	(0.028)	(0.02)
摩托車	0.169***	-0.049*	0.059***
	(0.066)	(0.025)	(0.016)
照相機	-0.147	0.052	0.087***
	(0.099)	(0.048)	(0.029)
音響	0.075	0.084**	0.033
	(0.01)	(0.039)	(0.024)
有時斷電	0.09	-0.024	0.022
	(0.06)	(0.024)	(0.015)
經常斷電	-0.063	0.293***	0.011
	(0.153)	(0.024)	(0.042)
孩子個數	0.068	-0.052***	0.013
	(0.048)	(0.02)	(0.012)

表5-6(續)

變量	(1) 第一組	(2) 第二組	(3) 第三組
家庭人數	0.048*	0.075***	0.052***
	(0.026)	(0.011)	(0.007)
成人平均年齡	-0.013***	0.002**	0.001
	(0.003)	(0.001)	(0.001)
非健康	-0.082	0.129***	-0.038
	(0.11)	(0.043)	(0.027)
公寓	0.022	0.051	0.044*
	(0.102)	(0.039)	(0.026)
水源	-0.059	-0.131***	-0.103***
	(0.066)	(0.028)	(0.017)
能源	-0.343***	-0.216***	-0.315***
	(0.07)	(0.028)	(0.018)
2014年	0.465***	-0.04	0.083***
	(0.07)	(0.027)	(0.017)
北方	-0.118	-0.003	0.003
	(0.097)	(0.038)	(0.002)
鎮	-0.11	0.002	-0.007,7***
	(0.109)	(0.046)	(0.029)
鄉	-0.456***	-0.085*	-0.379***
	(0.119)	(0.051)	(0.032)
省份虛擬變量	是	是	是
樣本量	902	3,379	13,498
水電費的自然對數	6.24	6.99	6.51

註：①括號中的數值為標準誤差；② ***、**、* 分別表示在1％、5％、10％的水準下顯著；③省份虛擬變量有加入模型並且呈現顯著影響；④水電費的自然對數表示每組家庭的年平均水電費的自然對數值，值越大表明該組家庭的能源消費額度越高。

5.5.4 家庭能源消費行為的異質性分析

上一節通過有限混合模型得出中國存在三組潛在能源消費類型，並展示不同組家庭受到不同因素的不同影響情況，在此基礎上進一步分析了組間的差異。本節基於以上混合模型的分組結果，進一步對各組的家庭特徵進行描述統計分析並且著手探討哪些因素對家庭分組起決定性作用，從而深入探討微觀家庭能源消費行為的異質性。

表 5-7　　　　有限混合模型分組的平均值、中位數和標準差

變量	第一組 平均值	中位數	標準差	第二組 平均值	中位數	標準差	第三組 平均值	中位數	標準差
水電費	1,166	120	3,301.50	1,616	1,200	1,193	991	720	895.45
收入	40,707	23,075	129,858	39,274	25,520	96,457	49,126	34,314	83,485
健康	3.3	3.2	1	3.13	3	0.97	3.13	3	0.92
最高教育年限	6.8	7	2.9	7	7	2.98	7.89	7	3.29
社會地位	2.69	3	1	2.76	3	0.91	2.82	3	0.86
環境意識	5.29	5	2.57	5.57	5.5	2.39	6.02	6	2.39
社會不公	6.51	6.5	2.19	6.8	7	2.1	6.97	7	1.97
住房面積	114.49	90	103.98	128.32	100	104.74	122.17	98	180.05
機動車	0.08	0	0.27	0.12	0	0.32	0.14	0	0.35
空調	0.19	0	0.39	0.23	0	0.42	0.34	0	0.47
冰箱	0.54	1	0.5	0.61	1	0.49	0.77	1	0.42
個人電腦	0.23	0	0.42	0.27	0	0.44	0.4	0	0.49
電動車	0.26	0	0.26	0.32	0	0.47	0.37	0	0.48
洗衣機	0.61	1	0.49	0.69	1	0.46	0.79	1	0.41
摩托車	0.39	0	0.48	0.45	0	0.5	0.44	0	0.5
照相機	0.09	0	0.3	0.08	0	0.27	0.15	0	0.36
音響	0.08	0	0.27	0.1	0	0.3	0.12	0	0.33
非健康	0.12	0	0.32	0.12	0	0.32	0.09	0	0.28
家庭人數	3.1	3	1.91	3.29	3	1.65	3.3	3	2.67
成人平均年齡	49.25	46.71	14.75	46.49	44.25	13.27	46.29	44	167.64
孩子個數	0.6	0	0.93	0.62	0	0.84	0.64	0	0.85
公寓	0.17	0	0.37	0.15	0	0.36	0.27	0	0.45
水源	0.37	0	0.48	0.35	0	0.48	0.27	0	0.45
能源	0.45	0	0.5	0.43	0	0.49	0.28	0	0.45
北方	0.59	1	0.49	0.64	1	0.48	0.59	1	0.49
有時斷電	0.39	0	0.49	0.39	0	0.49	0.39	0	0.49
經常斷電	0.05	0	0.21	0.04	0	0.04	0.03	0	0.16
2014 年	0.32	0	0.47	0.39	0	0.39	0.44	0	0.5
城	0.16	0	0.37	0.16	0.15	0.36	0.21	0	0.4
鎮	0.1	0	0.29	0.08	0	0.27	0.14	0	0.35
鄉	0.76	1	0.43	0.81	1	0.4	0.62	1	0.49
樣本量	939	939	–	3,379	3,379	–	13,498	13,498	–

表5-7列出三組能源消費家庭的各項基本特徵，包括平均值、中位數和標準差，並且記錄每個變量的中位數，從而避免極值的干擾。其中第一組家庭的能源消費平均值為1,166元，然而其中位數僅為120元，可見第一組屬於能源消費普遍低於正常水準。第三組平均水準下收入最高，並且擁有的家電品種最豐富。不僅如此，其自評的社會地位為2.82，也高於第一組和第二組（分別為2.69和2.76）。第三組家庭的平均環境意識也最強，在該項的平均數和中位數均高於其他組別。另外，其最高受教育年限也略高於其他組，並且主要能源為木柴與主要水源為井水的占比均更低。以上結果表明：社會經濟水準最高的為第三組家庭，其次為第二組家庭，最低的為第一組家庭；能源消費水準最高的為第二組家庭（中位數為1,200元），顯著高於第三組家庭（中位數為720）元和第一組家庭（中位數為120元），並且第二組家庭的能源消費行為不受到收入的影響，而主要受到社會地位和健康的影響。由於第三組家庭所占全樣本的比例最高，本書概括其為中國能源消費行為的主流家庭，第一組家庭則整體上社會經濟地位偏低，而第二組家庭的主要特徵是高能源消費家庭。這裡第二組的高能耗並不由收入決定，而是受到社會地位支撐以及健康水準控制。根據以上分析，得出有限混合模型的分類屬於模型與數據的分組，我們從分組結果中挖掘多維因素的潛在影響。

　　值得注意的是，以上各組的家庭特徵並不表示每個家庭屬於某組的概率為100%，而是表明樣本屬於該組的概率高於其他組，因此整個模型的建立是由每個樣本賦予每一組不同權重所組成的，這便是有限混合模型的靈活性。圖5-4系各組的後驗概率分佈圖，從圖中看到樣本屬於第三組的發生率最大。如果某個樣本屬於某組的概率大於50%，則該樣本一定分入該組。從三組的概率分佈圖上看到部分樣本處於橫坐標的最右端，這表示這些家庭100%屬於某一組。在這種情況下，這些樣本僅受到某一組估計系數的影響；相反，部分樣本處於分佈圖橫坐標的最左端時，該部分樣本的行為將完全不受到這一組估算結果的影響。我們看到大部分家庭的後驗概率小於1。這體現大多數樣本均受到三種模式的影響，只是受到影響的程度不盡相同。

图 5-4　后验概率分布图

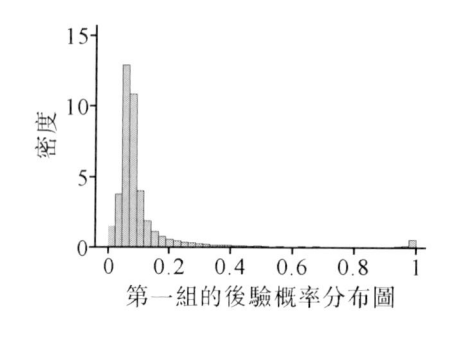

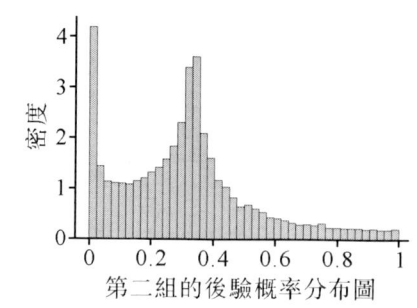

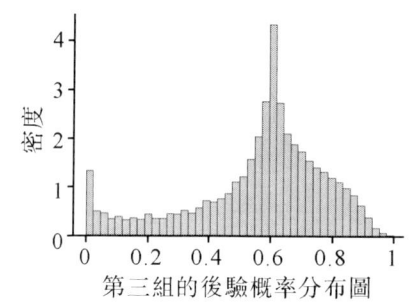

表 5-7 的三组系数展现了能源消费水平的组间差异，而该差异并非按照事先某一标准分组，而是通过考虑多个因素的影响，通过估计后验概率，将每个样本分入可能性最大的一组。例如，家庭 A 属于第一组的概率为 40%，属于第二组与第三组的概率均为 30%，则家庭 A 被分入第一组。通过有限混合模型模拟，可以得出每个家庭的后验概率，用以研究后验概率受到哪些因素的影响。

表 5-8 分别探讨主要变量对家庭分组的决定性影响。第一列为本书所重点关注的 6 个因素对归为第一组家庭的影响，第二列为加入更多因素的稳健性检验；以此类推，本书对第二组、第三组家庭也做了类似的回归，结果展示在表 5-8 中的第（3）~（6）列。

表 5-8　　　　　　　　　三组后验概率的决定因素

变量	第一组后验概率（1）	第一组后验概率（2）	第二组后验概率（1）	第二组后验概率（2）	第三组后验概率（1）	第三组后验概率（2）
收入	-0.004***	-0.003***	0.002	0.001	0.002	0.002
	(0.001)	(0.001)	(0.001)	(0.001)	(0.001)	(0.001)

表5-8(續)

變量	第一組後驗概率(1)	第一組後驗概率(2)	第二組後驗概率(1)	第二組後驗概率(2)	第三組後驗概率(1)	第三組後驗概率(2)
健康	0.001	0.001	-0.007***	-0.006***	0.005***	0.005***
	(0.001)	(0.001)	(0.002)	(0.002)	(0.002)	(0.002)
最高教育年限	-0.002***	-0.002***	0.002***	0.002***	0.000,5	0.000,5
	(0.000,4)	(0.000,4)	(0.000,6)	(0.001)	(0.000,5)	(0.000,6)
社會地位	-0.001	-0.002	-0.002	-0.001	0.003	0.002
	(0.002)	(0.002)	(0.002)	(0.002)	(0.002)	(0.002)
環境意識	-0.002***	-0.002***	0.003***	0.003***	-0.001	-0.001
	(0.000,6)	(0.000,6)	(0.001)	(0.001)	(0.001)	(0.001)
社會不公	-0.001	-0.001	0.001	0.001	-0.000,2	-0.000,2
	(0.000,7)	(0.000,7)	(0.001)	(0.001)	(0.001)	(0.001)
家庭成員數目		-0.000,1		0.000,6		-0.000,5
		(0.001)		(0.001)		(0.001)
有時斷電		0.000,5		-0.004		0.004
		(0.003)		(0.003)		(0.003)
經常斷電		0.018***		-0.011		-0.007
		(0.008)		(0.01)		(0.01)
住宅面積		0.000		-0.000,03***		0.000,04***
		(0.000)		(0.000,01)		(0.000,01)
北方		0.001		0.001		-0.003
		(0.003)		(0.003)		(0.003)
截距	0.201***	0.200***	0.282***	0.286***	0.517***	0.515***
	(0.001)	(0.013)	(0.016)	(0.001,7)	(0.017)	(0.017)
樣本量	17,779	17,779	17,891	17,891	17,891	17,891
R^2	0.007	0.007	0.005	0.005	0.001	0.002

註：①括號中的數值為標準誤差；② ***、**、* 分別表示在1%、5%、10%的水準下顯著；③省份虛擬變量有加入模型並且呈現顯著影響。

從結果中看到，隨著收入的增加，樣本屬於第一組的概率將顯著降低(在1%的水準下顯著)；與此同時，受教育年限和環境意識的增加也減少樣本被納入第一組的可能性。相反，如果家庭經常斷電會增加其進入第一組的可能。綜上所述，第一組證實之前的分析：該組家庭屬於社會經濟地位相對較差

的組別。從第二組對概率的迴歸結果看到，收入的多少並不顯著決定樣本是否進入第二組，然而當家庭成員平均健康水準越低，屬於第二組的後驗概率隨著降低；在第三組中，健康水準越低，被納入第三組的可能性越高。受最高教育年限和環境意識在第二組中都在1%的水準下顯著起作用，隨著以上兩者的升高，樣本被歸為第二組的可能性也增大（這兩項在第二組與在第一組中的作用截然相反）。

5.6　本章小結

本章從全新角度實證研究了中國18,000多戶家庭能源消費行為的潛在類型，主要通過檢測收入、教育、健康、社會地位、社會不公和環境意識在家庭用能上的影響，得出中國家庭存在三種能源消費行為。本書主要採用有限混合模型，通過模型和數據賦予每個樣本屬於每一類別概率的權重，從而更加靈活地模擬出真實的家庭能源消費行為，並深刻探討了微觀家庭的異質性問題。本書通過最小二乘法迴歸，發現樣本的潛在異質性在能源消費研究領域中往往被忽略，進而導致結果的偏差。然後，本書運用分位數迴歸觀測到能源消費額度不同分位數家庭的係數差異。最後，本書通過有限混合模型及其相關穩健性檢驗，獲得影響中國家庭能源消費行為的潛在因素。

通過模型檢測，本章避免了傳統分組方法的隨意性，得出能源消費行為存在三組類型。通過計算後驗概率和分析各組家庭特徵，本書發現第一組家庭占比約為5%，平均而言該組的社會經濟地位最低，其收入、環境意識、家庭成員及家用電器對能源消費的影響也最大；相比，第二組家庭平均能耗最高，占比整體樣本的19%，其能源消費不再受到收入的影響，卻因健康、教育和社會態度的變化而發生變化。通過觀測該組家庭的收入特徵，發現其經濟能力並不十分雄厚，因此該組家庭存在能源浪費的可能性；第三組家庭代表中國普遍家庭的能源消費行為，占比約為76%。其社會經濟地位高於前兩組家庭，該組受到收入、社會地位和環境意識的顯著正向影響。第一組與第二組家庭需要受到政府和社會更多的關注和幫助，其中第一組家庭大多因為經濟貧困而不能負擔最基本的生活用能，該組家庭屬於能源貧困群體的概率最高；第二組家庭則是因為普遍能耗消費偏高，如果其產生原因是使用了低能效的設備或者過度浪費能源，則該組家庭在更大程度上屬於能源使用效率低下群體。

本章的貢獻主要有以下三點：一是通過實證方法將能源消費的相關理論

（認為需求受到收入和價格的直接影響）用更深層次的其他因素進行了補充。本章驗證了多個重要的影響因素，發現收入並非在所有家庭的能源消費行為中占據主導作用；除此之外，本書還挖掘了豐富的家庭特徵，例如教育、健康、社會地位、社會不公和環境意識對能源消費的影響。二是本章節並沒有採用任何一種先驗因素分組家庭，而是通過數據和模型挖掘微觀家庭的異質性，並證實不同類型的家庭能源消費行為和效率受到不同因素的影響。最後，本章內容具有深遠的政策意義：本章節試圖探討如何使家庭從一種能源行為模式跨越到另一個模式，以及如何引導家庭能源消費行為更理性以及能源消費模式更優。例如第一組家庭大多數經濟貧困，其能源消費水準低到不能滿足家庭成員的生存，因此屬於政府扶持的重點對象。對他們給予經濟補助或者直接的能源消費補貼及設備更新是很有必要的；第二組家庭顯然過度耗能，政策上應該建立更完善的相關教育宣傳。第三組家庭雖然為中國社會的主流家庭，但仍然有優化能源消費行為的可能性。從結果中看到該類型家庭的能源消費行為受到社會態度和環境意識的顯著影響，政府可以通過正確的價值觀引導來減少其對高污染能源的需求。例如可以通過節能宣傳減少其對電能或電器的炫耀消費部分，從而達到節約用電和減少污染排放的目的。

6 能源貧困對中國家庭產出的影響：基於多維度能源貧困視角

環境污染和持續性能源貧困是阻礙當今世界能源體系構建和社會可持續發展的重要議題，而現有文獻對能源貧困的探討非常有限，因此針對該話題的研究兼具必要性和迫切性。本書從能源可獲取和能源可支付兩個維度衡量中國家庭的能源貧困，並深入揭示其對微觀家庭經濟行為的深遠影響。通過多維能源貧困指數（MEPI）的計算方法構建中國家庭多維能源貧困值。將所得能源貧困項代入效率方程，運用隨機前沿分析（SFA）方法估算家庭生產效率。研究發現中國能源貧困的分佈呈現地域差異：農村及西部地區能源貧困問題相對突出，不同區域在能源可獲取和能源可支付方面出現不同程度的能源貧困。相比能源可支付性，能源可獲取性是衡量中國家庭能源貧困不可或缺的維度。多維能源貧困對家庭生產、生活造成了負面影響，能源貧困程度與家庭生產效率顯著負相關。實證結果顯示中國能源貧困家庭的生產效率僅為45.7%，而非能源貧困家庭在該項的平均效率達到73.4%。本書是首次從多維度視角展示中國家庭能源貧困分佈，從生產效率角度探索能源貧困與家庭經濟的關係。研究結果有助於全面認識能源貧困的概念，並根據能源貧困影響家庭生產的渠道制定相應政策，最終從根源上解決中國能源貧困問題。

6.1 研究背景

能源不僅是重要的生產要素，也是居民生活的一個關鍵組成部分。無法獲取可靠的現代能源不僅會影響到居民的生活質量，也會對家庭生產、生活的方方面面產生負面影響。世界經濟在過去幾十年間不斷發展進步，但能源問題仍

普遍存在，能源貧困的概念也受到了廣泛的關注。國際能源組織 IEA（2011）的研究表明，2010 年世界能源貧困人數累計達到 27 億人。該研究還指出全世界有 13 億人口仍然無法獲取電能。而處於能源貧困中的大部分人口來自農村（Goldemberg et al., 2000）。據此，本書首先從多維度視角衡量中國家庭能源貧困，並從生產效率角度深入研究能源貧困對家產出的影響。最後本書提出應對中國能源貧困的政策建議，並證實在當下階段推廣清潔能源和增大高新綠色技術投入的重要意義。

能源貧困問題在欠發達國家和地區尤為突出，特別是在自然資源匱乏和經濟水準落後的南亞、拉丁美洲和非洲地區，當地居民在「技術困境」的影響下固守舊習，而不能獲取甚至拒絕接受高能效產品，進一步導致欠發達地區長期處於能源貧困危機中（Karekezi, 2002; Sesan, 2012; Nussbaumer et al., 2013; Sher et al., 2014）。即使發達國家的居民也受到能源貧困的威脅，如 Clinch 等（2000）研究證實在英國和愛爾蘭等地的冬季死亡率仍然居高不下。

中國作為世界上最大的發展中國家，能源貧困情況自改革開放以來得到很大程度的改善，但是問題仍然嚴峻，特別是中西部地區與東部地區的差距依然巨大（郝宇等，2014）。相關研究在近年來也受到了越來越多的關注，大多文獻主要從宏觀層面的能源消費量的統計（郝宇等，2014）和微觀層面最低能耗量的評估（孫威等，2014）方面展開。圍繞家庭經濟行為的研究非常有限，如何有效地定義和衡量能源貧困也較為模糊。

各國政府和國際組織大多根據家庭的某項特徵劃分能源貧困，這些特徵主要包括收入水準、小孩個數、是否為獨居或老弱病殘家庭。例如，2001 年英國能源貧困戰略部確立首要的能源扶貧對象為 60 歲以上的殘疾人或者慢性病患者所在家庭以及有小孩的家庭。

學界針對能源貧困的衡量大多參照以下兩種貧困線劃分標準：第一種是從可獲得性出發（Pachauri et al., 2004; Sovacool, 2012），將能源貧困群體定義為無法獲取或者無法使用現代能源的個人和家庭。第二種是從可支付維度，將能源消費額度超過總收入一定額度的家庭歸為能源貧困群體（Foster et al., 2000; Pachauri et al., 2004）。以上兩種衡量標準的側重點不同，前者很少有定性研究，後者卻存在明顯局限，因為僅考慮單一指標並不能有效和全面地衡量能源貧困。

參照 Sen（1999）提出的多維貧困概念，我們借助多維能源貧困指數（MEPI）的構建思想來描述中國家庭能源貧困的現狀。在能源可獲取維度，本書將最基本的生活能源，例如電能、水源和燃料納入考慮；在能源可支付維

度，本書計算每個家庭的能源消費占總支出的比例。綜合考慮能源的可獲得性與可支付性，在此基礎上分析能源貧困對中國家庭生產、生活的影響也更具有理論和現實意義。

在計算出家庭的能源貧困值之後，本書將其加入生產前沿函數的效率項中，採用隨機前沿分析（SFA）方法進一步研究能源貧困對家庭產出的影響。在投入產出函數構建中，一方面，考慮到家庭收入受到家庭成員的技術、付出、能力的影響，其中付出部分包含工作時間和家庭資產；另一方面，將家庭類比企業，將家庭收入類比企業產出。其中，企業目標是最大化利潤，而當家庭隨著收入的增加，其效用也隨之提升。本書在此基礎上引入家庭的多項特徵和社區經濟、社區整潔度等情況，通過構建以上家庭的投入產出函數，從效率角度創新性地解釋能源貧困與家庭產出的關係。

實證部分採用了中國家庭追蹤調查（CFPS）2012年度的全國微觀調查數據，通過構建多維能源貧困指數，展示中國家庭在不同維度上的能源貧困分佈，並發現中國有高達44.7%的家庭存在不同形式的能源貧困問題。不僅城鄉差別顯著，各地區也存在明顯的差異；西部地區家庭在資源獲取和經濟指標上的能源貧困程度均高於東部發達地區。其中，在能源獲取維度貧困的家庭主要集中在西部和中部地區；能源可支付維度貧困的家庭則集中在西北和東北部地區。中國家庭的平均生產效率為53.2%，能源貧困值越高的家庭生產效率越低；平均而言，能源貧困家庭比非能源貧困家庭的投入產出效率低20%以上。

6.2 衡量方法與理論模型

6.2.1 能源貧困的衡量

從經濟學角度，能源貧困與收入水準緊密相連。Leach（1987）證實家庭越貧窮，能源消費占總收入的比例也越高。目前，眾多學術研究和國際組織在能源貧困的衡量中將能源消費超過總收入10%的家庭認定為能源貧困（Foster et al.，2000；Pachauri et al.，2004）。該方法用式（6.1）表示。

$$\rho_i = \begin{cases} 1 & P_i^E Q_i^E > \tau Y_i \\ 0 & P_i^E Q_i^E \leq \tau Y_i \end{cases} \tag{6.1}$$

式（6.1）中的ρ_i代表家庭i的能源貧困，P_i^E和Q_i^E分別表示家庭的能源價格和能源消費量，Y_i表示家庭收入。τ為一個預先設定的能源貧困門檻，國際普

遍採用0.1。近年來,上述有關能源貧困定義受到學界的廣泛質疑,如Healy等（2004）、Foster等（2000）、Silva等（2009）、孫威等（2014）。他們的研究認為以單一貨幣形式度量能源貧困的方法雖然可以快速確定部分扶貧對象,但是占收入比例10%的門檻並無嚴密的科學證據支撐,這種劃分方法很容易忽視那些貧窮到無法購買商品能源的家庭,以及由於基礎設施匱乏等客觀原因無法獲得現代能源的家庭。Barnes等（2011）則發現並不是所有能源貧困家庭都來自低收入群體。因此,多維能源貧困度量更具合理性,可以從多個維度衡量家庭能源消費的真實情況。本書參考多維能源貧困指數（MEPI）的計算方法[1],用以估算中國家庭的多維能源貧困[見式（6.2）]。

$$\widetilde{\rho_i} = \begin{cases} \sum_{i=1}^{j} w_j & X_{ij} > \tau_j \\ 0 & X_{ij} \leq \tau_j \end{cases} \quad 其中 \quad w_1 + w_2 + \cdots + w_j = 1 \quad (6.2)$$

式中,w_j表示維度j的權重,所有維度的權重加總恒等於1。當樣本i在維度j的值X_{ij}超過了該維度的貧困門檻τ_j時,該家庭的多維能源貧困值增加w_j;否則,在該維度記為0。最終,將j維度能源貧困值累加便得到家庭i的多維能源貧困值$\widetilde{\rho_i}$。

6.2.2 家庭投入產出函數

通常情況下,家庭收入（Y）受到家庭成員的技術水準（S）、付出（E）、能力（A）和其他家庭特徵（X）的影響,見式（6.3）。

$$Y_i = Y(S_i, E_i, A_i, X_i) \quad (6.3)$$

式（6.3）具備以下特徵:$Y_S > 0$,$Y_E > 0$,$Y_A > 0$,表明收入隨著家庭成員技術水準、能力和工作付出的增多而提升。以上變量在函數中的表現形式如下:首先,技術水準(S)在研究中以教育水準(M)、職稱或者工作經驗(G)作為代理變量;其次,付出(E)用家庭資產(K)、工作時間(L)衡量;最後,能力(A)屬於不可觀測變量,因此模型最後加入v_i項,代表不可觀測因素。見式（6.4）。

$$Y_i = \alpha K_i + \beta L_i + \eta M_i + \Pi X_i + v_i \quad (6.4)$$

從以下兩個角度理解式（6.4）所表示的家庭投入產出函數。其一,一般

---

[1] MEPI的計算方法來源於多維貧困指數（MPI）（Santos et al., 2011）。

情況下，隨著收入的增多，家庭有能力開展除滿足溫飽以外的消費活動，從而提升家庭的整體效用。因此，家庭收入與家庭效用之間存在正相關關係。其二，本書將家庭生產類比企業生產，企業生產產品的主要投入包括資本和勞動力，產出用合格產品計算；家庭成員獲得收入的渠道則包括投入資產（K）、勞動（L）和人力資本或教育水準（M）。

在式（6.4）的基礎上，加入代表當地技術水準的參數，用省份虛擬變量 a_n 代表。在道格拉斯生產函數的基礎上，式子兩邊取自然對數，得出家庭 i 的投入產出函數［見式（6.5）］。其中 $y_i = \ln(Y)$，以此類推。

$$y_i = a_n + \alpha k_i + \beta l_i + \eta M_i + \Pi X_i + v_i \tag{6.5}$$

6.2.3 隨機生產前沿函數

從微觀家庭角度，式（6.5）表示每個家庭的收入由其資產和勞動、家庭成員的教育水準、其他家庭特徵、當地技術水準和隨機項構成。在此投入產出模型的基礎上，我們採用 Aigner 等（1977）和 Meeusen 等（1977）提出的隨機生產前沿函數用以評估家庭生產函數的無效項 μ_i［見式（6.6）］，其中隨機誤差 v_i 和無效項 μ_i 均體現在式（6.6）中，且 μ_i 始終為正數①。式（6.6）中的「確定部分」（Coelli et al., 2008）代表可觀測的投入量。

$$y_i = \underbrace{a_n + \alpha k_i + \beta l_i + \eta M_i + \Pi X_i}_{\text{確定部分}} + \underbrace{v_i}_{\text{噪聲}} - \underbrace{\mu_i}_{\text{無效項}}$$
$$v_i \sim N(0, \sigma_v^2) \tag{6.6}$$
$$\mu_i \sim N^+(0, \sigma_\mu^2)$$

隨機前沿函數可以觀測每個家庭的實際收入與模擬的最優收入 y_i^* 之間的比值，從而獲得家庭生產效率（TE_i），該效率取值範圍為 ［0，1］，並且受到無效項 μ_i 的影響。等式（6.7）展示 TE_i 的計算方法。

$$TE_i = \frac{y_i}{y_i^*} = \frac{e^{a_n + \alpha k_i + \beta l_i + \eta M_i + \Pi X_i + v_i - \mu_i}}{e^{a_n + \alpha k_i + \beta l_i + \eta M_i + \Pi X_i + v_i}} = e^{-\mu_i} \tag{6.7}$$

以上隨機生產前沿函數描繪了最優家庭勾勒的前沿線，並且估算出每個樣本在給定各自投入後的最高可獲收入。通過分解無效項，檢測影響家庭生產效率的因素，根據 Battese 等（1995）的研究提出無效項 μ_i，無效項 μ_i 由效率函數 $f(Z_i)$ 構成［見式（6.8）］。

---

① 式（6.6）效率項前面為負號，代表在生產函數中，樣本將始終處於前沿線的下方或者與前沿線重合，因此效率項前面的負號代表每個家庭的非效性。

$$y_i = a_n + \alpha k_i + \beta l_i + \eta M_i + \Pi X_i + \upsilon_i - \mu_i$$
$$\mu_i \sim N^+(f(Z_i), \sigma_\mu^2)$$
$$f(Z_i) = r_0 + r_1 \rho_i + \cdots \tag{6.8}$$

本書將不同維度的能源貧困 ρ_i 分別加入效率函數中，探究能源貧困對家庭生產的影響。另外，其他變量也與家庭的投入產出效率直接相關，本書將在計量模型部分羅列。

6.3 計量模型

根據式（6.8），考慮到資產與勞動對收入存在的非線性影響，並結合可獲得的變量，式（6.9）為本書在實證研究中的效率函數：

$$y_i = a_n + \alpha_k k_i + \alpha_{kk} k_i^2 + \alpha_l l_i + \alpha_{ll} l_i^2 + \eta M_i + \Pi X_i + \alpha_i + \upsilon_i - \mu_i$$
$$\mu_i \sim N^+(f(Z_i), \sigma_\mu^2)$$
$$f(Z_i) = \gamma_0 + \gamma_1 \rho_i + \gamma_2 g_i + \gamma_3 N_i + \gamma_4 U_i + \gamma_5 J_i \tag{6.9}$$

式（6.9）表示家庭 i 的收入受到家庭資產和總工作時間及其各自二次項的影響。除此之外，平均受教育水準 M_i 也影響家庭收入。本書加入家庭特徵變量（X），包括家庭人數和住房擁有情況；社區情況、地域變量（城、鎮、鄉和南北方）和省份固定效應 a_n 作為控制變量。其中，α_i 為截距項。實證研究中運用隨機前沿分析（SFA）方法擬合家庭生產函數的前沿線，並對 SFA 模型的優越性進行似然比檢驗。

效率函數 $f(Z_i)$ 包括能源貧困值 ρ_i，成員工作經驗總年數的自然對數值 g_i，小孩個數 N_i，非健康家庭成員 U_i 和失業人數 J_i。其中 ρ_i 在實證研究中分別用能源可獲取維度和能源可支付維度衡量，最後納入多維能源貧困值。以上效率函數中的變量具備兩個特徵：其一，該變量未加入多維能源貧困值的構建；其二，對家庭產出效率存在直接影響。

最後，本書將中國家庭劃分為能源貧困組與非能源貧困組，分別用 SFA 獲取兩組的家庭產出效率。以上分組迴歸有助於我們進一步考察能源貧困對家庭產出帶來的差異化影響。

6.4 家庭能源貧困的多維度估算

6.4.1 數據整理

以中國家庭追蹤調查（CFPS）[①] 2012 年度全國微觀數據為基礎，剔除存在工業或商業行為的家庭，以及資產或收入為 0 的家庭。根據以上數據處理，2012 年的有效樣本有 11,232 戶。表 6-1 系重要變量的描述統計。

表 6-1　　　　　　2012 年樣本家庭的描述統計

變量	平均值	標準差	最小值	最大值	單位
收入	43,077.85	67,996.62	1	3,036,046	元
資產	32,384.69	113,068.8	0.5	4,400,000	元
工作時間	2,487.514	3,050.223	1	28,224	小時
家庭人數	3.36	1.69	1	17	
教育水準	1.99	1.22	0	7.5	
住房擁有	0.18	0.38	0	1	
孩子個數	0.64	0.86	0	8	
失業人數	1.11	1.11	0	8	
非健康	0.38	0.49	0	1	
工作經驗	72.45	35.98	0	304	年
社區經濟	3.98	1.29	1	7	
社區整潔	4.04	1.31	1	7	
社區和諧	4.28	1.25	1	7	

註：①工作時間表示所有家庭成員年工作時間總和；②非健康變量為 1 表示家庭中存在非健康成員，為 0 則表示該家庭所有成員的健康水準良好；③工作經驗為家庭成員工作年限的總和；④教育水準為家庭平均教育水準；⑤社區經濟、社區整潔和社區和諧衡量家庭自評的所在社區經濟、整潔和和諧情況，從 1~7 中選擇，數值越高分別代表社區的經濟情況越好、整潔程度越佳和和諧度越高。

---

① 中國家庭追蹤調查所提供的數據來自北京大學中國社會科學研究中心，樣本包含中國 25 個省、自治區、市 1 萬多戶家庭在經濟、教育、健康等多方面的情況。2010 年至今已經開展多次調查，並公布了微觀層面的數據。

6.4.2 多維能源貧困指標

首先，分別估算家庭在能源可獲取維度和能源可支付維度的能源貧困。其中，能源獲取維度有 3 個變量，涉及家庭燃料、水源和通電情況。炊事用水和炊事燃料分別直觀體現家庭水源的衛生便捷程度和燃料的現代化程度。若未使用自來水、過濾水的家庭則被認為水源貧困；不能使用太陽能、電能和天然氣等現代能源的家庭則屬於燃料貧困。燃料貧困分為三個等級，這裡我們將使用柴草的家庭賦值為 1，因為根據能源階梯理論，柴草屬於最低端的燃料；使用煤炭和沼氣的家庭賦值為 0.5；使用其餘現代燃料的家庭即為燃料非貧困家庭，賦值為 0。最後，通電是家庭照明、取暖和炊事的重要保障，因此我們將沒有通電或者經常斷電的家庭認定為電能貧困，賦值為 1。在計算能源獲取維度的貧困值時，3 個變量各占 0.33 的權重，從而確保此處的能源貧困值始終處於 [0, 1] 的範圍。

計算能源可支付維度的貧困值則通過估算家庭能源消費在家庭總支出中的占比獲得。這裡採用家庭支出的原因是確保計算出的比值不大於 1，且家庭支出也可以作為收入的代理變量。該維度的能源貧困值也處於 [0, 1] 的範圍，其中，數值越高代表在此維度的能源貧困程度越深。圖 6-1 展示了中國家庭在兩個維度的能源貧困分佈情況。圖 6-1（a）為能源可支付維度的能源貧困分佈，其中 $X=0.1$ 為傳統能源貧困研究中設置的貧困門檻。可以看到，中國大量家庭的能源消費占比超過 10%。圖 6-1（b）為能源獲取維度的能源貧困值，從圖中看到有不少家庭在此維度的值高於 0.33，表明中國家庭在能源獲取方面還存在一定問題。

隨後，本書結合以上兩個維度構建多維能源貧困值。有關多維能源貧困的估算，我們參照 MEPI 的計算方式整合以上 2 個維度、4 個指標（見表 6-2）。

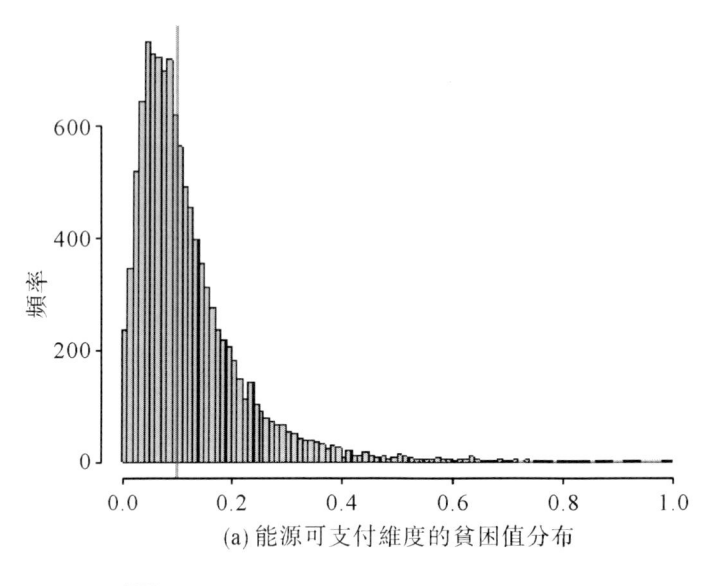

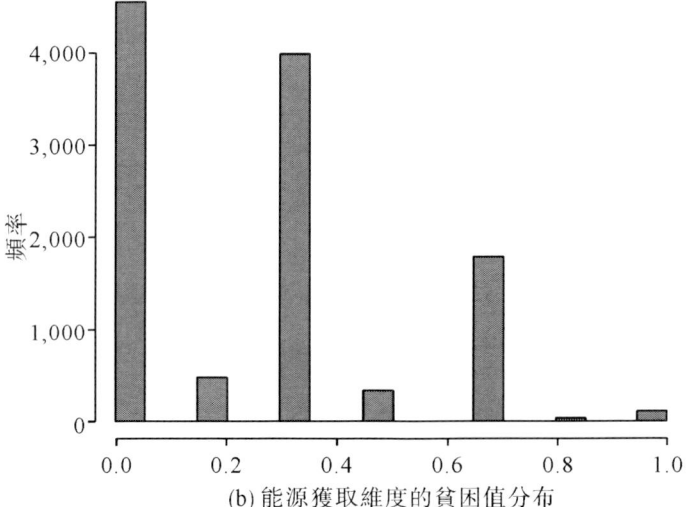

图 6-1 能源可支付維度與能源可獲取維度的貧困值分佈

本書運用維度內等額權重法①，各維度貧困指標的設定如下：

（1）能源可獲取維度：設置該維度的權重為 0.5，一共有 3 個指標，因此每個指標的權重平均分為 0.167。

---

① 由於這四個指標的 KMO 檢驗得分僅為 0.51，表明並不適用於主成分分析法賦權。本書也嘗試了不同的賦權方法，例如每個指標占比為 0.25。最終發現不同賦值不會顯著影響中國家庭的能源貧困分佈狀況。

表 6-2　　　　　　　多維能源貧困指標、權重和臨界值

維度	指標	臨界值	定額權重
能源可獲取	炊事水源	常用江河湖水、井水山泉水、雨水、窖水、池塘水的家庭，賦值為 1	0.167
	炊事燃料	常用柴草的家庭賦值為 1；用煤炭、沼氣的家庭賦值為 0.5；其餘現代燃料賦值為 0	0.167
	通電情況	沒有通電或者經常斷電的家庭，賦值為 1	0.167
能源可支付	能源消費占比	能源消費支出占收入超過 10%的家庭,賦值為 1	0.5

（2）能源可支付維度：設置該維度的權重為 0.5。這裡採用能源消費占收入超過 10%的傳統能源貧困劃分標準賦值；當家庭的能源消費占比超過收入的 10%記為 1。沿用該指標的原因有以下兩點：一是家庭收入與能源貧困有著密切關係；二是雖然該指標單獨使用存在局限，但是在多維度視角下仍然可以充分反應能源貧困程度。

根據以上有關多維能源貧困的度量標準，整合中國家庭的多維能源貧困。當能源貧困值 $\widetilde{\rho}_i$ 不超過 0.33 時，初步認定其為非能源貧困家庭；當其大於 0.33 不超過 0.66 時則為 1 維能源貧困家庭。以此類推，樣本中 $\widetilde{\rho}_i$ 高達 1 的家庭有 27 個，屬於 3 維能源貧困家庭。選擇 0.33 作為多維能源貧困臨界值的原因是結合指標的實際情況：如果家庭發生經濟維度的貧困則屬於能源貧困，而當其發生兩個及以上能源獲取指標的缺失時，表明該家庭因能源獲取的缺失存在能源貧困現象。

表 6-3 系不同樣本下中國能源貧困發生率的比較表。根據以上多維能源貧困指標及權重，中國家庭在 2012 年累計達到 44.7%的家庭存在不同程度的能源貧困；相比，運用傳統能源貧困的計算方式僅得到 32.5%。雖然貧困率較高，但是中國家庭總體處於 2 維能源貧困以內，僅有 0.2%的家庭達到 3 維能源貧困。從圖 6-2 可以看出，大多數家庭的能源貧困值沒超過 0.6。

從城鄉地域差異角度，城鎮家庭的能源貧困發生率和貧困程度均顯著低於農村家庭。城市能源貧困率為 29.5%，相比，高達 50.2%的農村家庭存在能源貧困現象。其中 2 維及以上的能源貧困在農村家庭中占比為 22.2%；城市家庭 2 維能源貧困的發生率僅有 7%。其中導致中國家庭能源貧困最普遍的因素是燃料貧困和水源貧困，家庭在以上兩個指標的貧困發生率分別為 35.7%和 33.5%，燃料低效和水源低質在農村家庭中普遍存在。

表 6-3　　　　　　　　不同樣本下中國能源貧困發生率的比較

維度	北方	南方	城	鎮	鄉	全樣本
多維能源貧困值						
1 維能源貧困及以上	47.9%	40.2%	29.5%	38.2%	50.2%	44.7%
2 維能源貧困及以上	19.5%	16.1%	7.0%	12.9%	22.2%	18.1%
3 維能源貧困	0.1%	0.4%	0%	0.1%	0.3%	0.2%
傳統計算方式						
貧困率	34.2%	30.1%	29.0%	35.8%	32.7%	32.5%
樣本量	6,597	4,635	2,066	1,614	7,552	11,232

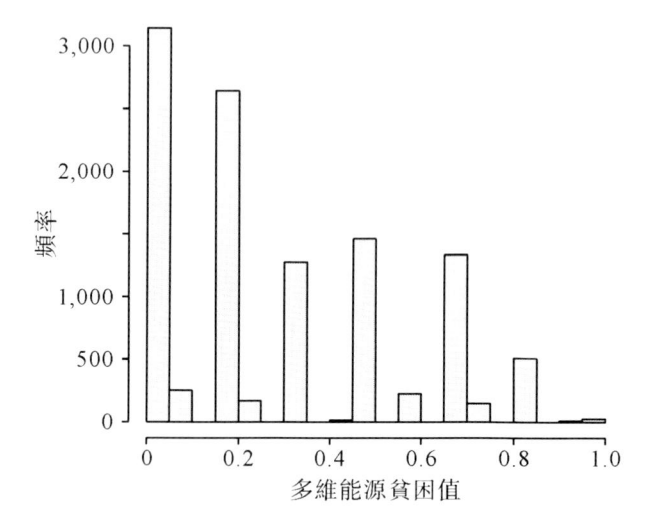

圖 6-2　中國家庭多維能源貧困值的分佈

6.4.3　多維能源貧困的全國分佈

中國能源可支付貧困的地區主要出現在東北部和西部地區的家庭。比較意外的是廣東省區域，這是因為 CFPS 數據並不確保省級代表性，而在廣東省的抽樣偏向貧困的郊區和山區，西部和部分中部地區在能源獲取方面相對匱乏。

我們將能源可獲取理解為能源「用得上」，將能源可支付理解為能源「用得起」。中國能源貧困家庭大致出現以下四類情況。首先，能源「用得上」且「用得起」的家庭普遍存在於東部發達城市，其中代表省份包括北京、天津、上海和浙江。以下三類則出現不同程度的能源貧困問題：「用得起」卻「用不

上」能源的家庭主要集中在中部，例如河南、安徽和江西；「用不起」卻「用得上」能源的家庭在東北部的黑龍江最為普遍；「用不起」且「用不上」能源的家庭主要集中在中國西部，包括甘肅、重慶和四川。

6.5 實證結果

根據前文估算的能源可獲得和能源可支付貧困以及整合的多維能源貧困，依次將以上3個能源貧困值代入家庭生產函數的無效項中。表6-4展現了不同維度的OLS和SFA迴歸結果。值得一提的是，將所有SFA迴歸結果依次進行似然比檢驗，得出隨機前沿函數的似然比檢驗結果在1%的水準下顯著，這表明SFA模型優於OLS模型。本書列出OLS迴歸結果是為了證明家庭投入產出函數的穩健性。

表6-4中的結果表明資產和工作時間投入與家庭收入存在U形關係，即通過累計投入資產和勞動力之後，才能顯著增加收入。在OLS的迴歸結果中，人力資本（教育水準）的提升引起收入的提高；鄉鎮家庭的收入水準低於城市家庭；擁有住房的家庭對收入也會產生負面影響。能源貧困值（能源可支付和能源可獲得變量）上升導致家庭收入顯著下降，孩子個數、非健康家庭成員和失業人數的增加也導致收入減少。表6-4的第3列和第5列中能源貧困項在SFA的效率函數中符號顯著為正，表明能源貧困給家庭生產帶來無效性，即證實隨著能源貧困程度加深，家庭的生產效率受到負面影響。

表6-4得出中國家庭的平均生產效率約為55%。生產函數部分的SFA迴歸結果與對應的OLS迴歸結果相似。從SFA的效率方程中看到，家庭的小孩個數越多，導致家庭的產出效率降低；有失業者和非健康成員也給家庭生產帶來負面效應；相反，工作經驗越多，家庭生產效率得到相應提升。

表6-4　　　　單維度能源貧困對家庭產出的影響

變量	OLS（1）能源可支付	SFA（2）能源可支付	OLS（1）能源可獲取	SFA（2）能源可獲取
資產	-0.102***	-0.111***	-0.101***	-0.110***
	(0.011)	(0.001)	(0.011)	(0.009)
工作時間	-0.067***	-0.129***	-0.063***	-0.128***
	(0.023)	(0.019)	(0.023)	(0.019)

表6-4(續)

變量	OLS (1) 能源可支付	SFA (2) 能源可支付	OLS (1) 能源可獲取	SFA (2) 能源可獲取
資產二次項	0.013***	0.013***	0.013***	0.013***
	(0.001)	(0.001)	(0.001)	(0.001)
工作時間二次項	0.022***	0.026***	0.021***	0.026***
	(0.003)	(0.002)	(0.003)	(0.002)
家庭人數	0.303***	0.177***	0.307***	0.175***
	(0.012)	(0.006)	(0.012)	(0.006)
教育水準	0.059***	0.048***	0.058***	0.048***
	(0.010)	(0.008)	(0.010)	(0.008)
鎮	-0.217***	-0.185***	-0.211***	-0.181***
	(0.037)	(0.031)	(0.037)	(0.031)
鄉	-0.524***	-0.442***	-0.491***	-0.415***
	(0.032)	(0.027)	(0.033)	(0.027)
北方	0.055	0.042	0.057	0.043
	(0.057)	(0.045)	(0.057)	(0.046)
社區整潔	0.001	0.001	-0.002	-0.002
	(0.012)	(0.010)	(0.012)	(0.010)
社區經濟	0.055***	0.060***	0.055***	0.060***
	(0.012)	(0.010)	(0.012)	(0.010)
社區和諧	-0.011	-0.027***	-0.011	-0.027***
	(0.010)	(0.009)	(0.010)	(0.009)
住房擁有	-0.179***	-0.134***	-0.186***	-0.136***
	(0.028)	(0.023)	(0.028)	(0.023)
省份	是	是	是	是
截距項	9.254***	10.207***	9.209***	10.199***
	(0.174)	(0.123)	(0.174)	(0.124)
以下變量為 OLS 中的常規變量、SFA 中的效率因子				
能源可支付	-0.569***	1,373.5***		
	(0.097)	(501.72)		
能源可獲得			-0.187***	218.38***
			(0.048)	(51.181)
非健康	-0.089***	303.99***	-0.083***	82.022***
	(0.022)	(113.36)	(0.022)	(19.150)
工作經驗	0.019	-1,360.58***	0.016	-113.26***
	(0.023)	(133.34)	(0.023)	(26.105)

表6-4(續)

變量	OLS (1) 能源可支付	SFA (2) 能源可支付	OLS (1) 能源可獲取	SFA (2) 能源可獲取
孩子個數	-0.280***	158.35***	-0.281***	38.109***
	(0.019)	(58.555)	(0.019)	(8.744)
失業人數	-0.118***	227.09***	-0.120***	67.823***
	(0.011)	(84.116)	(0.011)	(15.645)
效率函數截距項	-	-1,301.8***	-	-346.7***
	-	(459.42)	-	(81.95)
R-Sq	0.42	-	0.42	-
SigmaSq	-	1,702.6***	-	498.15***
	-	(641.49)	-	(116.28)
Gamma	-	1.000***	-	0.999***
	-	(0.000,1)	-	(0.000,1)
極大似然值	-	-15,593.35	-	-15,592.98
平均效率	-	0.558	-	0.557
極大似然檢驗	-	通過	-	通過
樣本量	11,221	11,221	11,221	11,221

註：①表中的「是」表示模型中加入省份的虛擬變量並且部分通過顯著性檢驗；②以上模型中取自然對數的變量包括資產、工作時間（所有家庭成員的年工作時間總和）及其各自的二次項，以及工作經驗；③ ***、**、* 分別表示在1%、5%、10%的水準下顯著；④括號內為標準誤。

表6-5展示了全樣本下的多維能源貧困值在OLS和SFA中的迴歸結果以及分能源貧困與非能源貧困群體的SFA係數估計值。

表6-5　　　　　　　多維能源貧困對家庭產出的影響

變量	OLS (1) 全樣本	SFA (1) 全樣本	SFA (2) 非貧困組	SFA (3) 貧困組
資產	-0.076***	-0.096***	-0.103***	-0.077***
	(0.009)	(0.009)	(0.009)	(0.016)
工作時間	-0.028	-0.110***	-0.128***	-0.141***
	(0.020)	(0.017)	(0.018)	(0.037)
資產二次項	0.009***	0.011***	0.011***	0.011***
	(0.001)	(0.001)	(0.001)	(0.001)
工作時間二次項	0.013***	0.021***	0.021***	0.028***
	(0.002)	(0.002)	(0.002)	(0.004)

表6-5(續)

變量	OLS(1) 全樣本	SFA(1) 全樣本	SFA(2) 非貧困組	SFA(3) 貧困組
家庭人數	0.254***	0.152***	0.142***	0.200***
	(0.011)	(0.007)	(0.006)	(0.013)
教育水準	0.040***	0.041***	0.041***	0.036**
	(0.009)	(0.008)	(0.007)	(0.015)
鎮	-0.116***	-0.126***	-0.126***	-0.160***
	(0.032)	(0.028)	(0.029)	(0.059)
鄉	-0.364***	-0.345***	-0.354***	-0.305***
	(0.028)	(0.023)	(0.025)	(0.049)
北方	0.055	0.036	0.026	0.007
	(0.049)	(0.041)	(0.044)	(0.089)
社區整潔	0.003	0.001	-0.001	0.005
	(0.010)	(0.010)	(0.010)	(0.016)
社區經濟	0.055***	0.063***	0.066***	0.050***
	(0.010)	(0.009)	(0.010)	(0.016)
社區和諧	-0.015*	-0.027***	-0.029***	-0.025*
	(0.009)	(0.008)	(0.009)	(0.015)
住房擁有	-0.176***	-0.115***	-0.071***	-0.244***
	(0.024)	(0.021)	(0.023)	(0.041)
省份	是	是	是	是
截距項	9.847***	10.337***	10.420***	9.936***
	(0.151)	(0.109)	(0.110)	(0.302)
以下變量為 OLS 中的常規變量、SFA 中的效率因子			
多維能源貧困	-2.228***	7.595***	1,038.6***	9.819***
	(0.037)	(0.321)	(218.62)	(1.042)
非健康	-0.040**	0.178***	113.87***	0.082
	(0.019)	(0.049)	(23.972)	(0.093)
工作經驗	-0.008	-0.368***	-49.239***	-0.487***
	(0.020)	(0.049)	(10.572)	(0.098)
孩子個數	-0.217***	0.189***	36.307***	0.422***
	(0.017)	(0.035)	(8.204)	(0.073)
失業人數	-0.081***	0.232***	26.196***	0.440***
	(0.010)	(0.027)	(5.427)	(0.063)

表6-5(續)

變量	OLS（1）全樣本	SFA（1）全樣本	SFA（2）非貧困組	SFA（3）貧困組
效率函數截距項	—	−2.696***	−508.26***	−5.983***
	—	(0.293)	(111.52)	(0.973)
R-Sq	0.56	—	—	—
SigmaSq	—	2.279***	189.27***	3.928***
	—	(0.106)	(41.533)	(0.411)
Gamma	—	0.865***	0.998***	0.898***
	—	(0.008)	(0.000,3)	(0.011)
極大似然值	—	−13,981.15	−6,346.49	−7,343.399
平均效率	—	0.532	0.734	0.457
極大似然檢驗	—	通過	通過	通過
樣本量	11,221	11,221	6,209	5,021

註：①表中的「是」表示模型中加入省份的虛擬變量並且通過顯著性檢驗；②以上在模型中取自然對數的變量包括資產、工作時間（所有家庭成員的年工作時間總和）及其各自的二次項，工作經驗；③ ***、**、* 分別表示在1%、5%、10%的水準下顯著；④括號內為標準誤。

表6-5中的SFA迴歸結果表明多維能源貧困項的符號為正且在1%的水準下顯著，該結果同樣證明多維能源貧困降低了家庭的生產效率。其中，表6-5最後兩列按照多維能源貧困值，將全樣本分為非能源貧困家庭（多維能源貧困值小於0.33的樣本）和能源貧困家庭（多維能源貧困值不小於0.33的樣本）。這兩列展示能源貧困家庭與非能源貧困家庭在投入產出中的行為和效率差異。我們得出貧困組的家庭生產效率僅為45.7%，而非貧困組的家庭平均生產效率達到73.4%，高於中國家庭生產效率的均值。多維能源貧困導致家庭生產效率降低的結論在非貧困與貧困群體的對比中得到驗證。

從圖6-3可以發現中國存在生產效率低的家庭，甚至部分群體的生產效率低於10%。以上實證結果探究了多維能源貧困對微觀家庭行為的深層次影響。

图 6-3　中国家庭生产效率分布图

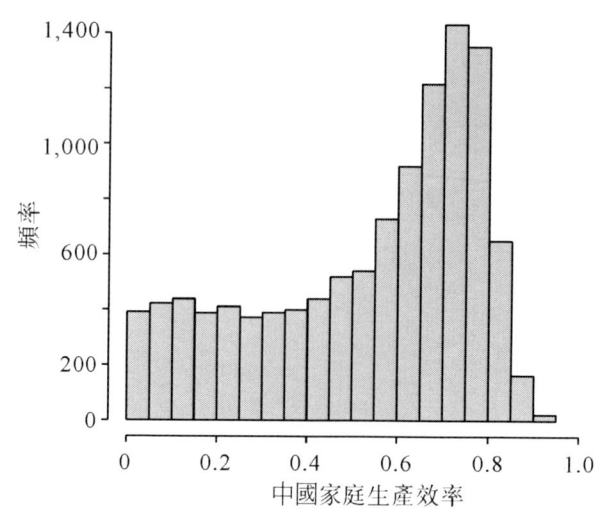

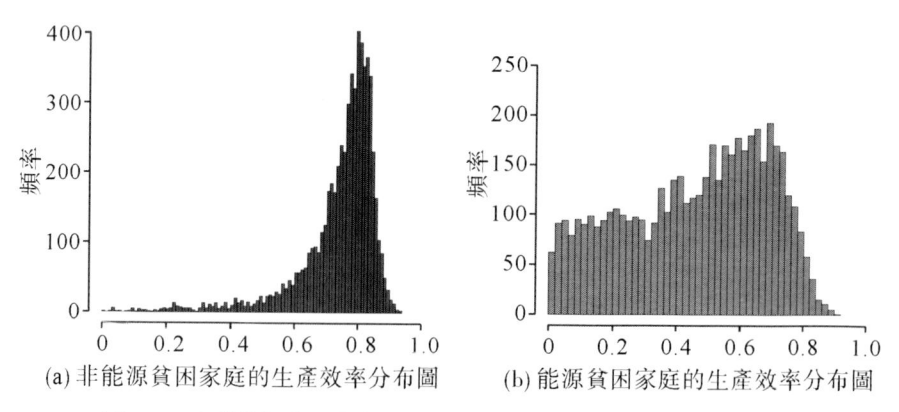

如图6-4所示，图6-4（a）中的非能源贫困家庭的生产效率明显高于图6-4（b）中的能源贫困家庭的生产效率。能源贫困组的家庭生产效率分布更多集中在低效率部分。结合图6-3全样本的生产效率分布发现，生产效率低的家庭（效率低于30%）绝大部分来自多维能源贫困群体。图6-5将以上两组样本的生产效率分布用核密度函数图表示，即多维能源贫困与非能源贫困家庭的生产效率核密度分布图，更加直观对比能源贫困对家庭投入产出效率的影响，并得到一致结果。

(a) 非能源贫困家庭的生产效率分布图　　(b) 能源贫困家庭的生产效率分布图

图 6-4　多维能源贫困家庭与非能源贫困家庭的生产效率柱状分布图

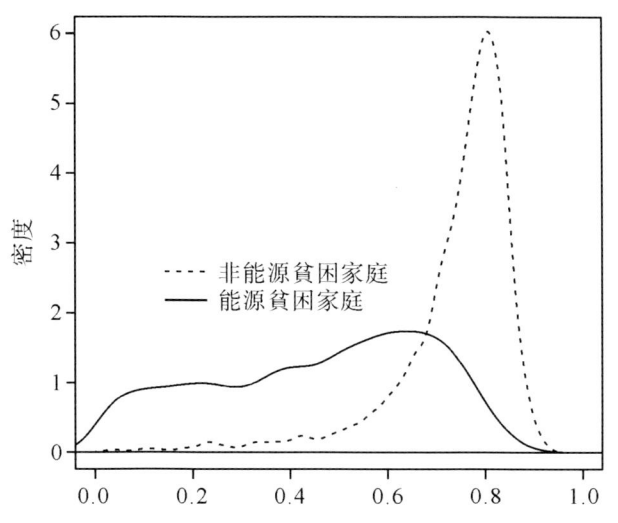

圖 6-5 多維能源貧困與非能源貧困家庭的生產效率核密度分佈圖

6.6 結論與啟示

本章從多維度視角衡量中國家庭的能源貧困，並實證研究能源貧困對家庭生產、生活的深層次影響。國內現有文獻對微觀家庭能源貧困的衡量非常有限，學界是將能源消費額占收入10%以上的家庭歸為能源貧困群體，而該估算方式容易造成扶貧對象的偏誤。國外文獻有關多維能源貧困的估算（Nussbaumer et al., 2013）僅考慮了能源獲取維度下的多個指標，本質上仍是單一維度的能源貧困研究。

從傳統能源貧困的定義出發，通過切實考察居民是否「用得上」和「用得起」現代能源，本書整合能源可獲得性和可支付性的2個維度和4個指標估算家庭不同維度的能源貧困值，並比較南北方、城鄉家庭的能源貧困發生率。我們發現農村家庭的能源貧困程度高於城鎮家庭，發達的東部城市能源貧困值比中、西部地區低。通過比較每個維度的全國能源貧困分佈，發現能源獲取維度的能源貧困與多維能源貧困的分佈更一致；不僅如此，傳統方法估算的能源貧困發生率低於用多維能源貧困值衡量的發生率，即表明傳統能源貧困忽略了部分能源獲取匱乏的家庭。以上兩方面證實了能源可獲取維度的貧困是傳統能源貧困估算方法的重要補充。

隨後，本書運用隨機前沿函數（SFA）方法將不同維度的能源貧困值分別

引入家庭生產函數的效率項中，結果表明能源貧困顯著降低家庭的產出效率。除了能源貧困項外，效率方程中還包含其他家庭特徵，例如孩子個數、失業人數、非健康家庭成員和工作經驗，同樣證實以上變量對家庭生產效率的直接影響。進一步地，本書估算出中國能源貧困家庭和非能源貧困家庭的平均生產效率分別為45.7%和73.4%。

綜上，本章的研究意義如下：①率先從多維度、多層面估算微觀家庭的能源貧困，並深入探討能源貧困在家庭產出中的影響路徑；②一方面，我們將家庭收入類比企業產出；另一方面，本書納入資產、人力資本和工作時間等投入要素，將估算的能源貧困引入效率方程，模擬中國家庭實現效用最大化產出的可能，從而將研究聚焦能源貧困在家庭經濟行為中的深遠影響。另外，本書在政策方面也有相應的建議。例如結合中國精準扶貧政策，制定指向性更明確的能源扶貧方針。本書的研究有助於精確識別能源貧困群體。通過多維能源貧困的衡量指標，可以將中國家庭的能源消費行為進行以下四類判定：「用得上」且「用得起」、「用得起」卻「用不上」、「用不起」卻「用得上」、「用不起」且「用不上」。東部發達城市中「用得上」且「用得起」的家庭最為普遍（北京、天津、上海與浙江），政策應在繼續滿足此類家庭能源需求的同時全面開展合理用能的宣傳教育。針對其他類別的家庭則需重點扶持相對脆弱的方面。例如中國中部地區家庭的能源可獲性普遍較高，而在能源可支付維度上出現不同程度的困難。

除此之外，本章的重要啟示在於從全新家庭生產效率視角認知能源貧困與家庭經濟行為的關係。現有文獻大多涉及能源貧困對教育與健康的危害，而本書的結論表明能源貧困的緩解有助於家庭生產效率的提升，具體表現為給定投入，家庭通過減緩能源貧困，將提高生產效率從而獲得更高經濟回報。以上結論剖析了能源貧困對家庭收入的影響渠道，為進一步推廣清潔能源和增大技術投入的重要意義給出了實證支持。

7 能源貧困對健康的影響

學術界對能源貧困問題進行了廣泛探討。研究普遍認為，能源貧困對健康、教育等社會經濟方面產生了嚴重的負面影響。然而，現有文獻對微觀家庭能源貧困的衡量通常是片面或者不準確的。基於上一章的多維度視角，本章運用中國家庭追蹤調查（CFPS）2012—2016年數據，首先構建家庭能源貧困值，隨後實證研究能源貧困對家庭成員健康的影響程度。本章的實證結果可以幫助政策制定者充分瞭解中國家庭能源貧困現狀，也為探討其他發展中國家的能源貧困問題提供了切實方案。

7.1 研究背景

獲取現代化能源和服務對於一個國家的發展（UNDP，2005）、衛生（WHO，2006）、教育和其他社會經濟因素有著至關重要的作用。Lacey等（2017）的研究發現能源類型的選擇對環境、健康等方面造成了嚴重的負面影響，例如使用固體燃料進行烹飪會產生大量有害氣體，從而影響居民健康甚至威脅生命。現有文獻將個體或家庭難以獲取或購買現代能源定義為能源貧困。近年來，國際組織逐漸重視能源貧困問題（IEA et al.，2010），相關研究在世界範圍內廣泛應用。

然而能源貧困難以簡單衡量，其原因主要有以下兩方面：一方面，現有研究大多關注發展中國家現代能源的可獲取情況（Malla，2013；Sadath et al.，2017；Tang et al.，2014）。另一方面，針對發達國家的研究大多關注能源的可支付性而非可獲取性，例如Boardman（1991）設定了一條10%的能源貧困線，將燃料支出超過收入10%的家庭歸為燃料貧困。Liddell等（2011）的研究得出超過「10%能源貧困線」家庭的取暖需求難以得到滿足。Okushima（2016）的

研究發現日本在 2004—2013 年，因能源價格上漲和收入下降，能源貧困現象在全國範圍內加劇。

儘管可獲取維度和可支付維度的能源貧困存在明顯差異，但兩者都與能源貧困的概念密切有關。Li 等（2014）的研究討論了兩個維度的異同點，並提出將以上兩維度共同納入能源貧困的核算體系。其原因在於，發達經濟體雖然可以充分利用現代能源，但由於收入的個體差異導致部分家庭依舊無法滿足最低能源需求，從而面臨可支付維度的能源貧困。而發展中國家有更大可能同時陷入以上兩個維度的困境中。綜上，本研究將建立一個多維度能源貧困的衡量方法，最終開創能源貧困的相關理論和實踐研究。

中國是世界上最大的發展中國家，在過去的 40 年經濟迅速增長，目前成為世界第二大經濟體。但是，中國大部分人口未能完全使用現代能源。雖然中國自 2014 年以來實現了 100% 通電率，但是農村地區的家庭主要依靠固體燃料炊事。Tang 等（2014）證實，中國仍有 4.9 億人使用固體燃料做飯和取暖。根據中國家庭追蹤調查數據（CFPS），2016 年有超過 30% 的樣本家庭以固體燃料作為主要能源來源。其中，農村家庭在此部分的占比超過 50%。Yang 等（2017）提出無論是城市家庭還是農村家庭，貧困問題都不容小覷，因為收入水準低下將間接導致能源貧困。

為了制定有效的政策來解決能源貧困現象，我們需要先從微觀層面衡量能源貧困。現有研究大多以官方統計數據（Wang et al., 2015）或人口普查數據（Tang et al., 2014）為基礎來分析中國的能源貧困現狀。以上相關研究對中國能源貧困的總體和區域性演變進行了較為清晰地描述。但是由於沒有可靠的微觀數據和指標，以上研究無法進行更加深入的探討。

近年來，中國多個機構開展了全國範圍內的微觀家庭調查，並且從多方面整理了微觀家庭層面的經濟、人口等信息。其中 CFPS 是具有全國代表性的調查數據之一，包括家庭不同年份的多樣化信息，為我們研究能源貧困對家庭各方面的影響以及如何緩解能源貧困提供了重要的數據支持。

基於 CFPS 最近三輪調查內容（2012 年、2014 年、2016 年），本章研究主要包括以下三方面內容：第一，使用微觀數據衡量中國家庭的能源貧困狀況。第二，再次提出多維度能源貧困的測量方法。本章家庭能源消費的衡量包括用電、烹飪、取暖和其他相關信息。第三，採用面板數據構建模型研究能源貧困對家庭健康的影響。通過使用微觀調查數據，本研究控制了大量家庭特徵，從而更加準確地衡量能源貧困的影響程度。同時，本章節應用了一系列穩健性檢驗以確保實證結果的準確性。

7.2 文獻回顧

7.2.1 能源貧困的概念

能源貧困最初由 Lewis（1982）提出，這項開創性研究強調能源的可支付性，即個體無法支付保持室內溫度舒適的開支則被認為是能源貧困。隨後，Boardman（1991）將10%閾值作為衡量能源貧困的指標。該指標表示當家庭超過10%的收入用於能源消費時，該家庭被視為能源貧困。大多數研究沿用了這個指標（Foster et al., 2000；Pachauri et al., 2004）。

能源貧困的研究遍布全世界。例如新西蘭（O'Sullivan et al., 2011）、南歐（Scarpellini et al., 2015）、法國（Legendre et al., 2015）和希臘（Papada et al., 2016）。在發展中國家和地區尤為突出，例如孟加拉國（Barnes et al., 2011）、非洲（Nussbaumer et al., 2012）、巴基斯坦（Sher et al., 2014）和尼日利亞（Ogwumike et al., 2015）。能源貧困甚至在一些發達地區也普遍存在，Mould 等（2017）發現：2015年超過30%的蘇格蘭家庭屬於能源貧困。對發達經濟體而言，能否支付基本能源消費是最重要的議題之一。

最近的研究逐漸從多維視角考察能源貧困。例如，Nussbaumer 等（2013）構建了多維能源貧困指數（MEPI）。Sadath 等（2017）也提出了從多維度視角衡量印度能源貧困。Sher 等（2014）、Ogwumike 等（2015）的研究也可以看到類似的多維能量貧困概念。然而這些多維指標未能將可支付性納入考慮，從而遺漏了家庭經濟方面的重要信息。儘管中國經濟發展迅速，但是仍然有相當大的比例的農村人口無法獲得現代能源。此外，基本生活能源能否支付仍然是農村和城市家庭共同面臨的重要問題，因此針對中國家庭現狀，可支付維度和可獲取維度可以共同納入能源貧困的衡量。能源貧困在中國的研究相對有限，Tang 等（2014）基於人口普查數據調查了中國能源貧困的總體情況。Wang 等（2015）對能源貧困測量進行了分類，包括能源服務的可用性，能源服務的質量和能源需求的滿意度，然後通過構建綜合評價指數，展示中國的區域能源貧困分佈。Wang 等（2017）通過建立計量模型，評估了多項導致能源貧困的因素。然而，以上研究更側重宏觀層面和區域層面的信息。

中國作為世界上最大的發展中國家，仍然有大量人口屬於能源貧困範疇，所以中國家庭的能源貧困值得深入研究。基於此，本章將豐富現有研究對能源貧困的理解，並從可獲取維度與可支付維度構建多維度能源貧困指標。此外，

本研究運用多年微觀家庭數據，這有助於深入分析家庭個體經濟特徵的動態變化趨勢。

7.2.2 能源貧困對健康的影響研究

能源貧困對家庭的方方面面都有顯著的影響。Gonzalez-Eguino（2015）的研究總結了能源貧困對健康、經濟和環境方面的影響，該研究表明健康與能源貧困的關係更加直接。根據 WHO（2007）的調查，貧窮國家居民呼吸系統疾病產生的主要風險因素之一是室內空氣污染，導致這一情況發生的原因是由於人們使用固體燃料進行烹飪和取暖。

Hood（2005）研究證實寒冷和潮濕的房屋是居民患病的主要原因，Wilkinson 等（2007）、Thomson 等（2003）的研究均表明能源貧困會導致身體健康惡化，其中對兒童的健康傷害尤為突出。Liddell 等（2014）揭示了能源貧困帶來的一系列後果，包括精神、心理和身體健康狀況的惡化。Mould 等（2017）運用案例分析能源貧困對健康的影響途徑。Green 等（2008）發現能夠負擔供暖費用對健康有至關重要的作用。Tod 等（2017）使用風險循環模型識別能源貧困對身體健康和內在情緒的影響。通過以上文獻梳理發現，多項證據表明能源貧困對健康的負面影響，但是仍然缺乏相關經濟學的實證研究，因此我們需要通過進一步獲取微觀數據，深入研究家庭能源貧困對健康的影響。

7.3 數據分析和能源貧困分佈

7.3.1 CFPS 數據的描述統計

中國家庭追蹤調查數據（CFPS）在前面章節做過詳細介紹，因此本部分僅展示 2012 年、2014 年以及 2016 年三年數據的描述統計情況。

根據原始數據，本章研究使用不平衡面板數據，共包括了 12,963 戶家庭和 27,650 個樣本。表 7-1 簡要描述了三年樣本的分佈情況。在所有樣本中，有 5,062 個樣本橫跨了三年，有 4,563 個樣本在兩輪調查中出現，有 3,338 個樣本僅出現在一輪數據中。部分省、市的樣本分佈情況見圖 7-1（以 2012 年樣本數據為例），可以看到樣本在各省的分佈整體合理。

表 7-1　　　　　　　　樣本家庭在不同年份的分佈情況

樣本數（個）	百分比（%）	累積頻率（%）	分佈
5,062	39.05	39.05	111
2,532	19.53	58.58	11*
1,543	11.9	70.49	1**
1,272	9.81	80.3	**1
1,063	8.2	88.5	*11
968	7.47	95.97	1*1
523	4.03	100	*1*
12,963	100		

註：*指樣本所在調查年份在當年缺失（三輪調查年份分別為2012年、2014年和2016年）。

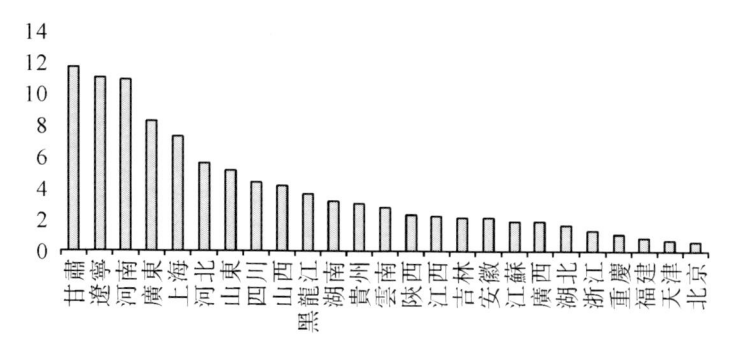

圖 7-1　2012年部分省、市樣本分佈情況

註：Y軸表示抽樣數占全樣本數的百分比。

7.3.2　能源貧困的分佈

雖然中國在2014年已經實現全國100%通電，但仍有相當大一部分人群無法使用現代能源。圖7-2顯示了中國家庭在炊事中採用不同能源類型的比例情況。這裡的能源類型包括煤炭、天然氣、木柴和電力。2016年的數據顯示，雖然近年來中國家庭使用天然氣和電力的數量在不斷增加，但使用固體燃料（煤和木柴）的家庭仍占全樣本的30%左右。農村家庭在該問題上更加突出。2016年農村樣本家庭使用固體燃料的比例為52.46%，這一數值明顯高於城市家庭。圖7-3表明，農村地區仍有大量人口處於能源貧困，其最明顯的表現形式為該部分人群無法獲取現代能源。能源貧困人群由於長期暴露在室內空氣污染中而導致健康風險增加。

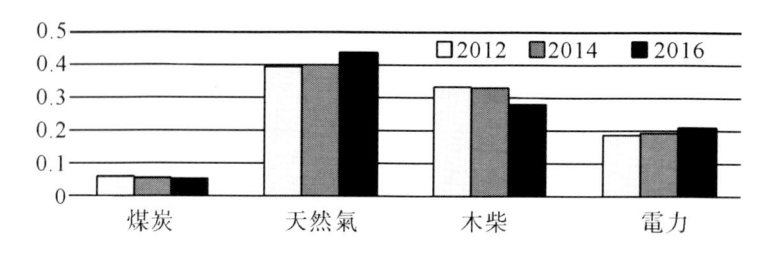

图 7-2　2012—2016 年中国家庭炊事的能源类型分佈

註：Y 軸代表消費對應能源類型所佔所有能源類型的百分比。

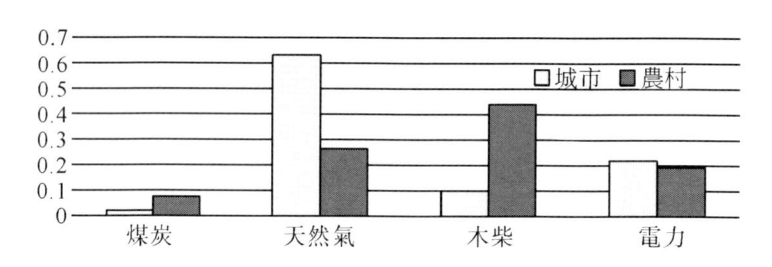

图 7-3　2016 年城市家庭與農村家庭能源類型比較

註：Y 軸代表消費對應能源類型所佔所有能源類型的百分比。

　　從可支付維度，能源貧困是計算能源支出佔家庭總收入的比例，通常如果一個家庭的能源支出佔收入比超過 10% 會將其歸為能源貧困。如果一個家庭將過多的收入用於能源支出，那麼該家庭用於其他方面的開支會受到限制，從而引發健康和生存危機。以上維度是從「燃料貧困」的角度衡量能源貧困。然而，這種方法很少用於研究發展中國家的能源貧困問題，其原因是 10% 的能源貧困閾值並不適用於廣大發展中國家，低收入國家的居民可能面臨更嚴格的預算約束，他們不得不將更大比例的收入花費在各項生活必需品上；另外，發展中國家的農村家庭佔比往往更高，這也導致 10% 的能源貧困閾值不能直接應用在廣大發展中國家。農村家庭在能源消費方面的支出大多會更低，因為他們主要依靠固體燃料炊事和取暖，而固體燃料通常成本更低，甚至不會產生實際的經濟成本。因此，僅僅從可支付維度這部分家庭並未能被歸入能源貧困範疇，但是以上家庭在能源可獲取方面存在明顯局限。綜上，將可獲取和可支付維度結合起來更加合理。

圖 7-4 根據 CFPS 數據，分別展示 2012 年和 2016 年家庭能源支出占收入比的分佈情況。本研究的能源支出包括家庭在電、水、燃料和供暖費用的年度消費金額。同時，為了與現有文獻保持一致，我們首先採用 10% 作為能源貧困閾值的傳統方法。圖 7-4 表明 2016 年能源貧困家庭的比例低於 2012 年。其中，2012 年能源支出占收入比 10% 以上的家庭為 30.63%，這一比例在 2016 年降至 25.62%。①

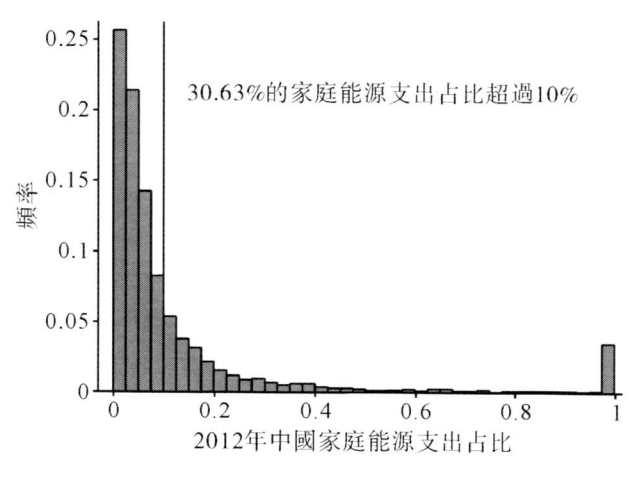

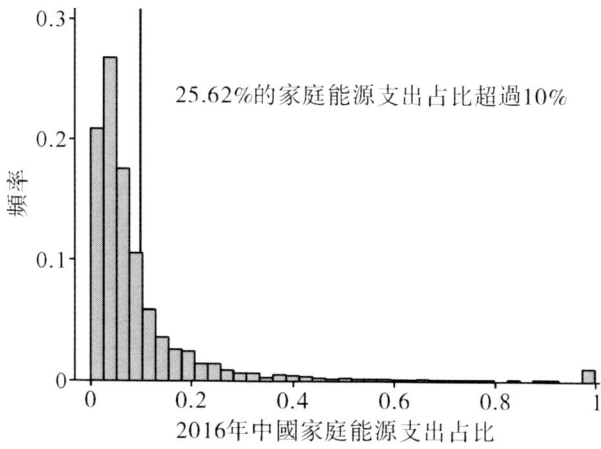

圖 7-4　2012 年和 2016 年家庭能源支出占收入比

---

① 我們將能源收入比超過 1 的家庭取值為 1。其中僅有一小部分家庭在該項的值大於 1，因此採取了以上處理方式。

7　能源貧困對健康的影響　155

圖 7-5 比較了 2016 年農村和城市家庭的能源貧困分佈情況。農村家庭能源支出占收入比的平均值為 11.1%，而城市家庭這一比例僅為 8.83%。農村和城市家庭能源支出占收入比在 10% 以上的樣本比例分別為 29.44% 和 21.40%。可見，與城市家庭相比，農村地區的家庭面臨更大的支付困難。

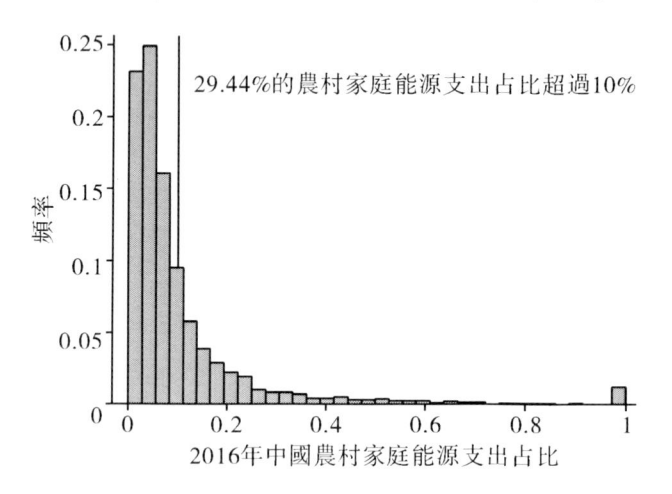

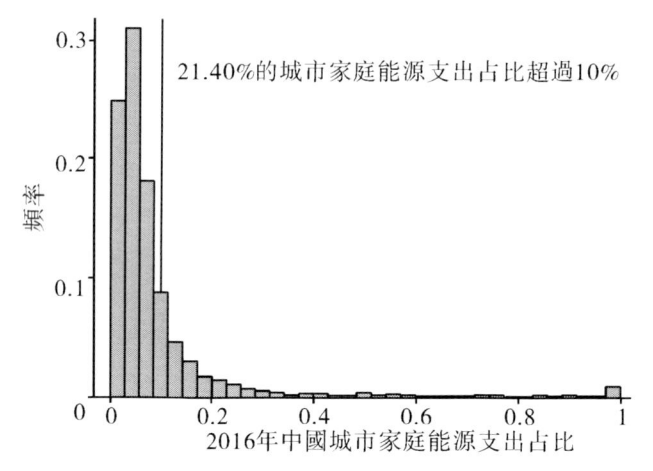

圖 7-5　城市家庭和農村家庭能源支出占收入比的比較

7.3.3　能源貧困的衡量

在衡量能源貧困時我們需要分別估算樣本在可支付維度和可獲取維度的能源貧困值，然後將它們組合起來構成多維度能源貧困值。

首先從能源的可獲取維度出發，我們將那些使用固體燃料的家庭設置為能

源貧困，$P_{it}^s = 1$，即表示如果家庭 i 使用固體燃料則賦值為 1，否則為 0。

可支付維度則採用兩種衡量方法：其一，計算能源支出在家庭總收入中的占比，獲得一個連續變量；其二，沿用傳統能源貧困的估算方法，將能源支出占收入比超過 10% 的家庭賦值為 1，用 $P_{it}^f = 1$ 表示。

隨著中國經濟的持續增長和家庭收入的迅速增加，能源貧困問題在全國範圍得到一定緩解。但目前中國仍有相當大比例的家庭（特別是在農村地區）難以獲取並使用現代能源。CFPS 數據顯示，可獲取維度和可支付維度的能源貧困家庭所占比例大致相同，但這兩個維度的區域分佈存在很大差異。中國東北部和西部的能源貧困問題在 2012—2016 年有所改善。從可獲取維度來看，甘肅、山西以及西北地區對污染能源的使用並未明顯減少，因此可獲取維度的能源貧困依然顯著。從可支付維度來看，河北地區的能源貧困問題尤為突出。

支付維度相結合，進一步構建多維度能源貧困度量體系。其中，確定每個維度的權重是構建多維度能源貧困指標的關鍵。在樣本中，有 28.53% 的家庭存在可支付維度的能源貧困，而非能源貧困家庭占比為 37.83%。其中，有單維度或者多個方面能源貧困的家庭占比為 54.21%，然而家庭中同時存在兩個維度能源貧困問題的比例僅為 12.16%，這表明中國大部分家庭僅受到某一維度能源貧困的影響。基於以上情況，我們將至少一個維度能源貧困的樣本均歸為能源貧困群體。即如果一個家庭出現可支付維度或可獲取維度的能源貧困，我們則將其多維能源貧困值設置為 1，對於沒有出現任何一個維度能源貧困的家庭，則其對應的多維能源貧困值設置為 0。根據以上估算方式，2012 年中國能源貧困家庭占比為 57.78%，2016 年這一比例降至 48.98%。

根據中國能源貧困不同維度的分佈情況，雖然中國在經濟發展和基礎設施建設方面取得了一些實質性進展，但中國家庭的能源貧困問題並未得到解決。由此可見，實現中國所有家庭使用現代清潔能源的目標並不容易，而僅僅通過控制能源價格或推進基礎設施的建設不能解決以上問題。

7.3.4 主要變量介紹

評估能源貧困對家庭的影響程度是本章探討的關鍵之處。為了深入探討該問題，我們認為健康是能源貧困最容易直接影響的因素，因此本章著手研究能源貧困對健康的影響。本書運用微觀調查數據的價值在於它能夠使我們瞭解家庭層面的詳細信息。本研究將家庭的平均健康水準作為衡量家庭成員健康的代

理變量。

表7-2對主要變量進行了定義和介紹。實證模型中我們引入了一系列微觀家庭經濟和社會特徵變量，包括家庭人數、家庭收入、家庭是否存在老人或是小孩、所居住房屋特徵，以及住房所在省份或是否在北方等。將以上因素作為控制變量的原因是它們與家庭成員的健康相關。例如較大的家庭規模意味著成員之間可以相互照顧，這有可能提高該家庭的平均健康水準。又如控制家庭收入之後，擁有房屋對家庭健康可能存在正向作用，但房屋面積對健康的影響不確定。如果一個家庭中存在弱勢群體，如兒童、65歲以上的老人或女性，這也可能對家庭成員的平均健康產生負面影響。同時，北方家庭因為所在環境的溫差更大和室內外空氣污染相對嚴重，居民健康可能為此受到負面影響。農村家庭也因為廣泛使用污染能源導致室內空氣污染從而引發健康危機。

表7-2 主要變量介紹

變量	符號	變量描述
健康	health	家庭的平均健康水準（個人健康水準是一個自我報告的離散變量，從「1」非常不健康到「5」非常健康）
可支付維度	afford01 afford02	連續變量，代表能源支出占總收入的比值 虛擬變量，當比例超過10%時值為1
可獲取維度	access	虛擬變量，家用固體燃料時值為1
多維能源貧困	multi	家庭存在至少一維度的能源貧困
收入	income	家庭總收入（元）
能源支出	energy	家庭年水電、暖氣、炊事支出（元）
家庭人數	number	家庭成員的數量
房屋所有權	house_o	房屋擁有權（1為是，0為否）
房屋大小	house_s	家庭居住面積（m^2）
最大年齡	age_max	家庭成員中的最大年齡
老人	Age_65	是否有65歲以上的家庭成員（1為是，0為否）
女性	women	是否有成年女性（1為是，0為否）
兒童	child	是否有孩子（1為是，0為否）
北方	north	是否位於中國北方（1為是，0為否）
城市	urban	是否位於中國城市（1為是，0為否）

表7-3顯示了以上變量在不同年份的均值。結果表明,家庭平均健康水準在三年內沒有顯著變化。2012—2014年,中國家庭能源貧困程度比較接近,但是2016年的各項相關指標都有明顯改善。我們從數據中發現家庭收入有所提高,並且在家庭能源支出上有更多花費。2012年全樣本中農村家庭占比為66.5%,該比例在隨後兩年的樣本占比中有所下降,這與中國城市化進程的趨勢是一致的。同時,中國的人均住房擁有率為90%左右。值得注意的是,樣本位於北方的家庭略多於南方。

表 7-3　　　　　　　　　　　描述性統計

變量	2012	2014	2016
health01	1.944,0	1.986,6	1.930,5
afford01	0.197,2	0.204,8	0.117,6
afford02	0.306,3	0.288,7	0.256,2
access	0.399,4	0.391,8	0.338,1
multi	0.577,8	0.550,3	0.489,8
income	43,108	53,068.78	55,247.59
energy	2,011.836	2,520.347	2,589.948
house_o	0.887,5	0.927,1	0.892,8
house_s	126.361,8	134.892,9	135.519,7
number	3.374,9	3.465,9	3.788,4
age_max	54.995,0	56.561,2	54.972,7
age_65	0.254,2	0.310,5	0.272,0
women	0.592,0	0.595,9	0.594,1
child	0.446,3	0.444,4	0.416,1
north	0.598,5	0.597,1	0.582,8
urban	0.335	0.436,1	0.455,8

註:收入的單位為人民幣,迴歸模型中的收入為對數形式。

圖7-6分別展示農村家庭和城市家庭在能源貧困與健康關係方面的散點圖。該圖顯示能源貧困(這裡用連續變量afford01衡量)與家庭平均健康狀況呈負相關關係[①],即一個家庭收入中能源支出的比例越高,健康狀況越差;另外,農村家庭的健康狀況與能源貧困的關係更為密切。

---

① 圖7-6僅為2012年的散點圖,其他年份的數據也得出有關能源貧困與健康的類似負相關關係,為節省空間未展示在正文中。

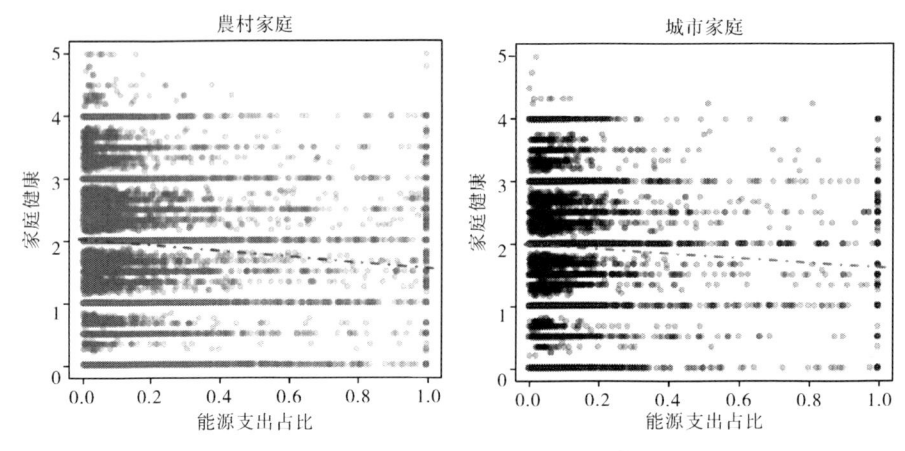

圖 7-6　健康與能源貧困關係的散點圖

註：橫坐標為能源支出占收入比，縱坐標為家庭成員的平均健康水準。

在實證分析之前，我們將不同年份和不同維度的能源貧困家庭與非能源貧困家庭的平均健康水準進行了詳細比較。表 7-4 表明能源貧困家庭的平均健康狀況顯著低於非能源貧困家庭。

表 7-4　　　　能源貧困家庭與非能源貧困家庭的健康比較

年份	能源貧困指標	非能源貧困家庭的健康	能源貧困家庭的健康	差異	t 統計量
2012	afford02	2.02	1.77	0.25	12.04***
	access	1.97	1.91	0.06	2.98***
	multi	2.02	1.89	0.13	6.44***
2014	afford02	2.05	1.84	0.21	9.75***
	access	2.06	1.87	0.19	9.83***
	multi	2.10	1.89	0.21	10.88***
2016	afford02	1.97	1.82	0.15	6.32***
	access	1.99	1.82	0.17	7.66***
	multi	2.00	1.85	0.15	7.11***

註：①能源貧困指標表示本章所運用的不同能源貧困衡量指標；②非能源貧困家庭的健康與能源貧困家庭的健康列均為健康的均值；③ *** 表示在 1% 的水準下顯著。

7.4 迴歸結果

7.4.1 基礎迴歸

表 7-5 展示了 OLS 線性迴歸模型的實證結果。基於 Hausman 檢驗結果，本研究首先使用固定效應模型，且所有的迴歸都加入了年份變量和省份變量。另外，控制變量中包含了房屋面積和家庭成員中最大年齡這兩個變量。最終實證結果與前文提及的假設基本一致，即無論運用哪個維度的指標來衡量能源貧困，都證實了能源貧困對健康的顯著負影響。我們還發現，房屋的面積對健康有著顯著的正影響，即房屋居住面積更大，平均來看更有利於家庭成員的健康水準。與此同時，家庭的平均年齡對健康狀況有著負面影響，家庭中最大年齡成員的值越大同樣會降低家庭的平均健康狀況。而有兒童、成年女性或者老年人的家庭同樣也會降低這部分家庭的平均健康狀況。與中國南方地區相比，中國北方家庭的健康狀況也顯著偏低。造成這種現象的其中一個原因是中國北方冬季取暖方式加劇了室內和室外的空氣污染，而有研究表明這些污染甚至導致長期居住在北方的人預期壽命更低（Chen et al., 2013）。此外，與城市家庭相比，農村家庭更容易遭受潛在健康威脅，這是因為城市家庭擁有更加現代化的能源服務，並且居住地更接近醫療機構，因此他們可以更快地接收到醫療資源和服務，最終對健康有促進作用。

表 7-5　　　　　　　　　　OLS 迴歸結果

	(1) health	(2) health	(3) health	(4) health
afford01	−0.105*** (−4.06)			
afford02		−0.072,1*** (−4.44)		
access			−0.109*** (−5.91)	
multi				−0.090,6*** (−5.54)
house_o	−0.023,3 (−0.84)	−0.022,7 (−0.82)	−0.018,7 (−0.67)	−0.018,3 (−0.66)

表7-5(續)

	(1) health	(2) health	(3) health	(4) health
lhouse_s	0.053,4**	0.053,3**	0.050,9***	0.052,4***
	(3.74)	(3.74)	(3.57)	(3.67)
number	0.116***	0.116***	0.121***	0.118***
	(19.16)	(19.10)	(19.95)	(19.54)
lage_max	-0.715***	-0.713***	-0.706***	-0.707***
	(-18.30)	(-18.25)	(-18.05)	(-18.09)
child	-0.081,2***	-0.081,4***	-0.086,6***	-0.083,7***
	(-3.92)	(-3.94)	(-4.19)	(-4.05)
women	-0.106***	-0.106***	-0.107***	-0.106***
	(-6.57)	(-6.56)	(-6.66)	(-6.59)
age_65	-0.402*	-0.403*	-0.403*	-0.038,8
	(-1.67)	(-1.67)	(-1.68)	(-1.61)
north	-0.075,0***	-0.076,3***	-0.074,1***	-0.076,2***
	(-3.39)	(-3.45)	(-3.35)	(-3.45)
urban	0.042,7**	0.043,9**	-0.013,1	0.025,4
	(2.40)	(2.47)	(0.70)	(1.40)
constant	4.240***	4.233***	4.215***	4.232***
	(20.99)	(20.96)	(20.88)	(20.97)
Time & provincial dummies	Y	Y	Y	Y
N	27,361	27,361	27,361	27,361
R^2	0.078	0.078	0.079	0.079

註：①括號中的數值為標準誤差；②***、**、*分別表示在1%、5%、10%的水準下顯著；③年份和省份虛擬變量有加入模型並且呈現顯著影響；④lhouse_s和lage_max分別代表房子面積和家庭最大年齡的對數形式。

值得注意的是，由於CFPS問卷裡有關健康狀況的作答範圍是一個限制在1~5的離散變量，因此本研究運用Tobit模型進行了進一步估計。為此，表7-6報告了Tobit模型的實證結果，依然證實能源貧困對家庭健康的負面影響。

表 7-6　　　　　　　　　　　　Tobit 迴歸結果

	（1）health	（2）health	（3）health	（4）health
afford01	−0.309*** (−10.43)			
afford02		−0.150*** (−11.49)		
access			−0.136*** (−9.88)	
multi				−0.134*** (−10.51)
house_o	−0.008,9 (−0.43)	−0.009,4 (−0.45)	−0.001,4 (−0.07)	−0.002 (−0.10)
lhouse_s	0.056,8*** (5.91)	0.057,0*** (5.94)	0.053,4*** (5.55)	0.055,6*** (3.69)
number	0.137*** (31.01)	0.136*** (30.73)	0.145*** (32.98)	0.141*** (32.12)
lage_max	−0.903*** (−32.10)	−0.899*** (−31.98)	−0.895*** (−31.78)	−0.894*** (31.71)
child	−0.098,3*** (−6.63)	−0.097,8*** (−6.60)	−0.109*** (−7.33)	−0.104*** (−7.02)
women	−0.089,0*** (−7.53)	−0.087,6*** (−7.41)	−0.092,8*** (−7.86)	−0.090,6*** (−7.67)
age_65	−0.057,6*** (−3.34)	−0.057,3*** (−3.33)	−0.062,2*** (−3.62)	−0.059,5*** (−3.45)
north	−0.057,6*** (−3.34)	−0.061,1*** (−3.36)	−0.056,9*** (−3.13)	−0.061,1*** (−3.37)
urban	0.056,24*** (4.36)	0.058,4*** (4.54)	0.013,8 (1.01)	0.026,0* (1.95)
Constant	4.866*** (36.70)	4.868*** (36.58)	4.865*** (36.54)	4.866*** (36.55)
Time & provincial dummies	Y	Y	Y	Y
N	27,361	27,361	27,361	27,361
pseudo R^2	0.47	0.47	0.47	0.47

註：①括號中的數值為標準誤差；② ***、**、* 分別表示在 1%、5%、10%的水準下顯著；③年份和省份虛擬變量有加入模型並且呈現顯著影響；④lhouse_s 和 lage_max 分別代表房子面積和家庭最大年齡的對數形式。

7.4.2 內生性問題

由於以上實證模型有可能出現變量缺失或反向因果關係的可能導致實證結果的偏誤。例如，家庭健康狀況可能會反過來影響家庭收入水準，從而影響家庭能源貧困的程度。因此我們引入了幾個工具變量（IV）並使用二階段最小二乘法（2SLS）進行估算來解決這個問題。

本研究選用家庭所在區縣層面，有關自來水使用率的中位數作為能源可獲取維度的工具變量。此時 IV 是一個百分比，範圍在 0 和 1 之間。簡而言之，即若某個家庭所在區縣擁有更高比例的自來水使用比例，而非主要使用池塘水、井水等其他非現代水源，則可以推斷當地家庭獲得現代化能源的可能性會更高。該變量反應了當地的基礎能源設施狀況，且幾乎不受特定家庭健康狀況的影響。此外，本書將家庭所在區縣層面的收入水準中位作為可支付維度能源貧困的工具變量，即當一個區縣的家庭中等收入水準越高，表明該地區的經濟發展水準越高，從而該區域的家庭對能源可支付能力也越強。同樣，區縣層面家庭收入水準的中位數對家庭成員健康水準也沒有直接影響。針對多維度的能源貧困值，我們將上文所提到的兩種工具變量同時加入迴歸模型，表 7-7 顯示運用 2SLS 模型迴歸的結果。

表 7-7　　　　　　　　　　2SLS 迴歸結果

	(1) health	(2) health	(3) health	(4) health
afford01	-0.872**			
	(-2.08)			
afford02		-0.337**		
		(-2.09)		
access			-0.281**	
			(-2.51)	
multi				-0.240***
				(-2.68)
house_o	-0.001	-0.010,1	-0.006,7	-0.005,3
	(-0.34)	(-0.35)	(-0.23)	(-0.18)
lhouse_s	0.048,2***	0.049,4***	0.045,4***	0.049,0***
	(3.27)	(3.38)	(3.08)	(3.39)
number	0.103***	0.105***	0.123***	0.116***
	(10.59)	(11.34)	(19.78)	(18.54)

表7-7(續)

	(1) health	(2) health	(3) health	(4) health
lage_max	-0.697***	-0.692***	-0.685***	-0.688***
	(-17.05)	(-23.78)	(-16.52)	(-16.91)
child	-0.064,7***	-0.069,9***	-0.089,7***	-0.082,2***
	(-2.82)	(-3.18)	(-4.32)	(-3.97)
women	-0.094,6***	0.096,1***	-0.105***	0.103***
	(-17.05)	(-5.58)	(-6.53)	(-6.13)
age_65	-0.024,3	-0.028,5	-0.035,4	-0.031,1
	(-0.94)	(-1.13)	(-1.46)	(-1.27)
north	-0.073***	-0.079,7***	-0.072,1***	-0.077,4***
	(-3.26)	(-3.56)	(-3.25)	(-3.50)
urban	0.031,4	0.039,4**	-0.037,8	-0.006,9
	(1.64)	(2.18)	(-1.01)	(-0.26)
Time & Provincial dummies	Y	Y	Y	Y
N	23,903	23,903	23,903	23,903
Anderson LM Statistics	115.513***	148.040***	386.589***	483.540***
Cragg-Donald F Statistics	116.115**	149.152***	396.123***	249.441***

註：①括號中的數值為標準誤差；② ***、**、* 分別表示在1%、5%、10%的水準下顯著；③年份和省份虛擬變量有加入模型並且呈現顯著影響；④lhouse_s 和 lage_max 分別代表房子面積和家庭最大年齡的對數形式。

表7-7中的實證結果通過了 LM 檢驗與弱工具變量檢驗，均表明以上工具變量的有效性，且能源貧困項的估計係數與表7-5中的迴歸結果相似。與此同時，我們將工具變量加入 Tobit 模型中可以進一步規範實證結果。表7-8展示的是能源貧困對健康的影響在考慮了內生性之後的 Tobit 模型結果。可見，2SLS 估計結果與基本迴歸模型的結果具備一致性，即能源貧困對中國家庭健康狀況存在顯著的負面影響。

表 7-8　　　　　　　　　　　Ⅳ Tobit 迴歸結果

	（1）health	（2）health	（3）health	（4）health
afford01	-0.503*			
	(-1.66)			
afford02		-0.197*		
		(-1.66)		
access			-0.298***	
			(-5.33)	
multi				-0.178***
				(-2.61)
house_o	-0.007,1	-0.008,7	0.010,9	0.001,2
	(-0.34)	(-0.42)	(0.50)	(0.05)
lhouse_s	0.056,2***	0.056,8***	0.048,4***	0.055,0***
	(5.83)	(5.91)	(4.84)	(5.70)
number	0.134***	0.314***	0.147***	0.141***
	(18.05)	(18.67)	(32.48)	(31.03)
lage_max	-0.895***	-0.895***	-0.872***	-0.886***
	(-21.81)	(-29.15)	(-28.30)	(-29.38)
child	-0.093,7***	-0.095,2***	-0.112***	-0.103***
	(-5.66)	(-5.91)	(-7.49)	(-6.97)
women	0.086,5***	-0.085,9***	-0.092,8***	-0.089,8***
	(-6.95)	(-6.84)	(-7.83)	(-7.57)
age_65	-0.053,7***	-0.055,3***	-0.060,6***	-0.058,1***
	(-2.94)	(-3.08)	(-3.50)	(-3.35)
north	-0.059,8***	-0.062,7***	-0.058,1***	-0.062,9***
	(-3.26)	(-3.37)	(-3.19)	(-3.42)
urban	0.052,7***	0.057,4***	-0.043,5	0.014,2
	(3.77)	(4.36)	(-1.31)	(0.64)
_cons	4.885***	4.862***	4.838***	4.859***
	(36.66)	(36.26)	(36.04)	(36.37)
Time & Provincial dummies	Y	Y	Y	Y
N	27,316	27,316	27,316	27,316

　　註：①括號中的數值為標準誤差；②***、**、* 分別表示在 1%、5%、10% 的水準下顯著；③年份和省份虛擬變量有加入模型並且呈現顯著影響；④lhouse_s 和 lage_max 分別代表房子面積和家庭最大年齡的對數形式。

7.5 本章總結

　　本章節運用微觀家庭層面的面板數據，從可獲取維度和可支付維度兩方面展示了能源貧困在中國的分佈情況。基於這兩個方面，本研究提出了以多維指標衡量中國能源貧困的方法。實證結果顯示，2012—2016年中國家庭能源貧困狀況有明顯改善，但仍舊普遍存在。其中，不同維度的能源貧困在各地的分佈也各不相同。例如在中國的西北地區，可獲取維度的能源貧困問題更為嚴重，而在中國西部地區和東北地區，人們面臨更多的是可支付維度的問題。數據顯示，如果同時考慮可獲得維度和可支付維度的能源貧困，2016年中國有48.98%的家庭處於能源貧困危機中。雖然農村地區是能源貧困的高發區域，但多維度衡量結果表明能源貧困也是城市家庭中一個不可忽視的問題。

　　能源貧困對健康有著極其嚴重的影響。無法使用現代能源的家庭只能使用固體燃料進行烹飪和取暖，而固體燃料的燃燒會導致室內空氣污染，從而影響家庭成員的健康狀況。如果人們無法負擔現代能源，冬季就無法供暖、夏季無法降溫，因此也會給家庭成員的健康帶來負面效應。本研究通過 Tobit 模型和 2SLS 迴歸等一系列計量經濟模型驗證了以上推斷結論。在構建迴歸模型中，本章控制了多項家庭特徵、地域和時間、省份等變量，解決了內生性問題，並通過了一系列檢驗證實了迴歸結果的穩健性。研究結果表明，能源貧困家庭與非能源貧困家庭之間的平均健康狀況存在顯著差異。同時，能源貧困的多維度衡量視角不僅適用於中國，也適用於和中國一樣處於發展中的廣大亞洲國家，如東南亞和其他發展中經濟體，這些國家和地區都與中國的能源貧困問題有著相似之處。雖然現有的研究大多側重地區的能源可獲取性，研究者也更多地關注那些能夠快速獲得現代能源的方式，但不可否認的是，在大多數政策建議中，能源的可支付能力也是一個不可忽視的問題。此外，微觀層面數據中包含各異的能源文化，例如多樣化的家庭能源消費行為和傳統習俗，這部分的研究還需要進一步探討。總之，具備全國代表性微觀調查的全面開啓，將有助於我們從宏觀層面的能源貧困擴展到更詳細的微觀層面。

8　結論、政策建議與展望

本書圍繞著中國家庭能源消費行為這一研究主體展開，結合理論基礎、微觀數據與實證方法，深入探討能源使用效率、能源消費行為的潛在類型和多維能源貧困三個方面，進一步從多維視角分別探討能源貧困對家庭生產效率和健康的影響。本章將逐一對以上研究的主要結論進行回顧，並提出相應的政策建議，最後展望未來研究的方向。

8.1　主要結論

第一，中國家庭能源使用效率研究的主要結論如下：①城、鎮、鄉家庭在能源消費行為習慣、經濟水準和能源設備方面存在顯著差異；②中國 2012 年的家庭平均能源使用效率為 63%，其中城市家庭的能源使用效率顯著低於鄉、鎮家庭；③城市家庭的能源使用效率的分佈跨度最大，能效最低和能效最高的家庭都存在於城市家庭中。

以上結論進一步完善了能源階梯理論。能源階梯理論認為能源效率與家庭的財富和社會經濟地位相關。本書所研究的能源使用效率包含設備效率和消費效率兩個方面，雖然城市家庭普遍配備高能效設備，卻因能源消費過程中的浪費而最終得到較低的能源使用效率，但是，現代設備和雄厚的經濟基礎仍然是達到高能源使用效率的重要條件。

第二，在微觀家庭潛在行為類型的研究發現：①通過內生分組的方式挖掘能源消費行為的異質性，中國家庭存在三個能源消費行為類別。每類能源消費受到不同因素的影響，例如教育水準的提高將抑制第二組家庭的能源消費；一些主觀態度，例如環保意識、社會不公的感受會引起第三組家庭的能源消費變化。②研究方法上，本書採用有限混合模型賦予每個樣本屬於每一類別的後驗

概率，從而更加靈活地模擬出真實的家庭能源消費行為。③收入並非在所有家庭的能源消費行為中佔據主導作用，第二組的能源消費不再因家庭收入的增長而上升。

　　第三，中國家庭多維能源貧困的研究結果表明：①我們首次從多維度、多層面探究家庭的多維能源貧困問題。中國家庭多維能源貧困指數為 0.246，其中 1 維及以上的能源貧困發生率為 44.7%，2 維以上的能源貧困發生率為 18.1%。中國家庭的能源貧困存在明顯的地域差異，農村家庭的多維能源貧困指數高於城市家庭；西部地區的家庭在能源可得性和經濟因素維度上均相對匱乏；西北地區和東北地區的能源貧困主要體現在經濟因素維度。②中國家庭的平均生產效率為 53.2%，能源貧困值越高的家庭生產效率越低；平均而言，能源貧困家庭比非能源貧困家庭的投入產出效率低 20% 以上。③能源貧困對家庭成員的健康水準存在負面影響。本書深入探討了多維度能源貧困對健康的影響機制。

8.2　政策建議

　　本書對能源階梯理論的實證探討可以引發以下與政策相關的思考：一方面，農村家庭相對城市家庭的能源使用效率更高，但是由於長期以來資源匱乏、缺少高科技支持和設備更新換代的思想觀念，能源使用效率提升的空間。政府可以在農村家庭節能家電的購買上提供補貼或者直接給予能源扶持。另一方面，本書發現城市家庭的能源使用效率的分佈跨度最大，有一部分家庭的能源使用效率非常低，同時也存在相對能效最高的群體。因此政府有必要區別化地對待城市家庭，例如採取階梯電價等價格調控手段，引導城市家庭節約用能。

　　本書有關效率研究的政策指導意義在於幫助決策者獲悉中國家庭能源使用效率的分佈。雖然現有文獻中絕大部分針對能源效率的研究涉及工程領域，然而這些效率的計算過程過於技術化，很少考慮家庭層面的經濟相關變量。例如能源消費行為中的家庭生活方式、經濟水準、社區經濟情況等。通過對能源超額消費的重新認識，第四章研究結果幫助政策制定者從消費者行為決策視角瞭解能源使用效率，並且為世界上其他國家或地區的相關研究和政策制定提供了能源效率的研究範例。

　　具體而言，有關家庭能源使用效率的科學估測為能源政策的制定指明了方

向。高能效家庭顯然可以更好地利用資源，進而提升整個家庭的能源使用效率。相比，低能效家庭在同等情況下得到能源扶持的效果比較有限。相反，能源使用效率低的家庭則可以從節能宣傳與教育中獲得更大的提升，例如能源使用效率為 40% 的家庭在節能宣傳中獲得的福利大於能效為 80% 的家庭；相比，高能效家庭在同樣的教育活動中的提高空間相對有限。根據以上政策分析，能源使用效率的估算有利於為不同家庭提供相應的政策扶持，進而優化資源配置和提升社會的整體福利。

　　本書有關異質性的研究實際上是通過潛在組別剖析微觀家庭行為中的異質性。此處的政策啟示在於政府應重點關注第一組家庭和第二組家庭，因為我們從分組後的家庭特徵中看到，第一組家庭總體上社會經濟地位最低（占全樣本的 5%），第二組家庭（占全樣本的 19%）則普遍存在過度耗費能源的現象。政府應該為前者提供更多經濟和資源方面的扶持，對後者實行嚴格的「階梯電價」以抑制其生活用能的過度耗費。通過獲悉中國家庭能源消費行為的類型，政府可以進一步指引家庭從一種能源行為模式轉向更優的能源消費模式。例如，將第一組家庭和第二組家庭通過不同方式引入第三組。另外，第三組家庭雖然為中國社會的主流家庭，但仍然有優化能源消費行為的可能性。從結果中看到該類型家庭的能源消費行為受到社會態度和環境意識的顯著影響，政府可以通過正確的價值觀引導其減少對高污染能源的需求。

　　能源貧困問題是中國亟待解決的民生問題。通過多維能源貧困的研究，文章發現中國在「家家通電」方面卓有成效，數據顯示，2012 年中國實現了絕大部分家庭的電能供給。對此，上述研究的政策建議主要集中在扶貧對象選擇上，政府應該逐步放棄「一刀切」割分能源貧困群體的方法，而是綜合考慮生活能源最缺乏並且能源消費需求不能滿足當下基本生存的家庭。家庭多維能源貧困值有助於幫助政府尋找最需要幫助的能源貧困群體，最終提升能源扶貧政策的實效性。結合實證結果，我們發現重點改善農村家庭的能源基礎設施建設（包括燃料和水源供給方面的升級），有助於減緩中國能源貧困程度和減少能源貧困的發生率。本書根據每個維度能源貧困的全國分佈情況，對不同地區的家庭提出了不同的資源引進建議：西北和東北地區的家庭亟待能源消費的經濟援助；西部偏遠地區則需要政府繼續推進相關的能源基礎建設，實現現代化能源的全面覆蓋。

　　現代能源的使用與人類健康密切相關，因此，學術界和政策制定者重視能源貧困及其相關話題。2015 年，聯合國 193 個成員達成了「人人可享有現代能源」的可持續發展目標（SDGs）。該目標致力於幫助人類獲取可靠、清潔、

安全的能源。在過去的20年中,能源問題得到了部分解決(IEA,2017)。例如,2000—2016年,全世界範圍內無法獲得電能的人數從17億人減少到11億人。目前,全世界經濟發展狀況較為平穩,但是想要完全達到預期的可持續發展目標還需要應對多重挑戰。目前世界上仍有很大一部分人只能使用固體燃料,但固體燃料燃燒後會導致室內空氣污染,並隨之產生嚴重的健康問題。雖然該問題在發展中國家較為突出,但在發達國家中同樣也存在類似現象。隨著能源價格的不斷上漲,滿足基本能源需求的成本也會隨之增長。在這種情況下,大部分家庭雖然可以獲得多樣的能源類型,但其中部分家庭卻無法負擔高昂的能源費用,最終使家庭健康惡化。因此,能源貧困是一個全世界範圍內亟待解決的重要問題。

根據IEA(2017)的調查,能源貧困人口主要集中在亞洲和非洲等欠發達地區,當地居民在能源可獲取和能源可支付維度均受到限制。而能源貧困本身含義廣泛,且受多個因素的影響。本書遵循這一特點,提出從多維度衡量能源貧困的方法,其中不僅觀測家庭成員是否能使用清潔燃料進行炊事活動,還衡量其是否具備能源消費在經濟方面的限制條件。目前中國仍有超過4億人使用傳統生物質——木柴、煤炭。越來越多的人發現隨著現代能源使用成本的上升,他們難以支付或者獲取滿足日常所需的清潔能源。中國現階段對這一問題的研究主要集中在單個層面或側重一個維度,這是本書從微觀家庭層面以及多個維度進行該話題研究的動機之一。本書使用了CFPS多年的調查數據,從多維度視角研究能源貧困動態分佈及其對家庭健康的影響。

本研究將為中國如何緩解能源貧困提供詳細的政策建議。首先,本研究以不同形式展示了中國各省的能源貧困動態分佈情況,為政策制定者提供了不同維度能源貧困的分佈情況。其次,本研究認為能源貧困是一個複雜的問題,難以僅僅依靠提升基礎設施建設來解決。儘管中國幾年來實現了100%的通電率,但在中國還有不少地區和居民處於不同程度的能源貧困危機中。

有關能源貧困的研究為經濟方面的幫扶提供了一些思路:首先,針對那些無法支付最基本生活能源的群體,政策政策制定者亟須啟動一系列降低能源成本的計劃,並且這些政策必須向能源貧困人群傾斜。例如優先幫扶能源消費量低於最低能源需求標準的家庭,制定發放補貼的標準,並高效地分配給優先幫扶對象。此外,提高能源使用效率與住宅保暖效率也是解決能源貧困問題的關鍵。例如,政府相關部門統一安裝高效供暖系統用以降低能源消費成本,並以此幫助因極端溫度導致能源貧困的群體。

最後,本書的研究發現能源貧困依然存在於城市家庭等非貧困地區。眾所

周知，使用固體燃料不僅會給家庭帶來健康危機，還會導致該區域碳排放增加，並且產生大量溫室氣體，最終污染環境。為此，政府應大力推廣清潔能源，從根本上使人們意識到清潔能源的高效性，從而提高空氣質量，保護環境。以上措施將有益於居民健康。具體而言，相關職能部門可以通過開發易獲取且價格合理的可再生能源，並鼓勵或補貼那些從使用固體燃料轉換為使用清潔能源的群體。

8.3 研究展望

除了本書研究結果的學術貢獻和相關政策建議之外，文章存在一些值得後續研究的地方。下面將從整體到局部的思路進行簡要的研究展望。

總體而言，在中國家庭能源消費行為和效率的研究中，本書在能源經濟學領域的家庭層面做出了顯著貢獻，以上豐富的研究結論再次突顯了本書的研究意義和潛在的政策指導價值。在此基礎上，本書的研究具備後續發展的可能。最重要的一個方面在於，我們需要獲取時間更長、能源消費信息量更大的微觀數據，為後續研究的開展做鋪墊。微觀家庭層面的眾多數據在近年來不斷公布，這為本書有關家庭能源消費領域的研究創造了良好的學術條件。另外，我們可以運用經濟發展同期階段的其他國家的微觀家庭樣本進行對照研究，從而實現家庭能源消費研究的跨國比較，並獲取中國家庭能源消費的國際差異。除了核心數據的支持以外，本書研究的三個方面均存在相關的研究展望，下文將依次闡述。

首先，在家庭能源效率的研究中，本書充分考慮了城、鎮、鄉家庭在能源消費行為中的差異，並完成了對全樣本的能源使用效率的估算。本書在此基礎上獲得了很多有價值的結論。進一步的研究可以更多地考慮家庭在其他方面的差異。例如，考察收入水準不同給能源消費帶來的影響，從而可以進行更直接的貧困研究；考察不同年齡段家庭成員的能源消費行為，從這個角度展開的研究將展現更多人口學方面的特徵。當然，這也為計量經濟學家在該領域的研究提出新的期望和挑戰，包括如何確保組內樣本具有足夠大的不同點，但也有足夠多的證據表明它們符合本組的核心特徵。

其次，根據 Deb 等（2011）的研究，潛在行為類型的後續研究將考慮更長時間段的數據以及將樣本進行面板數據固定效應的有限混合迴歸，這可以幫助我們實現追蹤同一個樣本在不同時間段的跨組動態變化。除了對樣本本身的關

注以外，還可以將溫度、空氣質量或者其他環境因素作為家庭能源行為的重要影響因素，通過關注環境的變化考察家庭能源消費行為的變化。以上展望將提高分組的準確性和進一步得出影響因素在不同組別的貢獻率。

最後，本書率先擴展了微觀家庭的多維能源貧困。因為現有數據有關能源消費的信息比較有限，我們的指標僅能涉及 4 個。除了本書已經羅列的這兩個維度四個指標，目前立足於可能引起能源貧困的消費者偏好、消費者能源問題認知程度等角度的研究還非常欠缺。部分農村居民是在主觀意識的支配下陷入能源貧困或者難以擺脫能源貧困，所以能源意識是目前非常值得探索的一個角度。如果數據允許，研究可以進一步擴展維度和指標。例如在原有的兩個維度上，基於行為經濟學領域加入能源意識這一維度，即居民因受教育水準、環保意識的影響，對清潔能源的認同度不同。同時中國作為一個統一的多民族國家、多種宗教並存國家，部分少數民族及宗教由於其民族或宗教所傳承的生活與用能習慣，可能會堅持固有的能源消費習慣，並對清潔能源或可再生能源持排斥態度。

除此之外，擬將四川欠發達地區——宣漢縣，作為中國家庭能源消費行為與效率研究的第一站。四川省作為中國能源貧困問題最為突出的省份之一，具有相關領域的重要研究價值。相對於中國典型的能源貧困，四川地區氣候地形條件多變、農村人口占比高、民族組成複雜，故其能源貧困問題具有獨特性。四川省政府對能源貧困問題高度重視。2017 年，四川省委、省政府首次把農村能源建設列為全省 22 個扶貧專項之一，農村能源建設在四川脫貧攻堅主戰場重裝上陣。2018 年，農村能源建設扶貧專項再次被列為四川省委、省政府扶貧專項，四川省農業廳主動擔當作為，聚焦精準脫貧新目標。據四川農村能源辦公室統計，宣漢縣年水資源總量、水能發電蘊藏量、年電能資源和天然氣儲量充足，太陽能利用條件突出，能源稟賦十分豐富。不僅如此，該縣基礎設施建設完善，交通、通信發達，區位優勢突出。但這樣一個資源豐富的地區，其農村人均年用電量僅為全國人均年用電量（524 千瓦時）的 1/3，屬於國家級貧困縣，其原因值得深入探索。

該縣本地針對上述問題出抬了相應政策。據宣漢縣農村能源辦公室發布的信息，2015 年，宣漢縣創建了三管機制，實行村委會代管、業主自行管理、供氣戶自治管理等模式，保障了新村集中供氣工程的正常運行。在 2017 年，更是發力新推高效低排生物質爐、以電代柴等產品，補貧困戶生活用能需求短板；強力建設沼氣新村集中供氣工程，補中小養殖場糞污處理和農戶沼氣需求短板；穩步擴增大型沼氣工程，補大型養殖場沼氣化處理糞污建設短板；積極

拓建沼渣沼液綜合利用示範點，補畜禽養殖面源污染治理短板（四川農村能源辦公室，2016）。

本研究將通過調研搜集宣漢縣 1,000 戶農村家庭收入及人員構成等基本社會、人口、經濟情況和能源消費行為、電器使用情況及其能源意識等信息，結合經濟學方法，研究各個農村家庭能源消費行為的使用效率、潛在類型和能源貧困三個方面。

本研究將構建所選樣本家庭的前沿需求函數，獲得每個家庭的能源使用效率。如情況允許，還會考察收入水準不同給能源消費帶來的影響，進行更直接的貧困研究。

同時，將通過關注不同年齡段家庭成員的能源消費行為，通過關注溫度、空氣質量等環境的變化考察家庭能源消費行為的變化。此外，本次調研將從能源獲取、能源意識和經濟等盡量多的維度來衡量農村家庭是否存在能源貧困現象。特別是基於行為經濟學領域加入能源意識這一維度，即居民因受教育水準、環保意識的影響，對清潔能源的認同度不同。同時中國作為一個多民族、多種宗教並存的國家，部分少數民族及宗教由於其民族或宗教所傳承的生活與用能習慣，可能會對清潔能源或可再生能源持排斥態度。

最後，根據研究結果，本調研將為該縣本地解決能源貧困問題提供一套行之有效的方案。該方案應具有一定的普遍性，對四川省農村地區乃至全國在探討和解決能源貧困方面有一定的參考價值。

參考文獻

中文參考文獻

[1] 安徽省民生工程辦公室. 秸稈綜合利用提升工程實施辦法 [R/OL]. (2018-04-25). http://www.ahcz.gov.cn/portal/zdzt/msgc/zccs/1524615432055396.htm.

[2] 中華人民共和國財政部. 關於全國推廣家電下鄉工作的通知 [R/OL]. (2018-12-05). http://www.gov.cn/gzdt/2008-12-05/content_1169347.htm.

[3] 陳斌開, 陸銘, 鐘寧樺. 戶籍制約下的居民消費 [J]. 經濟研究, 2010 (S1): 62-71.

[4] 陳立中. 收入、知識和健康的三類貧困測算與解析 [J]. 改革, 2008, 3: 144-148.

[5] 陳士杰. 杭州市大氣污染對人體健康危害的經濟損失研究 [J]. 中國公共衛生, 1999, 15 (4): 316-317.

[6] 陳迅, 袁海蔚. 中國生活能源消費行為影響因素的實證研究 [J]. 消費經濟, 2008, 5: 47-50.

[7] 程川, 陳蓓, 任紹光. 重慶農村不同家庭能源消費研究 [J]. 可再生能源, 2004, 5: 26-28.

[8] 丁繼紅, 應美玲, 杜在超. 中國農村家庭消費行為研究——基於健康風險與醫療保障視角的分析 [J]. 金融研究, 2013, 10: 154-166.

[9] 丁士軍, 陳傳波. 貧困農戶的能源使用及其對緩解貧困的影響 [J]. 中國農村經濟, 2002 (12): 27-32.

[10] 丁永霞. 中國家庭能源消費的時空變化特徵分析 [D]. 蘭州: 蘭州大學, 2017.

[11] 樊杰, 李平星. 基於城市化的中國能源消費前景分析及對碳排放的相關思考 [J]. 地球科學進展, 2011, 26 (1): 57-65.

[12] 高帥. 社會地位、收入與多維貧困的動態演變——基於能力剝奪視角的分析［J］. 上海財經大學學報, 2015, 6: 32-40.

[13] 高翔. 西藏農牧區民居室內空氣污染及其對策研究［D］. 上海: 復旦大學, 2008.

[14] 郜曉雯, 張霽陽, 曹廣忠. 城市住宅能源消耗的國內外研究評述［J］. 城市觀察, 2012, 2: 168-178.

[15] 廣東省發展改革委. 廣東省「十三五」能源結構調整實施方案［R/OL］.（2017-12-25）. http://zwgk.gd.gov.cn/006939756/201712/t20171226_738919.html.

[16] 郭建宇, 吳寶國. 基於不同指標及權重選擇的多維貧困測量——以山西省貧困縣為例［J］. 中國農村經濟, 2012, 2: 12-20.

[17] 財政部, 國家發展改革委. 高效節能產品推廣財政補助資金管理暫行辦法［R/OL］.（2009-05-26）. https://baike.baidu.com/item/%E9%AB%98%E6%95%88%E8%8A%82%E8%83%BD%E4%BA%A7%E5%93%81%E6%8E%A8%E5%B9%BF%E8%B4%A2%E6%94%BF%E8%A1%A5%E5%8A%A9%E8%B5%84%E9%87%91%E7%AE%A1%E7%90%86%E6%9A%82%E8%A1%8C%E5%8A%9E%E6%B3%95/9553157.

[18] 國家發展改革委, 財政部. 關於印發《節能技術改造財政獎勵資金管理辦法》的通知［R/OL］.（2011-06-21）. http://www.gov.cn/zwgk/2011-06/24/content_1891712.htm.

[19] 國家發展改革委, 國家海洋局. 國家發展改革委 國家海洋局關於印發全國海洋經濟發展「十三五」規劃（公開版）的通知［R/OL］.（2017-05-04）. http://www.ndrc.gov.cn/zcfb/zcfbghwb/201705/t20170512_847297.html.

[20] 國家發展改革委, 國家能源局, 國土資源部. 關於印發《地熱能開發利用「十三五」規劃》的通知［R/OL］.（2017-02-06）. http://www.ndrc.gov.cn/zcfb/zcfbghwb/201702/t20170204_837204.html.

[21] 國家發展改革委, 國家能源局. 國家發展改革委 國家能源局關於印發能源發展「十三五」規劃的通知［R/OL］.（2016-12-26）. http://www.ndrc.gov.cn/zcfb/zcfbtz/201701/t20170117_835278.html.

[22] 國家發展改革委, 國家能源局. 國家發展改革委 國家能源局關於印發煤炭工業發展「十三五」規劃的通知［R/OL］.（2016-12-22）. http://www.ndrc.gov.cn/fzgggz/fzgh/ghwb/gjjgh/201706/t20170605_850004.html

[23] 國家發展改革委, 能源局. 電力發展「十三五」規劃［R/OL］.

（2016-11-07）. http://www. ndrc. gov. cn/fzgggz/fzgh/ghwb/gjjgh/201706/t20170605_849994.html

[24] 國家發展改革委，農業部. 發展改革委 農業部關於印發《全國農村沼氣發展「十三五」規劃》的通知［R/OL］.（2017-01-25）. http://www.gov.cn/xinwen/2017-02/10/content_5167076.htm.

[25] 國家發展改革委，水利部，住房城鄉建設部. 三部門關於印發《節水型社會建設「十三五」規劃》的通知［R/OL］.（2017-01-17）. http://www.gov.cn/xinwen/2017-01/22/content_5162277.htm.

[26] 國家發展改革委. 國家發展改革委印發關於居民生活用電試行階梯電價的指導意見的通知［R/OL］.（2011-11-30）. http://www.gov.cn/gzdt/2011-12/01/content_2007657.htm.

[27] 國家發展改革委. 國家發展改革委關於印發《河北省張家口市可再生能源示範區發展規劃》的通知［R/OL］.（2015-07-29）. http://www.ndrc.gov.cn/zcfb/zcfbtz/201507/t20150729_743278.html.

[28] 國家發展改革委. 國家發展改革委關於印發《可再生能源發展「十三五」規劃》的通知［R/OL］.（2016-12-10）. http://www.ndrc.gov.cn/zcfb/zcfbtz/201612/t20161216_830264.html.

[29] 國家發展改革委. 國家發展改革委關於印發石油天然氣發展「十三五」規劃的通知［R/OL］.（2016-12-24）. http://www.ndrc.gov.cn/zcfb/zcfbtz/201701/t20170119_835560.html.

[30] 國家可再生能源中心. 國際可再生能源發展報告：2012［M］. 中國經濟出版社，2013.

[31] 國務院. 國務院關於促進光伏產業發展的若干意見［R/OL］.（2016-07-15）. http://www.gov.cn/zwgk/2013-07/15/content_2447814.htm.

[32] 韓珊. 農戶清潔能源消費行為影響因素研究［D］. 咸陽：西北農林科技大學，2016.

[33] 郝宇，尹佳音，楊東偉. 中國能源貧困的區域差異探究［J］. 中國能源，2014，36（11）：34-38.

[34] 河北省物價局. 張家口市物價局轉發河北省物價局關於明確光伏扶貧電站電價補貼政策的通知［R/OL］.（2018-05-16）. http://www.zjkwj.gov.cn/New.asp? ID=3833.

[35] 胡海媛. 中華傳統法律文化中的民族性格——兼論民族性格對中國法治進程的影響［J］. 商品與質量，2012（s3）：116-117.

[36] 胡雯，陳林長，嚴靜嫻，等.居民非生產性低碳消費行為影響因素的實證分析——基於TPB理論 [J].資源環境，2014，5：19-21.

[37] 湖北省能源局，湖北省扶貧辦.湖北省能源局發布湖北省光伏扶貧規劃（2017—2019年）[R/OL].（2018-06-06）.http://www.hubei.gov.cn/xxbs/bmbs/sfgw1/201806/t20180606_1295774.shtml.

[38] 黃心如.能源貧困文獻綜述 [J].科研，2016（11）：192-193.

[39] 計志英，賴小鋒，賈利軍.家庭部門生活能源消費碳排放：測度與驅動因素研究 [J].中國人口資源與環境，2016，26（5）：64-72.

[40] 江蘇省人民政府辦公廳.省政府辦公廳關於印發江蘇省「十三五」能源發展規劃的通知 [R/OL].（2017-05-22）.http://dpc.wuxi.gov.cn/doc/2017/05/16/1323177.shtml.

[41] 李慷，劉春鋒，魏一鳴.中國能源貧困問題現狀分析 [J].中國能源，2011，33（8）：31-35.

[42] 李慷.能源貧困綜合評估方法及其應用研究 [D].北京：北京理工大學，2014.

[43] 李默杰，王璐雯，米志付.中國消除能源貧困的政策與行動 [J].研究與探討，2014，8（36）：40-43.

[44] 李慶濤.中國區域協調政策發展與實踐 [J].合作經濟與科技，2015（1）：16-19.

[45] 李豔梅，張紅麗.城市化對家庭 CO_2 排放影響的區域差異——基於中國省級面板數據的分析 [J].資源科學，2016，38（3）：545-556.

[46] 廖華，唐鑫，魏一鳴.能源貧困研究現狀與展望 [J].中國軟科學，2015（8）：58-71.

[47] 林伯強，李江龍.環境治理約束下的中國能源結構轉變——基於煤炭和二氧化碳峰值的分析 [J].中國社會科學，2015（9）：84-107.

[48] 林伯強，杜克銳.理解中國能源強度的變化：一個綜合的分解框架 [J].世界經濟，2014，4：69-87.

[49] 林明切，顏曉莉，楊富強.可再生能源是空氣污染的終結方案 [J].世界環境，2013（2）：34-39.

[50] 劉靜，朱立志.中國農戶能源消費實證研究——基於河北、湖南、新疆農戶的調查數據 [J].農業技術經濟，2011（2）：35-40.

[51] 羅楚亮.經濟轉軌、不確定性與城鎮居民消費行為 [J].經濟研究，2004，4：100-106.

[52] 羅國亮,職菲.國外能源貧困文獻綜述[J].華北電力大學學報(社會科學版),2012,4:12-16.

[53] 呂慧,路利平,王亞娟.中國北方居民能源消費分析[J].資源節約與環保,2013(10):39-39.

[54] 盧文剛,劉鴻燕.完善中國能源政策的對策[J].經濟縱橫,2013(2):56-59.

[55] 麼桂杰.儒家價值觀、個人責任感對中國居民環保行為的影響研究[D].北京:北京理工大學,2014.

[56] 清華大學建築節能研究課題組.社會地位結構與節能行為關係研究[J].江蘇社會科學,2011,6:47-54.

[57] 史丹.中國能源效率的地區差異與節能潛力分析[J].中國工業經濟,2006,10:49-58.

[58] 四川農村能源辦公室.宣漢縣農村能源現狀與思考[R/OL].(2014-11-18).http://www.scnn.cn/shixian/201606/458.html.

[59] 史清華,彭小輝,張銳.中國農村能源消費的田野調查——以晉黔浙三省2253個農戶調查為例[J].管理世界,2014,5:80-92.

[60] 孫威,韓曉旭,梁育填.能源貧困的識別方法及應用分析——以雲南省怒江州為例[J].自然資源學報,2014,29(4):575-586.

[61] 孫永龍,牛叔文,胡嫄嫄,等.高寒藏區農牧村家庭能源消費特徵及影響因素——以甘南高原為例[J].自然資源學報,2015,30(4):569-579.

[62] 湯韻,梁若冰.能源替代政策能否改善空氣質量——兼論能源定價機制的影響[J].中國人口·資源與環境,2018(6).

[63] 王虎.大力發展農村沼氣 推動婦女全面進步[J].農業工程技術(新能源產業),2013(7):8-10.

[64] 王娟娟.城市綠色社區建設研究——以瀋陽萬科花園新城為例[D].大連:遼寧師範大學,2008.

[65] 王韜,毛建新.流動人口家庭與城鎮家庭的消費差異[J].人口與經濟,2015,4:60-68.

[66] 王小林,Alkire S.中國多維貧困測量:估計和政策含義[J].中國農村經濟,2009,12:4-10.

[67] 王效華,胡曉燕.農村家庭能源消費的影響因素[J].農業工程學報,2010,26(3):294-297.

[68] 王效華,張希成.戶用沼氣池對農村家庭能源消費的影響——以江

蘇省漣水縣為例 [J]. 太陽能學報, 2005, 3: 419-423.

[69] 王衍行, 汪海波, 樊柳言. 中國能源政策的演變及趨勢 [J]. 理論學刊, 2012 (9): 70-73.

[70] 王卓宇. 能源貧困與聯合國發展目標 [J]. 現代國際關係, 2015 (11): 52-59.

[71] 魏楚, 沈滿洪. 規模效率與配置效率——一個對中國能源低效的解釋 [J]. 世界經濟, 2009, 4: 84-96.

[72] 魏楚, 沈滿洪. 能源效率研究發展及趨勢. 一個綜述 [J]. 浙江大學學報 (人文社會科學版), 2009, 39 (3): 55-63.

[73] 吳玉鳴. 中國區域能源消費的決定因素及空間溢出效應——基於空間面板數據計量經濟模型的實證 [J]. 南京農業大學學報 (社會科學版), 2012, 12 (4): 124-132.

[74] 先巴. 生態學視閾中的藏族能源文化 [J]. 青海民族研究, 2005 (3): 42-47.

[75] 向微. 中國農村能源貧困評估及政策建議 [D]. 廈門: 廈門大學, 2014.

[76] 肖悅, 田永中, 許文軒, 等. 中國城市大氣污染特徵及社會經濟影響分析 [J]. 生態環境學報, 2018 (3).

[77] 楊紅亮, 史丹. 能效研究方法和中國各地區能源效率的比較 [J]. 經濟理論與經濟管理, 2008, 3: 12-20.

[78] 姚建平. 城鄉家庭能源消費模式比較研究 [J]. 華北電力大學學報 (社會科學版), 2011 (6): 6-13.

[79] 姚建平. 中國農村能源貧困現狀與問題分析 [J]. 華北電力大學學報 (社會科學版), 2013 (3): 7-15.

[80] 姚建平. 論家庭能源消費行為研究 [J]. 節能與減排, 2009, 4: 7-12.

[81] 岳來群, 夏麗洪. 宏觀形勢變化下的各國能源政策應對——2008年國外能源政策綜述 [J]. 國際石油經濟, 2009, 17 (2): 1-6.

[82] 張金良, 帕拉沙提, 劉玲, 等. 中國農村室內空氣污染及其對健康的危害 [J]. 環境與職業醫學, 2007, 24 (4): 412-416.

[83] 張妮妮, 徐衛軍, 曹鵬宇. 影響農戶生活能源消費的因素分析 [J]. 中國人口科學, 2011, 3: 73-82.

[84] 張全紅, 周強. 中國多維貧困的測度及分解: 1989—2009. [J]. 數量技術經濟研究, 2014, 7: 88-101.

[85] 張清立. 美日能源稅制與相關產業發展研究 [D]. 長春: 吉林大學, 2014.

[86] 張偉, 吳文元. 基於環境績效的長三角都市圈全要素能源效率研究 [J]. 經濟研究, 2011, 10: 95-109.

[87] 張偉進, 胡春田, 方振瑞. 農民工遷移、戶籍制度改革與城鄉居民生活差距 [J]. 南開經濟研究, 2014, 2: 30-53.

[88] 張文淵. 淮海農村家庭生活用能和能源消費的分析研究 [J]. 能源研究與信息, 2004, 1: 53-57.

[89] 張雪梅, 王莉, 餘璐, 等. 太陽竈對貧困婦女生活質量的改善——西藏白朗縣的實證研究 [J]. 婦女研究論叢, 2005 (4): 27-31.

[90] 張耀軍, 楊凡. 現階段中國農民節能意識研究——基於浙江省四個村莊婦女節能的調查 [J]. 資源與產業, 2008, 10 (4): 78-82.

[91] 鄭筱婷, 蔣奕, 林暾. 公共財政補貼特定消費品促進消費了嗎?——來自「家電下鄉」試點縣的證據 [J]. 經濟學 (季刊), 2012, 4: 1323-1344.

[92] 中國人民政府.《巴黎協定》全文中文版公布 [R/OL]. (2015-12-18). http://qhs.ndrc.gov.cn/gzdt/201512/t20151218_767995.html.

[93] 鐘世澂. 節能減排戰略推進的文化阻滯研究 [J]. 西南石油大學學報 (社會科學版), 2015, 17 (5): 31-36.

[94] 周篁, 馬勝紅, 許洪華. 中國「光明工程」第一期項目實施計劃 [J]. 中國能源 2001, 8: 10-14.

[95] 周瑋. 可持續發展視角下的中國能源稅法律制度構建研究 [D]. 北京: 首都經濟貿易大學, 2017.

[96] 杜運偉, 黃濤珍, 康國定. 基於微觀視角的城市家庭碳排放特徵及影響因素研究——來自江蘇城市家庭活動的調查數據 [J]. 人口與經濟, 2015 (2): 30-39.

[97] 郭海濤. 2015 年中國能源政策調整方向及重點研判 [J]. 國際石油經濟, 2015, 23 (2): 19-22.

[98] 何威風, 閻建忠, 花曉波. 不同類型農戶家庭能源消費差異及其影響因素——以重慶市「兩翼」地區為例 [J]. 地理研究, 2014, 33 (11).

[99] 賀愛忠, 李韞武, 蓋延濤. 城市居民低碳利益關注和低碳責任意識對低碳消費的影響——基於多群組結構方程模型的東、中、西部差異分析 [J]. 中國軟科學, 2011 (8): 185-192.

[100] 申俊, 孫涵, 成金華. 中國城鎮居民能源消費及其影響因素 [J]. 北京理工大學學報 (社會科學版), 2016, 18 (1): 45-53.

[101] 田青. 中國城鎮居民收入與消費關係的協整檢驗——基於不同收入階層的實證分析 [J]. 消費經濟, 2008, 24 (3): 7-10.

[102] 王駿, 王士同, 鄧趙紅. 聚類分析研究中的若干問題 [J]. 控制與決策, 2012, 27 (3).

[103] 王欽池, Qinchi W. 家庭規模對中國能源消費和碳排放的影響研究 [J]. 資源科學, 2015, 37 (2): 299-307.

[104] 張文淵. 淮海農場家庭生活用能和能源消費的調查 [J]. 能源研究與利用, 2000 (2): 12-15.

[105] 張馨, 牛叔文, 趙春升, 等. 中國城市化進程中的居民家庭能源消費及碳排放研究 [J]. 中國軟科學, 2011 (9): 65-75.

[106] 趙曉麗, 李娜. 中國居民能源消費結構變化分析 [J]. 中國軟科學, 2011 (11): 40-51.

[107] 趙雪雁. 生計方式對農戶生活能源消費模式的影響——以甘南高原為例 [J]. 生態學報, 2015, 35 (5): 1610-1619.

[108] 周五七. 能源價格、效率增進及技術進步對工業行業能源強度的異質性影響 [J]. 數量經濟技術經濟研究, 2016 (2): 130-143.

[109] 朱平芳, 張徵宇. 無條件分位數迴歸: 文獻綜述與應用實例 [J]. 統計研究, 2012 (3): 88-96.

[110] 孫岩, 江凌. 心理因素對城市居民能源消費行為的影響研究 [J]. 消費經濟, 2013 (3): 77-79.

[111] 李豔梅, 張雷. 中國能源消費增長原因分析與節能途徑探討 [J]. 中國人口·資源與環境, 2008, 18 (3): 83-87.

英文參考文獻

[1] AIGNER D, LOVELL C A K, SCHMIDT P. Formulation and estimation of stochastic frontier production function models [J]. Journal of econometrics, 1977, 6 (1): 21-37.

[2] ALKIRE S, FOSTER J. Counting and multidimensional poverty measurement [J]. Journal of public economics, 2011, 95 (7-8): 476-487.

[3] ALKIRE S, FOSTER J. Understandings and misunderstandings of multidimensional poverty measurement [J]. The journal of economic inequality, 2011, 9:

289-314.

[4] ANDADARI R K, MULDER P, RIETVELD P. Energy poverty reduction by fuel switching. Impact evaluation of the LPG conversion program in Indonesia [J]. Energy policy, 2014, 66: 436-449.

[5] ANG B, LIU F. A new energy decomposition method: perfect in decomposition and consistent in aggregation [J]. Energy, 2001, 26 (6): 537-548.

[6] ARNOLD J E M, KOHLIN G, PERSSON R. Woodfuels, livelihoods and policy interventions: Changing perspectives [J]. World development, 2006, 34 (3): 596-611.

[7] AUDRETSCH D B, FELDMAN M P. R&D spillovers and the geography of innovation and production [J]. American economics review, 1996, 86 (3): 630-640.

[8] BAKER P, BLUNDELL R, MICKLEWRIGHT J. Modelling household energy expenditures using micro-data [J]. The economic journal, 1989, 99: 720-738.

[9] BARNES D, FLOOR W. Rural energy in developing countries: a challenge for economic development [J]. Annual review of energy and the environment, 1996, 21: 497-530.

[10] BARNES D, KHANDKER S, SAMAD H. Energy access, efficiency and poverty: how many households are energy poor in Bangladesh? [J]. World bank policy research working paper, 2016, No. 5332.

[11] BARNES D, KHANDKER S, SAMAD H. Energy poverty in rural Bangladesh [J]. Energy policy, 2011, 39, 894-904.

[12] BARNETT A. Energy and the fight against poverty [J]. Livelihood sector report, 2000.

[13] BATTESE G E, COELLI T J. Frontier production functions and technical efficiency: a survey of empirical applications in agricultural economics [J]. Agricultural economics, 1988, 7, 185-208.

[14] BATTESE G E, RAO D S P, O'DONNELL C J. A metafrontier production function for estimation of technical efficiencies and technology potentials for firms operating under different technologies [J]. Joural of productivity analysis, 2004, 21: 91-103.

[15] BATTESE G E, COELLI T J. A model for technical inefficiency effects in a stochastic frontier production function for panel data [J]. Empirical economics, 1995, 20: 325-332.

［16］ BATTESE G E, RAO D S P. Technology potential, efficiency and a stochastic metafrontier function ［J］. International journal of business and economics, 2002, 1 (2): 87-93.

［17］ BENNETT M, COOKE D, WADDAMS C. Left out in the cold? New energy tariffs, low-income households and the fuel poor ［J］. Fiscal studies, 2002, 23 (2): 167-194.

［18］ BERKEY C S, WARE J H, DOCKERY D W, et al. Indoor air pollution and pulmonary function growth in preadolescent children ［J］. American journal of epidemiology, 1986, 123 (2): 250.

［19］ BERNSTEIN J I. Cost of Production, Intra-and Inter-industry R&D Spillovers: Canadian Evidence ［J］. Canadian economics association, 1988 (3): 324-347.

［20］ BHAGAVAN M R, GIRIAPPA S. Biomass, energy and economic and natural resource differentiation in rural southern India ［J］. Biomass and bioenergy, 1994, 8 (3): 181-190.

［21］ BIN S, DOWLATABADI H. Consumer lifestyle approach to US energy use and the related CO_2 emmissions ［J］. Energy policy, 2005, 33: 197-208.

［22］ BLASCO L I, HIDALGO I, GOMEZ W, et al. Behavioral factors study of residential users which influence the energy consumption ［J］. Renewable energy, 2001, 24: 521-527.

［23］ BOARDMAN B. Fuel poverty: from cold homes to affordable warmth ［M］. London: Behaven press, 1991.

［24］ BOARDMAN B. New directions for household energy efficiency: evidence from the UK ［J］. Energy policy, 2004, 32: 1921-1933.

［25］ BOYD G A. Estimating the Distribution of Plant-Level Manufacturing Energy Efficiency with Stochastic Frontier Regression ［J］. Working papers, 2007.

［26］ BOYD G A. Estimating plant level manufacturing energy efficiency with stochastic frontier regression ［J］. The energy journal, 2008, 29 (2): 23-44.

［27］ BOYD G A, ROOP J M. A note on the fisher ideal index decomposition for structural change in energy intensity ［J］. The energy journal, 2004, 25 (1): 87-101.

［28］ BOYD G, PANG J. Estimation the linkage between energy efficiency and productivity ［J］. Energy policy, 2000, 28: 289-296.

［29］ bp. 2017.「BP世界能源統計年鑒2017」https://www.bp.com/zh_cn/

china/reports-and-publications/_bp_2017-_.html

[30] BROADSTOCK D, LI J, ZHANG D. Efficiency snakes and energy ladders: A (meta-) frontier demand analysis of electricity consumption efficiency in Chinese households [J]. Energy policy, 2016, 91: 383-396.

[31] BROUWER R, FALCAO M P. Wood fuel consumption in Maputo, Mozambique [J]. Biomass and bioenergy, 2004, 27: 233-245.

[32] BUCK J, YOUNG D. The potential for energy efficiency gains in the canadian commercial building sector: A stochastic frontier study [J]. Energy, 2006, 32 (9): 1769-1780.

[33] BYRNES P, FARE R, GROSSKOPF S, et al. The effect of unions on productivity: U.S. surface mining of coal [J]. Management science, 1987, 34 (9): 1037-1053.

[34] CAMPBELL B M, VERMEULEN S J, MANGONO J J, et al. The energy transition in action: urban domestic fuel choices in a changing zimbabwe. [J]. Energy policy, 2003, 31: 553-562.

[35] CHEN Y, EBENSTEIN A, GREENSTONE M, et al. Evidence on the impact of sustained exposure to air pollution on life expectancy from China's Huai River policy [J]. Proceedings of the national academy of sciences, 2013, 110 (32): 12936-12941.

[36] CHEN Y, LI X, ZHENG Y, et al. Estimating the relationship between urban forms and energy consumption: A case study in the Pearl River Delta, 2005-2008 [J]. Landscape and urban planning, 2011, 102: 33-42.

[37] CHEN Z, SONG S. Efficiency and technology gap in China's agriculture: a regional meta-frontier analysis [J]. China economic review, 2008, 19: 287-296.

[38] CHEN Z, SONG S. Efficiency and technology gap in China's agriculture: a regional meta-frontier analysis [J]. China economics review, 2008, 19: 287-296.

[39] CLINCH J P, HEALY J D. Housing standards and excess winter mortality [J]. Journal of epidemiology and community health, 2000, 54 (9): 719-720.

[40] COE D T, HELPMAN E. International R-and-D spillovers [J]. European economics review, 1995, 39 (5): 859-887.

[41] COELLI J T, RAO D S P, DONNEL J O C, et al. An introduction to efficiency and productivity analysis [M]. 北京: 中國人民大學出版社, 2008.

[42] COGGINS J, SWINTON J. The price of pollution: a dual approach to val-

uing SO_2 allowances [J]. Journal of environmental economics and management, 1996, 30: 58-72.

[43] COHEN W M, GOTO A, NAGATA A, et al. R&D spillovers, patents and the incentives to innovate in Japan and the united states [J]. Research policy, 2002, 31 (8-9): 1349-1367.

[44] COOKE P, KOHLI G, HYDE W. Fuel wood, forests and community management- evidence from household studies [J]. Environment and development economics, 2008, 13: 103-135.

[45] CORNWELL C. Production frontiers with cross-sectional and time-series variation in efficiency levels [J]. Journal of econometrics, 1990, 46: 185-200.

[46] CRAWFORD I, PENDAKUR K. How many types are there? [J]. The economic journal, 2012, 123: 77-95.

[47] DAVIS M. Rural household energy consumption: The effects of access to electricity evidence from South Africa [J]. Energy policy, 1998, 26: 207-217.

[48] DEB P, GALLO T W, AYYAGARI PADMAJA FLETCHER M JAON, et al. Job loss: eat, drink and try to be merry? [J]. Working paper, 2009.

[49] DEB P, TRIVEDI K P. Finite mixture for panels with fixed effects [J]. Working paper, 2011.

[50] DEUTSCH J, SILBER J. Measuring multidimensional poverty: an empirical comparison of various approach [J]. Review of income and wealth, 2005, 51 (1): 145-174.

[51] DOLNICAR S, CROUCH G I, DEVINNEY T, et al. Tourism and discretionary income allocation. Heterogeneity among households [J]. Tourism management, 2008, 29 (1): 44-52.

[52] DUCLOS J, SAHN D, YOUNGER S. Robust multidimensional poverty comparisons [J]. The economic journal, 2006, 116: 943-968.

[53] DUTT G S, RAVINDRANATH N H. Bioenergy: Direct applications in cooking [J]. 1993.

[54] EAKINS J. An application of the double hurdle model to petrol and diesel household expenditures in Ireland [J]. Transport policy, 2016 (4).

[55] FAN J L, YU H, WEI Y M. Residential energy-related carbon emissions in urban and rural China during 1996-2012: From the perspective of five end-use activities [J]. Energy and buildings, 2015, 96: 201-209.

[56] FARSI M, FILIPPINI M, PACHAURI S. Fuel choices in urban Indian households [J]. Environment and development economics, 2007, 12: 757-774.

[57] FENG D, BENJAMIN S, KHUONG M. The barriers to energy efficiency in China: assessing household electricity savings and consumer behavior in Liaoning Province [J]. Energy policy, 2010, 38: 1202-1209.

[58] FILIPPINI M, HUNT L. Energy demand and energy efficiency in the OECD countries: a stochastic demand frontier approach [J]. Energy journal, 2011, 32: 59-80.

[59] FILIPPINI M, HUNT L. US residential energy demand and energy efficiency: a stochastic demand frontier approach [J]. Energy economics, 2012, 34: 1484-1491.

[60] FILIPPINI M, HUNT L. Underlying energy efficiency in the US [J]. CERETH economics working paper, 2013, Series 13/181.

[61] FILIPPINI M, ZHANG L. Measurement of the「Underlying Energy Efficiency」in Chinese provinces [J]. Working paper, 2013.

[62] FOSTER V, TRE J P, WODON Q. Energy prices, energy efficiency, and fuel poverty, unpublished paper. Latin America and Caribbean regional studies program [J]. Washington, DC: the world bank, 2000.

[63] FREEMAN S L, NIEFER M J. Measuring industrial energy intensity: practical issues and problems [J]. Energy Policy, 1997, 25 (7-9): 703-714.

[64] GELLER H, HARRINGTON P, ROSENFELD H A, et al. Polices for increasing energy efficiency: thirty years of experience in OECD countries [J]. Energy policy, 2006, 34: 556-573.

[65] GLASS J C, MCKILLOP D G, HYNDMAN N. Efficiency in the provision of university teaching and research: an empirical analysis of UK universities [J]. Journal of applied economnics, 1995, 10 (1): 61-72.

[66] GOLDEMBERG J, JOHANSSON T B. Energy as an instrument for socioeconomic development [M]. New York: United Nations Development Program, 1995.

[67] GOLDEMBERG J, REDDY A K N, SMITH K R, et al. Rural energy in developing countries // Goldemberg, J. (Ed.), world energy assessment: energy and the challenge of sustain- ability [C]. New York: United Nations Development Program, 2000.

[68] GONZÁLEZ-EGUINO M. Energy poverty: an overview [J]. Renewable

and sustainable energy reviews, 2015, 47: 377-385.

[69] GREEN G, GILBERSON J. Health impact evaluation of the warm front scheme. Sheffield hallam university. Centre for Regional Social and Economic Research, 2008.

[70] GREENE W. Econometric Analysis [M]. 7th edition. Upper Saddle River: Prentice-Hall, 2011.

[71] GREENING L, DAVIS W. Comparison of six decomposition methods: application to aggregate energy intensity for manufacturing in 10 OECD countries [J]. Energy economics, 1997, 19 (3): 375-390.

[72] GRIMM N B, FOSTER D, GROFFMAN P, et al. The changing landscape: ecosystem responses to urbanization and pollution across climatic and societal gradients [J]. Frontiers in ecology and the environment, 2008, 6 (5): 264-272.

[73] GUO S, ZHAO H, LI C, et al. Significant factors influencing rural Residents' Well-Being with regard to electricity consumption: an empirical analysis in China [J]. Sustainability, 2016, 8: 1-13.

[74] GUPTA G, KOHLIN G. Preferences for domestic fuel: analysis with socio-economic factors and rankings in Kolkata, India [J]. Ecological economics, 2006, 57: 107-121.

[75] HALVORSEN R. Residential demand for electricity [M]. Cambridge, Massachusetts: Environmental Systems Program, Harvard University, 1972.

[76] HALVORSEN R. Residential demand for electric energy [J]. Rev. Econ. Stat, 1975, 57 (1): 12-18.

[77] HARTMAN R. Frontiers in energy demand modeling [J]. Annual review of energy, 1979, 4 (1): 433-466.

[78] HE X, REINER D. Electricity demand and basic needs: empirical evidence from China's households [J]. Energy policy, 2016, 90: 212-221.

[79] HEALY J D. Excess winter mortality in Europe: a cross-country analysis identifying key risk factors [J]. Journal of epidemiology and community health, 2003, 57: 784-789.

[80] HEALY J D. Housing, fuel poverty and health: a pan-european analysis [M]. Aldershot: Ashgate Publishers, 2004.

[81] HEALY J D, CLINCH P J. Quantifying the severity of fuel poverty, its relationship with poor housing and reasons for non-investment in energy-saving meas-

ures in Ireland [J]. Energy policy, 2004, 32: 207-220.

[82] HELTBERG R. Fuel switching: evidence from eight developing countries [J]. Energy economics, 2004, 26: 869-887.

[83] HELTBERG R. Factors determining household fuel choice in Guatamala [J]. Environment and development economics, 2005, 10: 337-361.

[84] HERNANDEZ-SANCHO F, MOLINOS-SENANTE M, SALA-GARRIDO R. Energy efficiency in spanish wastewater treatment plans: a nonradial DEA approach [J]. Science of the total environment 2011, 409: 2693-2699.

[85] HIEMSTRA-VAN DER HORST G, HOVORKA A J. Reassessing the 「energy ladder」: household energy use in Maun, Botswana [J]. Energy policy, 2008, 36 (9): 3333-3344.

[86] HONMA S, HU J L. Total-factor energy efficiency of regions in Japan [J]. Energy policy, 2008, 36 (2): 821-833.

[87] HOOD E. Dwelling disparities: how poor housing leads to poor health [J]. Environmental health perspectives, 2005, 113: A310-A317.

[88] HOSIER R H, DOWD J. Household fuel choice in Zimbabwe: an empirical test of the energy ladder hypothesis [J]. Resources and energy, 1987, 9 (4): 347-361.

[89] HOSIER R H, KIPONDYA W. Urban household energy use in Tanzania. Prices, substitutes and poverty [J]. Energy policy, 1993, 21: 454-473.

[90] HOUTHAKKER H S. Some calculations on electricity consumption in Great Britain [J]. Journal of the royal statistical society, series A (General), CXIV, 1951, part III: 359-371.

[91] HU J, WANG S. Total-factor energy productivity growth, technical progress, and efficiency change: an empirical study of China [J]. Applied energy, 2010, 87: 3262-3270.

[92] HU J, WANG S. Total-factor energy efficiency of regions in China [J]. Energy policy, 2006, 34: 3206-3217.

[93] HUANG B N, HWANG M J, YANG C W. Causal relationship between energy consumption and GDP growth revisited: a dynamic panel data approach [J]. Ecological economics, 2008, 67 (1): 41-54.

[94] HUBACEK K, GUAN D, BARRETT J, et al. Environmental implications of urbanization and lifestyle change in China: ecological and water footprints [J].

Journal of cleaner production, 2009, 17 (14): 1241-1248.

[95] HUNTINGTON H G. Been top down so long it looks like bottom up to me [J]. Energy policy, 1995, 22 (10): 833-839.

[96] IEA UNDP, UNIDO. Energy Poverty—How to make modern energy access universal? [C]. Paris: International Energy Agency, 2010.

[97] IEA. 世界能源展望2016 [M]. Paris: OECD/IEA, 2016.

[98] JONDROW J, LOVELL K, MATEROV S I, et al. On the estimation of technical inefficiency in the stochastic frontier production function model [J]. Journal of econometrics, 1982, 19: 232-238.

[99] KAREKEZI S. Poverty and energy in Africa—a brief review [J]. Energy policy, 2002, 30: 915-919.

[100] KASHANI H A. Regulation and efficiency: an empirical analysis of the United Kingdom continental shelf petroleum industry [J]. Energy policy, 2005, 33 (7): 829-963.

[101] KAYGUSUZ K. Energy services and energy poverty for sustainable rural development [J]. Renewable and sustainable energy reviews, 2011, 15 (2): 936-947.

[102] KIRK R S, MICHAEL G A, MA Y Q, et al. Air pollution and the energy ladder in Asian cities [J]. Energy, 1994, 19: 587-600.

[103] KOENKER R, BASSETT G. Regression quantiles [J]. Econometrica, 1978, 46: 107-112.

[104] KOPALLE P K, KANNAN P K, LIN B B, et al. The impact of household level heterogeneity in reference price effects on optimal retailer pricing policies [J]. Journal of retailing, 2012, 88 (1): 102-114.

[105] KOPPMANN R, VON CZAPIEWSKI K, REID J S. A review of biomass burning emissions, part I: gaseous emissions of carbon monoxide, methane, volatile organic compounds, and nitrogen containing compounds [J]. Atmospheric chemistry and physics, 2005, 5 (5): 10455-10516.

[106] KRUGMAN H, GOLDEMBERG J. The energy cost of satisfying basic human needs [J]. Technological forecasting and social change, 1983, 24: 45-60.

[107] LACEY F G, HENZE D K, LEE C J, et al. Transient climate and ambient health impacts due to national solid fuel cookstove emissions [J]. Proceedings of the national academy of sciences, 2017, 114 (6): 1269-1274.

[108] LEACH G. Household energy in South Asia [M]. Amsterdam: Elsevier Applied Science Publishers Ltd, 1987.

[109] LEACH G. The energy transition [J]. Energy policy, 1992, 20: 116-123.

[110] LEGENDRE B, RICCI O. Measuring fuel poverty in France: which households are the most fuel vulnerable? [J]. Energy economics, 2015, 49: 620-628.

[111] LEVINE J S, COFER I W R, CAHOON J D R, et al. Biomass burning: a driver for global change! [J]. Environmental science and technology, 1995, 29 (3).

[112] LEWIS P. Fuel poverty can be stopped [M]. Bradford: National Right to Fuel Campaign, 1982.

[113] LI H, YAMANISHI K. Topic analysis using a finite mixture model [J]. Information processing and management, 2003, 39: 521-541

[114] LI K, LLOYD B, LIANG X J, et al. Energy poor or fuel poor: what are the differences? [J]. Energy policy, 2014, 68: 476-481.

[115] LIDDELL C, GUINEY C. Living in a cold and damp home: frameworks for understanding impacts on mental well-being [J]. Public health, 2014.

[116] LIDDELL C, MORRIS C. Fuel poverty and human health: a review of recent evidence [J]. Energy policy, 2011, 38: 2987-2997.

[117] LIN B, DU K. Technology gap and China's regional energy efficiency: A parametric metafrontier approach [J]. Energy economics, 2013, 40: 529-536.

[118] LINDSAY B J. Mixture models: theory, geometry, and applications [J]. NSF-CBMS regional conference series in probability and statistics, 1995, 5, IMS-ASA

[119] LIU X Q, ANG B W, ONG H L. The application of the divisia index to the decomposition of changes in industrial energy consumption [J]. The energy journal, 1992, 13 (4): 161-177.

[120] LIU Y, MYERS R. Model selection in stochastic frontier analysis with an application to maize production in Kenya [J]. Journal of productivity analysis, 2000, 31: 33-36.

[121] LOVELL C A K, PASTOR J T. Target setting: an application to a bank branch network [J]. European journal of operational research, 1997, 98: 290-299.

[122] LU W. Potential energy savings and environmental impact by implementing energy efficiency standard for household refrigerators in China [J]. Energy policy, 2006, 34: 1583-1589.

[123] MALLA S. Household energy consumption patterns and its environmental implications: assessment of energy access and poverty in Nepal [J]. Energy policy, 2013, 61: 990-1002.

[124] MASERA O R, SAATKAMP B D, KAMMEN D M. From linear fuel switching to multiple cooking strategies: A critique and alternative to the energy ladder model [J]. World development, 2000, 28 (12): 2083-2103.

[125] MCCALLEY L T, MIDDEN C J H. Energy conservation through product-integrated feedback: the roles of goal-setting and social orientation [J]. Journal of economic psychology, 2002, 23 (5): 589-603.

[126] MEEUSEN W, VAN DEN BROECK J. Efficiency estimation from Cobb-Douglas production function with composed error [J]. International economic review, 1977, 18: 435-444.

[127] MILLER D J, KUMBHAKAR S C, LOVELL C A K. Stochastic frontier analysis [J]. American journal of agricultural economics, 2002, 84 (2): 532-532.

[128] MIRZA B, KEMP R. Why rural rich remain energy poor? [J]. UNU-MERIT working papers, 2009.

[129] MODI V, MCDADE S, LALLEMENT D, et al. Energy Service for the Millennium Development Goals [M]. Washington, DC and New York: World Bank and UNDP, 2005.

[130] MOULD R, BAKER K. Documenting fuel poverty from the householders' perspective [J]. Energy research and social science. 31: 21-31.

[131] MOUNT T D, CHAPMAN L D, TYRELL T J. Electricity demand in the united states: an econometric analysis. (Oak Ridge, Tennessee: Oak Ridge National Laboratory, ORNL-NSF-EP-49, June 1973).

[132] MUTTER R L, GREENE W H, SPECTOR W, et al. Investigating the impact of endogeneity on inefficiency estimates in the application of stochastic frontier analysis to nursing homes [J]. Journal of productivity analysis, 2013, 39: 101-110.

[133] NANKHUNI F J, FINDEIS J L. Natural resource - collection work and children's schooling in Malawi [J]. Agricultural economics, 2004, 31 (2): 123-134.

[134] NARANPANAWA A, BANDARA J. Poverty and growth impacts of high oil prices: evidence from Sri Lanka [J]. Energy policy, 2012, 45: 102-111.

[135] NIU S W, LI Y X, DING Y X, et al. Energy demand for rural household heating to suitable levels in the loess hilly region, Gansu Province, China [J]. Ener-

gy, 2010, 35 (5): 2070-2078.

[136] NUSSBAUMER P, BAZILIAN M, MODI V. Measuring energy poverty: focusing on what matters [J]. Renewable and sustainable energy reviews, 2012, 16 (1): 231-243.

[137] NUSSBAUMER P, NERINI F F, ONYEJI I, et al. Global Insights Based on the Multidimensional energy poverty index (MEPI) [J]. Sustainability, 2013, 5: 2060-2076.

[138] O'DONNELL C J, VAN DER WESTHUIZEN G. Regional comparisons of banking performance in South Africa [J]. South african journal of economics, 2002, 70 (3): 485-518.

[139] O'SULLIVAN C K, HOWDEN-CHAPMAN L P, FOUGERE G. Making the connecton: the relationship between fuel poverty, electricity disconnection, and prepayment metering [J]. Energy policy, 2011, 39: 733-741.

[140] O'DONNELL C J, RAO D S P, BATTESE G E. Metafrontier frameworks for the study of firm-level efficiencies and technology ratios [J]. Empirical economics, 2008, 34: 231-255.

[141] OGWUMIKE O F, OZUGHALU M U. Analysis of energy poverty and its implications for sustainable development in Nigeria [J]. Environment and development economics, 2015, 21: 273-290.

[142] OIKONOMOU V, BECCHIS F, STEG L, et al. Energy saving and energy efficiency concepts for policy making [J]. Energy policy, 2009, 37: 4787-4796.

[143] OKUSHIMA S. Measuring energy poverty in Japan, 2004—2013 [J]. Energy policy, 2016, 98: 557-564.

[144] OUYANG J, HOKAO K. Energy-saving potential by improving occupants' behavior in urban residential sector in Hangzhou City, China [J]. Energy and buildings, 2009, 41 (7): 711-720.

[145] OWEN L, ANN V J, DAVIS L. Do all countries follow the same growth process? [J]. Journal of economic growth, 2009, 14: 265-286.

[146] PACHAURI S, SPRENG D. Energy use and energy access in relation to poverty [J]. Economic and political weekly, 2004, 39 (3): 271-278.

[147] PACHAURI S, SPRENG D. Measuring and monitoring energy poverty [J]. Energy policy, 2011, 39 (12): 7497-7504.

[148] PACUDAN R, GUZMANB E D. Impact of energy efficiency policy to

productive efficiency of electricity distribution industry in the Philippines [J]. Energy economics, 2002, 24 (1): 41-54.

[149] PATTERSON G M. What is energy efficiency? Concepts, indicators and methodological issues [J]. Energy policy, 1996, 24 (5): 377-390.

[150] PEREIRA M G, FREITAS M A V, SILVA N F. The challenge of energy poverty: Brazilian case study [J]. Energy poverty, 2011, 39: 167-175.

[151] PETER G, WEBER C, GUAN D, et al. China's growing CO (2) emissions – A race between increasing consumption and efficiency gains [J]. Environmental science and technology, 2007, 41 (17): 5939-5944.

[152] PITT M, LEE L. The measurement and sources of technical inefficiency in the Indonesian weaving industry [J]. Journal of development economics, 1981, 9: 43-64.

[153] REDDY S. Overcoming the energy efficiency gap in India's household sector [J]. Energy policy, 2003, 31: 1117-1127.

[154] ROJAS M. Experienced poverty and income poverty in Mexico: a subjective well-being approach [J]. World development, 2008, 36 (6): 1078-1093.

[155] RUDGE J, GILCHRIST R. Excess winter morbidity among older people at risk of cold homes: a population-based study in a London borough [J]. Journal of public health, 2005, 27 (4): 353-358.

[156] SADATH A, ACHARYA R H. Assessing the extent and intensity of energy poverty using multidimensional energy poverty index: empirical evidence from households in India [J]. Energy policy, 2017, 102: 540-548.

[157] SALOIS M J, TIFFIN R, BALCOMBE K G. Impact of income on nutrient intakes: implications for undernourishment and obesity [J]. Journal of development studies, 2012, 48 (12): 1716-1730.

[158] SCARPELLINI S, RIVERA-TORRES P, SUÁREZ-PERALES I, et al. Analysis of energy poverty intensity from the perspective of the regional administration: empirical evidence from households in Southern Europe [J]. Energy policy, 2015, 86: 729-738.

[159] SEN A. Development as freedom [M]. Oxford: Oxford University Press, 1999.

[160] SESAN T. Navigating the limitations of energy poverty: lessons from the promotion of improved coking technologies in Kenya [J]. Energy policy, 2012, 47:

202-210.

[161] SHER F, ABBAS A, AWAN R U. An investigation of multidimensional energy poverty in Pakistan: a province level analysis [J]. International journal of energy economics and policy, 2014, 4 (1): 65-75.

[162] SILVA D, NAKATA T. Multi-objective assessment of rural electrification in remote areas with poverty considerations [J]. Energy policy, 2009, 37: 3096-3108.

[163] SMITH K. The biofuel transition [J]. Pacific and asian journal of energy, 1987, 1 (1): 13-32.

[164] SOVACOOL B K, COOPER C, BZAILLIAN M. What moves and works: broadening the consideration of energy poverty [J]. Energy policy, 2012, 42: 715-719.

[165] TANG X, LIAO H. Energy poverty and solid fuels use in rural China: analysis based on national population census [J]. Energy for sustainable development, 2014, 23: 122-129.

[166] THOMSON H, PETTICREW M, DOUGLAS M. Health impact assessment of housing improvements: incorporating research evidence [J]. Journal of epidemiology and community health, 2003, 57: 11-16.

[167] TOD A, THOMSON H. Health impacts of cold housing and energy poverty [J]. Energy poverty handbook, 2017.

[168] VAN DER KROON B, BROUWER R, VAN BEUKERING P J. The energy ladder: theoretical myth or empirical truth? Results from a meta-analysis [J]. Renewable and sustainable energy review, 2012.

[169] VERMUNT J. Latent class and finite mixture models for multilevel data sets [J]. Statistical methods in medical research, 2008, 17: 33-51.

[170] WALKER G. Decentralised systems and fuel poverty: are there any links or risks? [J]. Energy policy, 2008, 36: 4514-4517.

[171] WANG B, LI H, YUAN X, et al. Energy poverty in China: a dynamic analysis based on a hybrid panel data decision model [J]. Energies, 2017, 10: 1-14.

[172] WANG K, WANG Y, LI K, et al. Energy poverty in China: an index based comprehensive evaluation [J]. Renewable and sustainable energy reviews, 2015, 47: 308-323.

[173] WANG Q, ZHAO Z, ZHOU P, et al. Energy efficiency and production technology heterogeneity in China: a meta-frontier DEA approach [J]. Econ model,

2013, 35: 283-289.

[174] WEI Y M, LIAO H, FAN Y. An empirical analysis of energy efficiency in China's iron and steel sector [J]. Energy, 2007, 32 (12): 2262-2270.

[175] OMS. Fuel for Life: Household energy and health [J]. Geneva World Health Organization, 2006.

[176] WHO. Housing, Energy and Thermal Comfort. A review of 10 counties within the WHO European Reqion [C]. Copenhaven: World Health Organization, 2017: 1-22.

[177] WHO. Household air pollution and health [R/OL]. (2018-05-08). www.who.int/news-room/fact-sheets/detail/household-air-pollution-and-health.

[178] WHYLEY C, CALLENDER C. Fuel poverty in europe: evidence from the european household panel survey [M]. London: Policy Studies Institute, 1997.

[179] WILKINSON P, SMITH K R, JOFFE M, et al. A global perspective on energy: health effects and injustices. The lancet, 2007, 370 (9591): 965-978.

[180] WILKINSON P, SMITH K, BEEVERS S, et al. Energy, energy efficiency, and the built environment [J]. The Lancet, 2007, 370: 1175-1187.

[181] World Bank. Rural Energy and Development: Improving energy supplies for two billion people [M]. Washington DC: World Bank, 1996.

[182] WORRELL E, PRICE L, MARTIN N, et al. Energy intensity in the iron and steel industry: a comparison of physical and economic indicators [J]. Energy policy, 1997, 25: 7-9.

[183] YAISAWARNG S, KLEIN J D. The effects of sulfur dioxide controls on productivity change in the U. S. electric power industry [J]. The review of economics and statistics, 1994: 447-60.

[184] XU P, CHEN Y, YE X. Haze, air pollution, and health in China [J]. Lancet, 2013, 382 (9910): 2067-2067.

[185] YAN H. Provincial energy intensity in China: the role of urbanization [J]. Energy policy, 2015, 86: 635-650.

[186] YANG J, MUKHOPADHAYA P. Disparities in the level of poverty in China: evidence from China family panel studies 2010 [J]. Social indicators research, 2017, 132 (1): 411-450.

[187] YAO X, ZHOU H, ZHANG A, et al. Regional energy efficiency, carbon emission performance and technology gaps in China: a meta-frontier non-radial direc

-tional distance function analysis [J]. Energy policy, 2015, 84: 142-154.

[188] YUSUF S, SAICH T. China urbanizes: consequences, strategies, and policies [J]. World bank publications, 2008, 17 (4): 1-3.

[189] ZHANG N, KONG F, CHOI Y, et al. The effect of size-control policy on unified energy and carbon efficiency for Chinese fossil fuel power plants [J]. Energy policy, 2014, 70: 193-200.

[190] ZHANG N, ZHOU P, CHOI Y. Energy efficiency, CO_2 emission performance and technology gaps in fossil fuel electricity generation in Korea: a meta-frontier non-radial directional distance function analysis [J]. Energy policy, 2013, 56: 653-662.

[191] ZHAO X, LI N, MA C. Residential energy consumption in urban China: A decomposition analysis [J]. Energy policy, 2012, 41 (1): 644-653.

[192] ZHOU D, YU X. Calorie Elasticities with income dynamics: evidence from the literature [J]. Applied economic perspectives and policy, 2015, 4: 575-601.

[193] ZHOU N, MCNEIL M A, LEVINE M. Energy for 500 Million Homes: Drivers and Outlook for Residential Energy Consumption in China [J]. Lawrence berkeley national laboratory, 2013, 26 (2): 83-97.

[194] ZHOU P, ANG B W. Linear programming models for measuring economywide energy efficiency performance [J]. Energy policy, 2008, 36: 2911-2916.

[195] ZHOU P, ANG W B, ZHOU Q D. Measuring economy-wide energy efficiency performance: a parametric frontier approach [J]. Applied energy, 2012, 90 (1): 196-200.

[196] WEDEL M. Market-segmentation research - a review of bases and methods with special emphasis on latent class models [J]. Faculty of Economics and Business, 1993.

[197] STERN, PAUL C. Psychology and the science of human-environment interactions. [J]. American psychologist, 2000, 55 (5): 523-530.

[198] REISS P C, WHITE M W. Household electricity demand, revisited [J]. Review of economic studies, 2002, 72 (3): 853-883.

[199] POORTINGA W, STEG L, VLEK C, et al. Household preferences for energy-saving measures: a conjoint analysis [J]. Journal of economic psychology, 2003, 24 (1): 49-64.

[200] PAPADA L, KALIAMPAKOS D. Measuring energy poverty in Greece

[J]. Energy policy, 2016, 94: 157-165.

[201] PAGAN T S B R. A simple test for heteroscedasticity and random coefficient variation [J]. Econometrica, 1979, 47 (5): 1287-1294.

[202] PAAP R, FRANSES P H, DIJK D V. Does africa grow slower than asia, latin America and the middle east? Evidence from a new data-based classification method [J]. Journal of development economics, 2005, 77 (2): 0-570.

[203] OREA L, KUMBHAKAR S C. Efficiency measurement using a latent class stochastic frontier model [J]. Empirical economics, 2004, 29 (1): 169-183.

[204] MCLACHLAN D S. Measurement and analysis of a model dual-conductivity medium using a generalized effective-medium theory [J]. Journal of physics c solid state physics, 2000, 21 (8): 1521.

[205] LIN B, DU K. Energy and CO_2 emissions performance in China's regional economies: Do market-oriented reforms matter? [J]. Energy policy, 2015, 78: 113-124.

[206] LENZEN M. Energy and greenhouse gas cost of living for Australia during 1993/94 [J]. Energy, 1998, 23 (6): 497-516.

[207] HECKMAN J, HOHMANN N, SMITH J, et al. Substitution and dropout bias in social experiments: a study of an influential social experiment [J]. The quarterly journal of economics, 2000, 115 (2): 651-694.

[208] FIRPO S. Efficient semiparametric estimation of quantile treatment effects [J]. Econometrica, 2007, 75 (1): 259-276.

[209] EGMOND C, JONKERS R, KOK G. A strategy to encourage housing associations to invest in energy conservation [J]. Energy policy, 2005, 33 (18): 2374-2384.

[210] DEB P, TRIVEDI P K. Demand for medical care by the elderly: a finite mixture approach [J]. Journal of applied econometrics, 1997, 12 (3): 313-336.

[211] DEAN T, KANAZAWA K. A model for reasoning about persistence and causation [J]. Computational intelligence, 1989, 5 (2): 142-150.

[212] CROLES F N, NASSERINEJAD K, DUVEKOT J J, et al. Pregnancy, thrombophilia, and the risk of a first venous thrombosis: systematic review and bayesian meta-analysis [J]. BMJ, 2017: j4452.

[213] CHONTANAWAT J, HUNT L C, PIERSE R. Does energy consumption cause economic growth: Evidence from a systematic study of over 100 countries [J].

Journal of Policy Modeling, 2008, 30 (2): 209-220.

[214] CHINTAGUNTA P K. Endogeneity and heterogeneity in a probit demand model: estimation using aggregate data [J]. Marketing Science, 2001, 20 (4): 442-456.

[215] CHEN L, HEERINK N, BERG M V D. Energy consumption in rural China: a household model for three villages in Jiangxi Province [J]. Ecological economics, 2006, 58 (2): 407-420.

[216] CHANG K, WEINBERG S C B. The impact of heterogeneity in purchase timing and price responsiveness on estimates of sticker shock effects [J]. Marketing Science, 1999, 18 (2): 178-192.

[217] ANG B W, LIU F L. A new energy decomposition method: perfect in decomposition and consistent in aggregation [J]. Energy, 2001, 26 (6): 537-548.

[218] GUNDIMEDA H, KÖHLIN G. Fuel demand elasticities for energy and environmental policies: Indian sample survey evidence [J]. Energy economics, 2008, 30 (2): 517-546.

附錄

關於全國推廣家電下鄉工作的通知
財建〔2008〕862 號

各省、自治區、直轄市、計劃單列市人民政府，新疆生產建設兵團：

根據當前經濟形勢，為擴大國內需求，改善民生，拉動消費帶動生產，促進經濟平穩較快增長，國務院決定在全國推廣「家電下鄉」。現將有關事項通知如下：

一、山東、青島、河南、四川、內蒙古、遼寧、大連、黑龍江、安徽、湖北、湖南、廣西、重慶、陝西等14個省（自治區、直轄市、計劃單列市）已經國務院批准從2008年12月1日起實施。吉林、新疆、甘肅、青海、寧夏、西藏、北京、天津、河北、山西、上海、江蘇、浙江、寧波、福建、廈門、海南、江西、廣東、深圳、雲南、貴州等22個省（自治區、直轄市、計劃單列市）及新疆生產建設兵團從2009年2月1日起開展家電下鄉工作。

二、家電下鄉產品為彩電、冰箱、洗衣機、手機四類產品，按產品銷售價格13%予以補貼。具體產品型號及承擔家電下鄉任務的流通企業通過招標方式產生。

三、考慮到地震災區和邊疆少數民族地區的財力比較困難，對地方負擔的家電下鄉補貼資金，中央財政將予以補助。具體辦法另行通知。

四、請按財政部、商務部印發的有關文件規定，抓緊制定實施方案及相關管理辦法，採取切實有效措施，紮實推進家電下鄉工作。

財政部 商務部 工業和信息化部
二〇〇八年十一月二十八日

節能技術改造財政獎勵資金管理辦法

第一章 總則

第一條 根據《中華人民共和國節約能源法》《中華人民共和國國民經濟和社會發展第十二個五年規劃綱要》，為加快推廣先進節能技術，提高能源利用效率，「十二五」期間，中央財政繼續安排專項資金，採取「以獎代補」方式，對節能技術改造項目給予適當支持和獎勵（以下簡稱獎勵資金）。為加強財政資金管理，提高資金使用效率，特製定本辦法。

第二條 為了保證節能技術改造項目的實際效果，獎勵資金與節能量掛勾，對完成預期目標的項目承擔單位給予獎勵。

第三條 獎勵資金實行公開、透明原則，接受社會各方面監督。

第二章 獎勵對象和條件

第四條 獎勵資金支持對象是對現有生產工藝和設備實施節能技術改造的項目。

第五條 申請獎勵資金支持的節能技術改造項目必須符合下述條件：
（一）按照有關規定完成審批、核准或備案；
（二）改造主體符合國家產業政策，且運行時間 3 年以上；
（三）節能量在 5 000 噸（含）標準煤以上；
（四）項目單位改造前年綜合能源消費量在 2 萬噸標準煤以上；
（五）項目單位具有完善的能源計量、統計和管理措施，項目形成的節能量可監測、可核實。

第三章 獎勵標準

第六條 東部地區節能技術改造項目根據項目完工後實現的年節能量按 240 元/噸標準煤給予一次性獎勵，中西部地區按 300 元/噸標準煤給予一次性獎勵。

第七條 省級財政部門要安排一定經費，主要用於支付第三方機構審核費用等。

第四章 獎勵資金的申報和下達

第八條 符合條件的節能技術改造項目，由項目單位（包括中央直屬企

業）提出獎勵資金申請報告（具體要求見附1），並經法人代表簽字後，報項目所在地節能主管部門和財政部門。省級節能主管部門、財政部門組織專家對項目資金申請報告進行初審；省級財政部門、節能主管部門委託第三方機構（必須在財政部、國家發展改革委公布的第三方機構名單內）對初審通過的項目進行現場審核，由第三方機構針對項目的節能量、真實性等相關情況出具審核報告（格式見附2）。

第九條 省級節能主管部門、財政部門根據第三方機構審核結果，將符合條件的項目資金申請報告和審核報告匯總後上報國家發展改革委、財政部（格式見附3）。

第十條 國家發展改革委、財政部組織專家對地方上報的資金申請報告和審核報告進行復審，國家發展改革委根據復審結果下達項目實施計劃，財政部根據項目實施計劃按照獎勵金額的60%下達預算。

第十一條 各級財政部門按照國庫管理制度有關規定將資金及時撥付到項目單位。

第十二條 地方節能主管部門會同財政部門加強項目監管，督促項目按時完工。

第十三條 項目完工後，項目單位及時向所在地財政部門和節能主管部門提出清算申請，省級財政部門會同節能主管部門組織第三方機構對項目進行現場審核，並依據第三方機構出具的審核報告（格式見附2），審核匯總後向財政部、國家發展改革委申請清算獎勵資金（格式見附3）。

第十四條 財政部會同國家發展改革委委託第三方機構對項目實際節能效果進行抽查，根據各地資金清算申請和第三方機構抽查結果與省級財政部門進行清算，由省級財政部門負責撥付或扣回企業獎勵資金。

第五章 審核機構管理

第十五條 財政部會同國家發展改革委對第三方機構實行審查備案、動態管理，並向社會公布第三方機構名單。

第十六條 列入財政部、國家發展改革委備案名單的第三方機構接受各地方委託，獨立開展現場審查工作，並對現場審查過程和出具的核查報告承擔全部責任。同時接受社會各方監督。

第十七條 委託核查費用由地方參考財政性投資評審費用及委託代理業務補助費付費管理等有關規定支付。

第十八條 地方委託第三方機構必須堅持以下原則：

（一）第三方機構及其審核人員近三年內不得為項目單位提供過諮詢服務。

（二）項目實施前、後的節能量審核工作原則上委託不同的第三方機構。

（三）優先選用實力強、審核項目經驗豐富的第三方機構。

第六章 監督管理

第十九條 地方節能主管部門和財政部門要加大項目申報的初審核查力度，並對項目的真實性負審查責任。對存在項目弄虛作假、重複上報等騙取、套取國家資金的地區，取消項目所在地節能財政獎勵申報資格。同時，按照《財政違法行為處罰處分條例》（國務院令第 427 號）規定，依法追究有關單位和人員責任。

第二十條 地方節能主管部門和財政部門要加強對項目實施的監督檢查，對因工作不力造成項目整體實施進度較慢或未實現預期節能效果的地區，國家發展改革、財政部將給予通報批評。

第二十一條 項目申報單位須如實提供項目材料，並按計劃建成達產。對有下列情形的項目單位，國家將扣回獎勵資金，取消「十二五」期間中央預算內和節能財政獎勵申報資格，並將追究相關人員的法律責任。

（一）提供虛假材料，虛報冒領財政獎勵資金的；

（二）無特殊原因，未按計劃實施項目的；

（三）項目實施完成後，長期不能實現節能效果的；

（四）同一項目多渠道重複申請財政資金的。

第二十二條 財政部會同國家發展改革委對第三方機構的審核工作進行監管，對核查報告失真的第三方機構給予通報批評，情節嚴重的，取消該機構的審核工作資格，並追究相關人員的法律責任。

第七章 附則

第二十三條 本辦法由財政部會同國家發展改革委負責解釋。

第二十四條 本辦法自印發之日起實施，原《節能技術改造財政獎勵金管理暫行辦法》（財建〔2007〕371 號）廢止。

高效節能產品推廣財政補助資金管理暫行辦法

第一章　總則

第一條　根據《國務院關於加強節能工作的決定》（國發〔2006〕28號）和《國務院關於進一步加強節油節電工作的通知》（國發〔2008〕23號），中央財政安排專項資金，支持高效節能產品的推廣使用，擴大高效節能產品市場份額，提高用能產品的能源效率水準。為加強高效節能產品推廣財政補助資金（以下簡稱「補助資金」）管理，提高資金使用效益，特製定本辦法。

第二條　本辦法所稱高效節能產品是指滿足使用功能和質量要求的前提下，依據能源效率國家標準，能源效率較高的用能產品。

第三條　生產企業是高效節能產品推廣的主體。中央財政對高效節能產品生產企業給予補助，再由生產企業按補助後的價格進行銷售，消費者是最終受益人。

第四條　補助資金按照科學合理、公正透明的原則安排使用，並接受社會監督。

第二章　推廣產品與推廣企業

第五條　國家將量大面廣、用能量大、節能潛力明顯的高效節能產品納入財政補貼推廣範圍。具體產品種類另行確定。當高效節能產品市場份額達到一定水準時，國家不再補貼推廣。

第六條　財政部、國家發展改革委建立推廣企業和產品准入制度，制定各類產品推廣實施細則。

第七條　符合條件的生產企業根據實施細則要求，將高效節能產品推廣申請報告及下述材料報所在地節能主管部門和財政部門，經省級節能主管部門、財政部門審核後，報國家發展改革委、財政部。

（一）產品的能源效率及質量性能參數；

（二）產品推廣價格；

（三）推廣方案；

（四）其他相關材料。

第八條　國家發展改革委、財政部組織對地方上報的高效節能產品推廣申

請報告及相關材料進行審核,並公告推廣產品規格型號及推廣企業目錄。

第三章 補助條件

第九條 財政補助的高效節能產品必須符合以下條件:

(一) 符合能源效率國家標準要求,能源效率等級為1級或2級,其他質量性能符合相關國家標準規定;

(二) 推廣數量達到一定規模;

(三) 實際銷售價格不高於企業承諾的推廣價格減去財政補助後的金額;

(四) 具有唯一可識別的產品條碼序列號,外包裝和本體上按要求加施「節能產品惠民工程」標示和字樣;

(五) 推廣企業具有完善的售後服務體系,履行約定的質量及服務;

(六) 推廣企業具有完備的產品銷售及用戶信息管理系統,按要求提供相關信息;

(七) 產品推廣實施細則規定的其他要求。

第四章 資金使用範圍和補助標準

第十條 補助資金主要用於高效節能產品推廣補助和監督檢查、標準標示、信息管理、宣傳培訓等推廣工作經費。

第十一條 高效節能產品推廣補助標準主要根據高效節能產品與同類普通產品成本差異的一定比例確定。具體標準在相應實施細則中明確。

第十二條 鼓勵有條件的地方安排一定資金支持高效節能產品推廣。

第五章 補助資金申報和下達

第十三條 推廣企業在月度終了後,將上月高效節能產品實際推廣情況匯總錄入信息管理系統,並於10日內將推廣情況及相關信息逐級上報財政部、國家發展改革委。

第十四條 地方財政部門、節能主管部門通過高效節能產品推廣信息管理系統對本地區產品推廣情況進行審核。

第十五條 財政部根據推廣企業月度推廣情況,預撥產品推廣補助資金。各級財政部門按照財政國庫管理制度等有關規定,將補助資金及時撥付給推廣企業。

第十六條 年度終了後30日內,推廣企業編製上年度補助資金清算報告,逐級上報財政部。財政部根據地方財政部門、節能主管部門審核結果和專項核

查情況進行補助資金清算。

第十七條　財政部根據高效節能產品推廣工作進展、資金需求等情況安排一定工作經費。

第六章　監督管理

第十八條　財政部、國家發展改革委組織對高效節能產品推廣情況開展專項檢查。地方財政部門、節能主管部門對高效節能產品推廣情況進行日常核查。

第十九條　推廣企業有下列情形之一的，財政部、國家發展改革委將視情節給予通報批評、扣減補助資金等處罰。情節嚴重的，由國家發展改革委、財政部取消企業高效節能產品推廣資格：

（一）提供虛假信息、騙取補助資金的；
（二）推廣產品的能源效率、質量性能指標不符合要求的；
（三）年推廣高效節能產品數量未達到規定規模的；
（四）推廣產品實際銷售價格高於企業承諾推廣價格減去財政補助的；
（五）未按要求使用標示，或偽造、冒用標示，利用標示做虛假宣傳，誤導消費者的。

第二十條　對出具虛假報告和證明材料的相關機構，一經查實，予以公開曝光，並視情節追究其相應法律責任。

第二十一條　補助資金必須專款專用。任何單位不得以任何理由、任何形式截留、挪用。對違反規定的，按照《財政違法行為處罰處分條例》（國務院令第427號）等有關規定，依法追究有關單位和人員的責任。

第七章　附則

第二十二條　本辦法由財政部、國家發展改革委負責解釋。
第二十三條　本辦法自印發之日起實施。

關於居民生活用電試行階梯電價的指導意見

一、試行居民階梯電價的必要性

居民階梯電價是指將現行單一形式的居民電價，改為按照用戶消費的電量分段定價，用電價格隨用電量增加呈階梯狀逐級遞增的一種電價定價機制。

長期以來，中國對居民電價採取低價政策。近年來中國能源供應緊缺、環境壓力加大等矛盾逐步凸顯，煤炭等一次能源價格持續攀升，電力價格也隨之上漲，但居民電價的調整幅度和頻率均低於其他行業用電，居民生活用電價格一直處於較低水準。從而造成用電量越多的用戶，享受的補貼越多；用電量越少的用戶，享受的補貼越少，既沒有體現公平負擔的原則，也不能合理體現電能資源價值，不利於資源節約和環境保護。為了促進資源節約型和環境友好型社會建設，逐步減少電價交叉補貼，引導居民合理用電、節約用電，有必要對居民生活用電試行階梯電價。

二、試行居民階梯電價遵循的原則

試行階梯電價要遵循以下原則：一是補償成本與公平負擔相結合。居民用電價格總體上要逐步反應用電成本，同時，兼顧不同收入居民的承受能力，用電少的居民少負擔，用電多的居民多負擔。二是統一政策與因地制宜相結合。國家制定階梯電價政策總體框架和指導性意見，各地結合當地自然地理環境、經濟發展程度、居民收入和用電水準等情況，確定具體實施方案。三是立足當前與著眼長遠相結合。階梯電價近期應著力於建立機制，保證大多數居民電價基本穩定；長遠目標要逐步反應電力資源價值，引導居民節約用電。四是試點先行與逐步完善相結合。各地選擇符合條件的地區先進行試點，期間不斷總結經驗完善方案，條件成熟後再全面推廣階梯電價。

三、居民階梯電價的電量分檔和電價確定

（一）分檔電量和電價

居民階梯電價將城鄉居民每月用電量按照滿足基本用電需求、正常合理用電需求和較高生活質量用電需求劃分為三檔，電價實行分檔遞增。其中：

第一檔電價原則上維持較低價格水準，一定時期內保持基本穩定。

第二檔電價逐步調整到彌補電力企業正常合理成本並獲得合理收益的水準。

第三檔電價在彌補電力企業正常合理成本和收益水準的基礎上，再適當體現資源稀缺狀況，補償環境損害成本。最終電價控制在第二檔電價的1.5倍左右。

（二）起步階段指導性方案

階梯電價政策以省（自治區、直轄市）為單位執行。

各地第一檔電量，原則上按照覆蓋本區域內80%居民用戶的月均用電量確定，即保證戶均月用電量在該檔電量範圍內居民戶數占居民總戶數的比例達到80%。起步階段電價維持較低水準，三年之內保持基本穩定。同時，根據各地經濟發展水準和承受能力，對城鄉「低保戶」和農村「五保戶」家庭每戶每月設置10度或15度免費用電基數。

第二檔電量，按照覆蓋本區域內95%居民用戶的月均用電量確定（即覆蓋率為80%~95%的電量）；起步階段電價提價標準每度電不低於5分錢。

第三檔電量，為超出第二檔的電量；起步階段電價提價標準每度電為0.3元左右。

（三）各地階梯電價具體試點方案，由省（區、市）人民政府按照本指導意見確定。相鄰省份之間要做好銜接工作，同檔電量偏高或偏低的地區應進行適當調整。

四、實施範圍

（一）居民階梯電價執行範圍為省級電網供電區域內實行「一戶一表」的城鄉居民用戶。其中，使用預付費電能表的居民用戶，在實現遠程自動抄表前，可按購電量以年為週期執行階梯電價；其他「一戶一表」居民用戶，在實現遠程自動抄表前，應按供電企業抄表週期執行階梯電價。供電企業抄表週期原則上不超過兩個月。

（二）對未實行「一戶一表」的合表居民用戶和執行居民電價的非居民用戶（如學校等），暫不執行居民階梯電價。電價水準按居民電價平均提價水準調整。

五、其他事項

（一）對於居民用電季節性差異、家庭人口數量差異等問題，由各地根據當地實際情況，因地制宜地研究處理辦法。

（二）具備集中供暖條件的地區，國家不鼓勵實行電鍋爐和電地熱採暖；對於不具備集中供暖條件、已採用電鍋爐或電地熱採暖的居民用戶，各地可通過適當提高採暖季用電量標準等方法處理。

（三）鼓勵居民用電實行峰谷分時電價。各地在推行居民階梯電價的基礎上，可同時制定居民用電峰谷分時電價辦法。是否執行峰谷分時電價，由居民自行選擇。選擇執行峰谷分時電價的居民用戶，其峰谷分時計量表計由電網企業免費安裝。

（四）實行階梯電價後電網企業增加的收入，主要用於彌補發電企業燃料成本上漲、彌補燃煤機組脫硫等環保成本增加、可再生能源發電補貼、居民用戶電表改造等項支出。

（五）居民用戶原則上以住宅為單位，一個房產證明對應的住宅為一「戶」。沒有房產證明的，以供電企業為居民用戶安裝的電表為單位。

（六）省級以下電網供電範圍內的居民用電也應實行階梯電價，具體辦法由省級價格主管部門參照本指導意見制定。

六、有關要求

（一）居民階梯電價在國家統一指導下由各地進行試點後推行。各省（區、市）根據本地情況選擇全部或者部分地區進行試點。條件成熟後全面推行。

（二）對居民生活用電實行階梯電價，事關廣大人民群眾的切身利益，各省（區、市）價格主管部門應予以高度重視，組織專門力量，會同有關部門積極穩妥地制定本地區居民階梯電價試點方案。

（三）各地在制定居民階梯電價試點方案過程中，要充分聽取社會各方面意見，對階梯電價的實施範圍、檔次劃分、「戶」的認定等方面進行認真論證。試點方案形成後，應按《政府制定價格聽證辦法》規定進行價格聽證後實施。

（四）各地要加快對居民合表用電戶「一戶一表」改造，電網企業要提高抄表到戶率，為推行居民階梯電價創造條件。「一戶一表」改造過程中，電網經營企業不得再向居民用戶收取電表改造費用。

國家圖書館出版品預行編目（CIP）資料

中國家庭能源消費行為與效率研究 / 李佳珈 著. -- 第一版.
-- 臺北市：財經錢線文化，2020.05
　　面；　公分
POD版

ISBN 978-957-680-396-3(平裝)

1.能源經濟 2.中國

554.68　　　　　　　　　　109005407

書　　名：中國家庭能源消費行為與效率研究
作　　者：李佳珈 著
發 行 人：黃振庭
出 版 者：財經錢線文化事業有限公司
發 行 者：財經錢線文化事業有限公司
E-mail：sonbookservice@gmail.com
粉絲頁：　　　　網址：
地　　址：台北市中正區重慶南路一段六十一號八樓815室
8F.-815, No.61, Sec. 1, Chongqing S. Rd., Zhongzheng Dist., Taipei City 100, Taiwan (R.O.C.)
電　　話：(02)2370-3310　傳　真：(02) 2388-1990
總 經 銷：紅螞蟻圖書有限公司
地　　址: 台北市內湖區舊宗路二段 121 巷 19 號
電　　話:02-2795-3656 傳真:02-2795-4100　網址：
印　　刷：京峯彩色印刷有限公司（京峰數位）

　　本書版權為西南財經大學出版社所有授權崧博出版事業股份有限公司獨家發行電子書及繁體書繁體字版。若有其他相關權利及授權需求請與本公司聯繫。

定　　價：400元
發行日期：2020 年 05 月第一版
◎ 本書以 POD 印製發行